최초의 물고기 이야기

최초의 물고기 이야기

신우해이어보

최헌섭·박태성 지음

책을 읽기에 앞서

1. 이 책에서 인용한 〈우해이어보〉의 원문과 번역문은 『담정유고』를 참고했습니다.
2. 각 글의 끝에 저자의 성(최-최헌섭, 박-박태성)을 적어 집필자를 밝혔습니다.
3. 책의 구성은 크게 〈신우해이어보〉와 〈우해이어보〉 원문과 번역문으로 구성되어 있습니다.
4. 흔히 『자산어보』로 불리는 정약전의 책은 『현산어보』로 일괄 표기했습니다.
5. 서명은 『 』로, 개별 작품은 「 」로, 시와 그림 제목은 〈 〉로 표기했습니다.
6. 한자의 사용은 최소화했으나 꼭 필요한 경우에는 한자를 병기했습니다.
7. 저자의 주는 ( )로, 음이 다르거나 뜻을 드러내는 경우에는 〔 〕로 표기했습니다.

프롤로그

10여 년 전 자주 들르던 서점에서 우연히 만난 박준원 교수의 『우해이어보』 번역본이 우리의 이 여정을 이끌었다. 그때만 해도 이 책이 우리나라에서 처음으로 쓰인 어보魚譜인지는 알지 못했다. 번역자의 해제를 읽고, 그것이 현재 필자가 살고 있는 지역 진해鎭海(지금의 창원시 마산합포구 진동면 일대)에 유배 온 담정潭庭 김려金鑢(1766~1822)라는 분이 쓴 어보인 것을 알았다. 바로 통독했으나 그간 여러 사정으로 잊고 있었다. 그러다 박태성 박사와 현재의 시점에서 『우해이어보』를 살펴봤고 사람들에게 이 책을 알리기 위해 여러모로 길을 찾던 중 경남도민일보에 1년 6개월 정도 연재하게 됐다.

처음 박준원 교수의 『우해이어보』 번역본이 나오고 2010년에 김명년 선생이 다시 번역한 책이 나왔으나 말 그대로 번역인지라 일반 시민들이 읽기에는 불편한 점이 많았다. 이후 마산문화원에서 두 차례에 걸쳐 학술 심포지엄이 열렸고, 이정용 박사가 『우해이어보의 어류 갑각류 패류 이름 연구』라는 책을 펴냈으나 아직도 그 이름이 밝혀지지 않은 게 적지 않다. 이런 까닭으로 이 책에서도 본문에 실린 72종을 모두 다루지는 못했다. 다만 실체가 확실한 것들을 위주로 실었고 『우해이어보』에서는 소개하지 않았지만 지금 옛 우해 지역에서 대표성을 띠는 미더덕 등을 수록했다. 이 또한 담정처럼 임의적으로 구분했을 뿐 뚜렷한 기준을 가지고 선별한 것은 아니다.

담정의 말대로 서울 샌님인 그가 보아도 알 만한 것들은 싣지 않았다. 이를테면 『우해이어보』보다 앞서 나온 『여지도서』「진해현」 '토산土産' 편에 실린 조기, 대구, 굴, 낙지 등을 싣지 않은 것이 그런 예다.

200여 년 전 이곳에 유배 온 인문학자 담정 김려가 우해의 어족과 그곳 사람들의 삶을 기록으로 남긴 것처럼 우리 두 저자도 담정의 눈을 통해 당시를 살피고 싶었다. 두 세기 전에 선배 인문학자의 눈에 비친 진해 사람들의 삶을 읽어 내고자 한 것이다. 한 해 넘게 우해 일원을 찾아다니며 당시 사람들의 삶을 추체험해 보고자 했으나 이 책에서 충분히 다루지는 못한 것 같다. 그가 처음 진해에서 유배살이를 한 마산합포구 진전면 율티리 염밭마을 주변은 내만內灣을 매립하여 공장을 지었고, 주변 해역도 하루가 다르게 옛 모습을 잃어 가고 있다. 담정이 뒤에 배소를 옮겨 간 진해현성(지금의 창원시 마산합포구 진동면 진동리 소재) 주변도 나날이 도시화되면서 옛것들이 하나씩 해체되고 있다.

역사는 기록이다. 말인즉슨 역사 연구는 당시 사람들이 남긴 기록을 바탕으로 그때를 살피는 작업이라는 말이다. 그런데 근대 이전에 서술된 역사는 거의 모두 권력을 가진 자들을 역사의 주체로 다루었다. 이런 까닭에 고대사 연구에서 『삼국사기』에 대한 보완재로서 『삼국유사』가 환영받기도 한다.

삼국시대에 여러 곳에 남겨진 금석문과 최근 발견되고 있는 목간 등의 서지 자료, 고려와 조선을 거치면서 개인들이 남긴 문집이나 200여 년 전에 담정 김려가 남긴 『우해이어보』는 그 시대를 이해할 수 있는 유용한 자료라 할 수 있다. 그런 의미에서 이 책 『우해이어보』는 분야에 따라 역사학, 생물학, 민속학, 문학 등 다양한 해석이 가능한 미시사 연구의 근간이 되는 저술이라 할 수 있다. 필자들이 이 책에서 견지한 시각은 이 자료를 통해 당시의 생활사를 이해하고자 한 것이었다. 모쪼록 이 책을 통해 200여 년 전 우해 앞바다를 배경으로 펼쳐진 생생한 역사를 되살펴 보는 데 작은 도움이 되기를 바랄 뿐이다.

이 작은 책을 내는 데 도움을 주신 분들이 많다. 경남도민일보의 지면을 알선해 준 김훤주 기자, 필자들의 거친 글을 다듬어주고 사진 자료를 보완해 준 이서후 기자, 그리고 경남도민일보사에 감사드린다. 아울러 『우해이어보』에 실린 어개류의 이름에 대한 필자들의 질문에 매번 성실하게 답해 주신 이정용 박사에게도 고마움을 전한다.

경남도민일보의 <신우해이어보> 첫 지면을 보고 연락해 준 경상대학교출판부 김종길 편집장은 산파역을 자처하며 이 책을 직접 꼼꼼하게 편집했고, 이수현 선생은 교정을 도왔고, 김성은 선생은 책이 깔끔하게 세상에 나올 수 있도록 디자인했고, 이가람 선생은 각종 자료를 정리했다. 이들의 노고와 더불어 『우해이어보』에 실린 어족을 만나기 위해 떠난 낚시 기행에 동행해 준 경남정보사회연구소 가족들이 없었다면 만만치 않은 이 일을 지속하기 어려웠을 것이다. 모두에게 감사드린다.

2017년 11월 두류재에서

최헌섭

목차

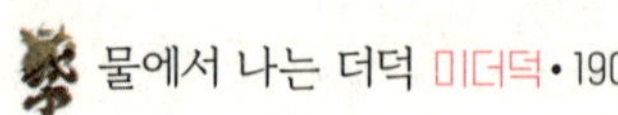

신우해이어보

『우해이어보牛海異魚譜』는 어떤 책인가

이 책은 1803년에 담정 김려가 우해 일원의 바다 생물에 대해 저술한 우리나라 최초의 어보이다. 담정은 1801년에 신유박해申酉迫害에 연루되어 그해 4월부터 옛 진해현(지금의 창원시 마산합포구 진동면 일원) 율현촌栗峴村(지금의 율티리) 염밭〔안밤치〕마을의 소금 굽는 사람 이일대李日大의 집에서 유배 생활을 다시 시작했다. 『우해이어보』는 이곳에서 유배 살면서 보수주인保守主人〔유배 죄인의 거처를 제공하고 죄인을 감시하는 사람〕의 열두어 살 된 아들과 작은 배를 타고 바다에서 잡거나 본 어류와 갑각류 및 패류 등 72종의 어족에 대해 적은 책이다.

이 책은 지금까지 최초의 어보로 알려진 손암 정약전의 『현산어보』(1814)보다 11년 앞서 나온 것인데, 두 사람 다 신유박해에 연루되어 담정은 남쪽 바다 진해로, 손암은 서남해의 흑산도로 유배되었다. 각자 진해와 흑산의 유배지에서 그곳에서 나는 바다 생물을 관찰하여 어금버금한 때에 책을 저술했으니 우리나라를 대표하는 두 어보는 이렇게 세상에 나왔다.

그럼 이 책 『우해이어보』에 대해 알아보자. 먼저 책의 이름은 '우해牛海에서 나는 이상한 고기〔이어異魚〕의 족보族譜'라는 의미다. 이 책의 서문에서

담정 김려가 유배를 살았던 율티리 안밤치[염밭]마을.

도 밝혔듯이 '우해牛海'는 옛 진해의 다른 이름인데, 그곳 고현리에 있는 우산牛山(198.3m)에서 비롯했다. 고을 이름이 된 우산은 팔진八鎭과 더불어 옛 진해를 달리 부른 이름이기도 하다. '이어異魚'라 한 것은 서울 샌님인 그가 보기에 잘 알지 못하는 특이한 고기들을 가려 적었기 때문이다. 그래서 능어, 잉어, 상어, 방어처럼 누구나 다 알고 있는 어류나 해마와 같이 어류가 아닌 것, 아주 작고 가치가 없는 것이나 잘 알 수 없는 것들은 모두 빼고 기록하지 않았다고 했다. 이 때문에 이곳에서 많이 나던 고등어, 갈치, 전어, 대구 등의 어류와 굴, 홍합, 가리비 등의 패류도 다루지 않았다.

이 책에 수록된 어패류는 연체동물과 민물고기를 포함한 어류 53종, 갑각류 8종, 패류와 소라류 11종 등 모두 72종이다. 각 어족에 대한 서술 순서는 어명, 이명異名, 형태, 습성, 요리법, 맛, 효능, 어획 방식과 사용 어구, 유통, 민속 등으로 구성되어 있으며, 절반이 조금 넘는 39종에 대해서는 <우

진해현성과 율티리 일대 지도.

산잡곡牛山雜曲>을 지어 뒤에 붙였다. 이를 통해 19세기 초엽 진해현을 중심으로 한 남녘 물가 사람들의 생활을 들여다볼 수 있는 훌륭한 미시사적 자료로 활용성을 펼쳐 나갈 수 있으리라 기대한다. 어명과 그 이명에 대해서는 이미 두 권의 훌륭한 언어학적 연구가 나와 있다.

몇몇 어종에 제한되어 있기는 하지만 요리법은 지금도 되살리기에 충분할 정도로 매력적이고 상세한데, 감성돔 식해가 대표적이다. 첫 번째 소개된 문절망둑은 그 별명이 수문睡魰이라 할 만큼 잠이 많은 고기로, 당시 불면의 나날을 보내던 담정은 보수주인이 일러주는 대로 죽을 끓여 먹거나 회로 먹고 효험을 보았다고 한다. 싱싱한 횟감을 다루는 음식점에서 녀석으로 끓인 죽을 전채 요리로 내어 보는 것도 좋을 것이라 추천한다. 회로 먹기로는 감성돔과 학꽁치, 구이로는 적어炙魚라고도 했던 청어가 제격이었다. 젓갈은 보존을 위한 염장에서 비롯했지만 여기서는 매가리와 볼락을 젓으로 담아 유통한 사실과 지금은 알 수 없는 삼치알젓인 용란에 대한 이야기도 나온다. 이밖에 일반적으로 알려진 방식은 구이와 찜으로 익혀 먹는 것이다. 이 책에 나오는 대게 찜과 오징어 숙회는 그때나 지금이나 술안주로 즐겨 먹었던 음식이다. 대게는 쪄서 먹기도 했지만, 얼말려서 포로 먹기도 했던 모양이니 요즘 먹는 게맛살의 원조가 예서 찾아진다. 계절 음식도 소개했다. 단오절에 모시조개를 사서 껍질 채 넣고 끓여 먹는 와각탕瓦殼湯이 그것이다. 이류보류以類補類의 관점에서 해음경을 강장제나 발기부전 치료제로 제시한 것과 여성의 생리불순에 피조개를 이용한 처방을 소개한 것도 눈여겨볼 만하다.

이 책에는 갖가지 어로법이 소개되어 있다. 대표적인 것이 어뢰魚牢라 불리는 전통시대 함정 어로다. 간만의 차이를 이용하여 물고기를 잡는 방식인데, 당시 진해 앞바다에는 이와 같은 어뢰 수십 개가 바둑알처럼 빼곡히 깔려 있었다고 한다. 어뢰에서 잡은 어종에 대해 망상어와 부시리를 적긴 했지만, 어디 두 녀석만 들었을까. 조류를 따라 들어온 녀석이면 무엇이든 다 잡혔을 것이다. 어뢰 가운데 석뢰石牢, 동분뢰銅盆牢라는 이름을 보면, 그 소재가 돌이나 동분도 있었던 것으로 보인다. 간단히 고기를 잡는 방법으로는 문절망둑과 개불을 잡는 맨손어법이 있다. 간단한 어구로는 삼태기 등의 수확구나 대나무로 만든 다양한 반대拚袋를 뜰채처럼 사용하여 정어리, 뱅어 등을 잡았다. 감성돔이나 꽁치, 쥐치, 전갱이 같은 녀석은 낚시로 잡았고, 적조에 밀려온 가래상어와 문어는 작살로 찔러 잡기도 했다.

담정은 곳곳에서 억세게 살아가는 여성들의 삶을 애정과 연민으로 들여다보고 있다. 흉년에 순무를 캐어 대갓집에 파는 노파와 처녀, 오징어 숙회

윤두서, 「수탐포어」, 견본담채, 25.5×27.0㎝, 간송미술관.

에 이명주를 파는 들병이 노파, 매가리젓갈을 팔러 혼자 배를 몰고 오는 고성의 아낙 어부, 멀리 반성장에 정어리를 팔러가는 양섬 아낙의 모습에서 그들의 억척스런 모습을 읽어낸다. 이와는 대조적으로 투박하지만 부전조개로 멋을 부린 어촌 여인이나 좋아하는 사내의 마음을 얻으려 원앙어 눈깔에 과감하게 비녀를 투자하는 여인의 모습에서 그녀들도 어쩔 수 없는 여인임을 읽어내기도 한다.
한편으로는 당시의 비뚤어진 세태를 꼬집기도 서슴지 않았다. 지금도 그렇지만 민머리를 낙지나 문어대가리로 빗대기는 그때도 마찬가지였는지 '고제' 편에서 중과 바람난 어촌 계집을 설정하여 당시의 일그러진 성 풍속을 비꼬기도 했고, 부산의 왜상과 빈번하게 벌어지는 녹표어 밀무역 실태를 꼬집기도 했으며, 세금이 두려워 청어를 청어가 아니라 말하는 어부를 연민어린 시선으로 들여다보기도 했다.

해양 생태의 이상 징후에도 관심을 보였는데, 그곳 사람들의 말을 빌려 "가을이 깊어갈 때 바다 속에 갑자기 홍색, 자주색, 청색, 흑색의 물이 생기는데, 이 물이 넓게 퍼져서 해변까지 이르게 된다. 이것이 포수胞水다. 고기들이 이 물을 먹으면 죽게 되고, 죽지 않더라도 기운이 빠지게 된다. 며칠이 지나면 사라진다"고 당시의 적조 현상을 정확하게 표현했다. 그것이 바다의 재앙으로 끝나는 것이 아니라 흉년으로 이어지는 것을 걱정하면서 을해년(1755)에서 이듬해 병자년까지 이어진 흉년 때도 이런 징조가 있었다고 했다

이 책에는 39수의 <우산잡곡>이 실려 있는데, 이 시를 통해 담정이 세상을 바라보는 시각을 읽을 수 있다. 시의 소재는 이미 박준원의 글에서 언급했듯이 크게 세 가지로 살필 수 있다. 복어·가래상어·망상어 편에 딸린 어로

현장을 묘사한 시, 꽁치·볼락 편에 딸린 어촌의 풍광과 수산물의 유통을 묘사한 시, 정어리·매가리·조개·고제·오징어·대게 편에 딸린 바닷가의 여인을 노래한 시 등이다. 이 39수의 시가 실리면서 『우해이어보』는 손암의 『현산어보』나 서유구의 『전어지』와 분명한 변별력을 갖추게 됐다. 두 책이 어보로서의 역할에 충실하려 애쓴 데 비해 담정은 여기서 한 걸음 더 나아가 우해 일원의 풍광과 당시 사람들의 생활에도 깊은 관심을 보였던 것이다. 앞으로 이 점에 대해서는 해당 분야의 연구자들에게 많은 미시사적 접근을 가능하게 해 줄 것이라 믿으며, 이 책이 가진 확장성에 큰 기대를 건다. 천

이 책의 저자 담정은

담정潭庭 김려金鑢(1766~1822)는 1766년 노론 시파 계열의 명문가인 연안 김문의 김재칠의 맏이로 태어났다. 15세이던 정조 4년(1780)에 성균관에 들어가 이옥(1760~1815), 김조순(1765~1832), 강이천(1768~1801) 등과 어울렸다. 이들과 함께 당시 유행하던 패사소품체稗史小品體(시정의 세태를 백성들의 상말을 써서 표현하는 문체)를 익혔다. 이를 바탕으로 27세에는 동문수학하던 김조순과 『우초속지虞初續志』를 만들기도 했는데, 이것이 그가 지속적으로 야사와 야담을 정리해 나가는 시초가 됐다.

그가 『우해이어보』 저술에 이르게 된 먼 동기는 32살이 되던 1797년에 강이천의 비어飛語 사건에 연루되면서 비롯했다고 할 수 있다. 정조의 죽음 뒤 1801년(순조 1)에 이상겸의 상소로 강이천 사건이 재조사되면서 김려는 서학西學을 믿던 강이천과 교우한 혐의로 진해로 다시 유배됐다. 이곳 율현촌栗峴村(지금의 율티리) 적소에서 다소 여유를 얻은 담정은 부령에서 맺은 사람들과의 인연을 그리워하며 보수주인집 아들과 작은 배에 의지하여 바다에서 고기를 잡고, 이것들에 대해 보고 들은 것을 정리하여 1803년에 우리나라 최초의 어보인 『우해이어보牛海異魚譜』를 지었다.

불혹이던 1806년 8월 21일에 아들 김유악이 올린 상소로 10년간의 유배생활이 끝나 우해 지역을 떠났다. 1812년에 의금부를 시작으로 벼슬길에 올라 정릉참봉 등을 거쳤다. 1817년에 연산현감이 되어 2년간 부임하고 연산을 떠난 뒤부터 몸이 급격히 약해져 함양군수로 재직 중이던 1822년에 임지에서 57세로 생을 마감했다.

저서로 『담정유고』 12권이 있으며, 자신과 주위 문인들의 글을 교열하여 『담정총서』 17권을 편집했다. 말년에 『한고관외사寒皐觀外史』 등의 야사를 편집했고, 이 책 『우해이어보』는 『담정유고』에 들어 있다.

魚類

어류

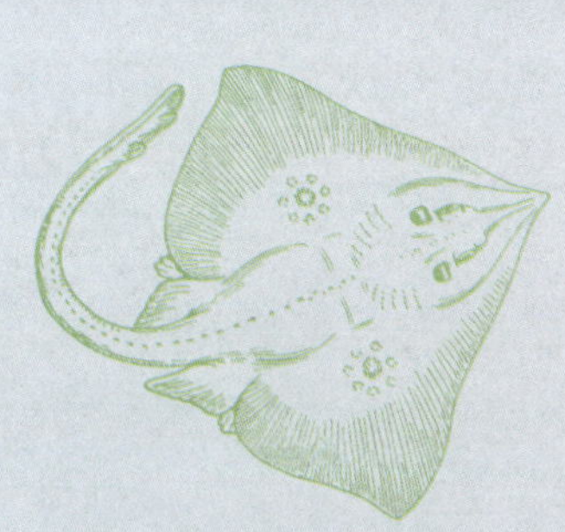

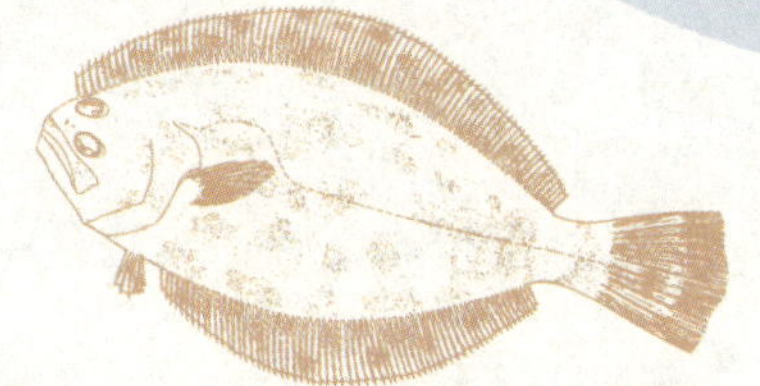

미식가들이 평생 잊지 못한다는 꼬시래기

문절망둑문절어

순천만 갈대밭은 어릴 때 내가 본 창원 갈대밭의 모습과 너무도 흡사하다. 한여름의 뜨거운 열기로 가픈 숨을 몰아쉬던 오후가 지친 몸을 조금씩 갯벌 위로 내려놓을 때, 갈대밭에는 별나게 예쁘지는 않지만 애살스럽고도 깜찍한 망둥어들이 바쁜 일상을 부지런히 지내고 있다.

내 고향에도 넓은 갈대밭이 있었다. 갈대밭 언저리 산굽이에는 순박한 시골 아낙의 손길에 다듬어진 고운 산다락 밭과 아담하고 봉긋한 여인의 어깨 같은 초가집들이 이곳저곳에 모여 있었다. 마을의 낮은 집들과 나직하게 구물거리는 산 능선들이 형과 아우마냥 정답게 늘어선 강촌은 강물에 비쳐 그림처럼 곱기만 했다. 강촌의 집 앞은 온통 갈대밭이었다.

갈대밭은 아이들의 천국이며 비밀스럽고 신비한 공간이다. 머리 위로 하늘을 휘젓는 갈대꽃과 한치 앞도 보이지 않는 갈대숲은 무한한 놀이를 제공했다. 비밀스러운 갈대밭을 헤매다 보면 사람을 피해 팔딱거리며 뛰어다니는 물고기가 있었다. 새카만 망둥어였다. 아이들은 망둥어를 물고기로 취급하지도 않았다. 맛없게 보였기 때문이다. 반면 새벽이나 밤이면 물속 모래밭가에 떼로 줄지어 누워 있는 밝은 갈색의 꼬시래기(소래미)는 횟감으로 인기가 있었다. 아이들 서넛이 수심이 낮은 모래톱으로 살금살금 다가가 잠자는 소래미에게 소쿠리를 들이대면 소래미 몇 놈이 깜짝 놀라 소쿠리 속으로 들어오곤 했다. 소래미 대부분은 놀라서 물을 삼키는 바람에 모래를 입에 물고 있기 마련이다. 이때 모래를 머금은 소래미를 통에 넣고 물을 넉넉히 부어 주면 이놈들이 잡힌 줄도 모르고 머리를 마주대고 다시 잠을 잔다. 그동안 입에 물었던 모래를 다시 품어 낸다.

하루 동안 아무것도 먹지 못한 배고픈 아이들은 성질 급하게 한두어 놈을 꺼내어 풀에 비늘을 쓱 문지르고 손으로 배를 따서 그냥 통째로 먹는다. 남은 놈은 꼬지로 만들어 마른 갈대에 지핀 불에 구워 먹으면 그 맛이 일품이다. 어릴 적 나는 물에 누워서 잠자는 소래미와 갈대밭에서 뛰어다니는 망둥어가 전혀 다른 어종인 줄 알았다. 그런데 지금 알고 보니 같은 어종이다.

조선 후기 선비인 김려가 쓴 『우해이어보』 첫머리에 기록된 물고기가 문절어(文節魚)인데 이 문절이가 망둥어이고 꼬시래기다. 문절어라는 이름은 문절이·문절어(순천, 고흥, 진해), 망둑이(경남북도), 운저리(진도), 고생이(포항, 강구), 문저리(통영), 꼬시래기, 소래미(부산, 마산) 등으로 불리고 있다. 정약전(丁若銓)의 『현산어보』에서는 어미를 잡아먹는다 하여 무조어無祖魚라 했고, 『우해이어보』에서는 문절어文鰤魚, 수교睡鮫, 해궐海鱖이라 했다. 또한 서유구의 『전어지佃漁志』에는 민물에 사는 망둥어의 눈이 망원경 모양과 같다고 해서 망동어望瞳魚, 뛰며 돌아다니는 물고기라는 뜻으로 탄도어

彈塗魚라고 기록했다. 이름이 이렇게 많은 이유는 그 종이 너무도 다양하기 때문이다.

김려는 문절어가 물가에 나란히 누워 머리를 바깥으로 두고 줄을 지어서 잠을 자기 때문에 이것을 잡을 때 긴 장대 끝에 통발을 달아 멀찍이서 내려 덮쳐서 가두어 놓고 손으로 잡는다고 했다. 쏘가리보다 더 맛있으며 불면증이 있는 사람이 먹으면 좋다고 했다. 김려는 유언비어 사건에 연루되어 함경도 부령지방으로 유배됐다. 그는 그곳에서 기생 연희와 깊은 정을 나누었다. 그러나 유배지가 경남 진동(진해)으로 옮겨진 뒤 그는 연희를 그리워하며 "그대는 무엇을 생각하시나요(問汝何所思)"로 시작하는 <사유악부思有樂府>를 무려 290여 수나 지었다. 아마도 날마다 연희를 생각하며 잠을 이루지 못했던 모양이다.

생각하면 할수록 더욱 생각나 / 내 혼은 말없이 스러질 뿐 / 혼이 스러져도 생각은 멈출 수 없어 / 멍청한 듯, 미친 듯, 또 넋이 나간 듯 / 사방 벽을 빙빙 돌며 혼잣말 하자니 / 구곡간장 끊어지고 괴로워 고개 숙이네

그는 연희 생각에 불면증에 시달리게 됐다. 진동 사람들은 그런 김려에게 문절어를 약으로 권했다. 아마도 문절어가 잠을 잘 자는 습성이 있으므로 이것을 먹으면 사람도 잠을 잘 잘 수 있다고 믿었던 것 같다.

진동 현지의 어부들은 모래밭에서 나란히 누워 잠자는 색깔이 밝은 갈색 문절어는 소래미라 하고, 깊은 갯바닥에 사는 짙은 고동색은 꼬시래기라 하고, 갈밭에 뛰어다니는 놈은 망둥어라 불렀다. 이름이 많은 만큼 종류와 숫자도 많았던 것이다.

1960, 1970년대 봉암 꼬시래기 횟집들(옛 마산시청).

마산 봉암은 1970년대까지 전국적으로 꼬시래기 횟집이 유명했다. 강 한가운데 원형으로 만든 봉암 수상 꼬시래기 횟집들은 전국에서도 유명하여 많은 미식가들을 불러 모았다. 그러므로 이곳에는 꼬시래기를 사고파는 장이 있었다. 지금은 사라진 횟집이름은 '봉암장', '여사장집', '청학장', '제일옥별장' 등이었다. 박정희(1917~1979) 대통령도 이곳을 지나가다가 들러서 꼬시래기회를 먹어본 뒤 여름마다 진해에 들를 때면 반드시 찾았다는 이야기가 있다. 또한 고고학자이자 문인화로 이름난 삼불 김원룡(1922~1993) 선생도 진해 웅천패총 발굴현장에 왔다가 웅천의 한 허름한 식당에서 꼬시래기를 먹고 그 맛을 평생 잊지 못했다는 일화가 있다. 여름에서 가을로 접어드는 계절이면 마산어시장에서 꼬시래기회를 맛볼 수 있다. 창원의 마산만 일대에는 지금도 꼬시래기가 잘 잡히지만 아침 일찍 어판장으로 가야 구할 수 있다. 조금만 늦어도 이미 다 팔려 나가 버릴 정도로 인기가 있다.

꼬시래기와 관련된 속담은 전라도와 경상도에 많이 분포한다. '꼬시래기 제살 뜯기'(경상도), '망둥어 제 동무 잡아먹는다'(전라도), '바보도 낚는 망둥어', '망둥어가 뛰니 빗자루도 뛴다'(전라도), '망둥어가 뛰니 꼴뚜기도 뛴다'는 등의 속담에서 꼬시래기는 천한 혹은 정신없는 대상으로 인식된 반면 '날마다 망둥어 날까'는 아무리 흔한 것이라도 때에 따라서는 매우 귀하게 쓰임을 말한다. 창원 지역에서는 '꼬시래기 제 살 뜯기' 즉 친한 형제나 친구, 혹은 가족 간에 서로 헐뜯어 스스로 상처를 당하는 것에 비유하는 속담이 가장 많이 사용됐다.

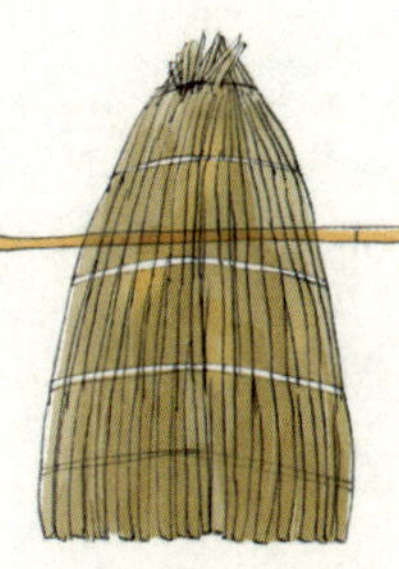

꼬시래기 통발을 추정한 그림.

순천만에서 아름다운 노을을 보면서 이토록 애잔한 저녁 잔영을 느낀 것도, 잃어버린 고향을 그리며 잠시 눈시울을 적실 수 있었던 것도 저 갈대밭과 꼬시래기에 대한 추억 때문일 것이다. 내 아이들도 내 고향에서 나고 자랐지만 급격한 도시화로 그토록 아름다운 풍경을 간직하지 못하게 됐다. 그들 가슴 속에 아름다운 내 추억을 그대로 전해 줄 수 있다면 얼마나 좋을까.

생선 식해 중 으뜸인 검은 돔

감성돔감송

감성돔은 『우해이어보』에서 두 번째로 나오는 물고기이다. 이 책에서는 감송鮒이라 했고, 근연종인 토감土鮒과 점미부黏米鮒 또는 점미감黏米鮒을 소개하고 있다. 감송은 『우해이어보』에 소개된 이름과 생김새, 습성 등을 통해 앞서 연구한 사람들이 모두 감성돔이라고 봤다. 감성돔을 일본에서는 흑조黑鯛라 적고, 구로다이クロダイ라고 부른다. 겉 색깔이 거무스름하기 때문에 검을 흑에 도미 조로 이름을 붙인 것이다. 그래서 한때 우리나라에서도 이를 흑돔이라 하기도 해서 감성돔과 흑돔이 이종인지 동종인지 논란이 되기도 했다. 그런 점은 1982년에 나온 상노대도 조개더미 발굴보고서인 『상노대도의 선사 시대 살림』에도 이 고기를 구로다이라 표기하고, 『김해수가리패총』 보고서에는 감성돔이라 적은 것이 이런 사정을 잘 반영하고 있다.

검은 돔이란 뜻을 가진 일본 이름이 그렇다면, 우리 이름인 감성돔의 감성은 무슨 뜻인지 궁금하지 않을 수 없다. 『우해이어보』 물고기 이름을 연구해 온 이정용 박사와 이에 대해 의견을 나누었더니 감송이란 말도 역시 검다는 의미의 감성을 음차(한자의 소리를 빌려 적는 표기법)했을 가능성이 있다고 했다. 지금의 제주도 말에서 감성과 검정이 같은 의미로 통하고 있으니 그리 볼 수 있다는 말이다. 『원색 한국어류도감』에도 북한 지역에서 감성돔을 먹돔이라고 적은 것을 보면 감송이란 이름이 고기의 색이 검은 데서 비롯한 것임을 더욱 분명하게 한다. 이런 이야기를 나누다 보니 문득 내 어릴 적 별명이 떠오른다. 필자는 부모님으로부터 건강해 보이는 검은 피부를 물려받아서 어릴 때 친구나 고모들로부터 '깜생이'라고 놀림을 받았던 그리 유쾌하지 않은 기억이 있다. 그래서 이 박사에게 깜생이가 감성이와 통하는지 물으니 그렇다고 한다. 그렇다면 지역에서 '감씨이'로도 불리는 우리말 감성돔과 북한말 먹돔, 바다 건너 일본에서 부르는 구로다이가 다 같은 뜻이지 않은가.

근연종인 토감은 담정의 지적처럼 "감성돔보다 조금 더 크고 맛은 담백하며 흙냄새가 난다"고 한 것으로 보아 예서 그 이름이 비롯했음을 알 수 있다. 점미감은 "감성돔보다 작다. 그러나 맛은 가장 좋아서 회로 먹어도 좋고 구워 먹어도 좋다"고 했으니 이것은 감성돔보다 작은 돌돔을 이르는 것으로 추측된다. 또한 한자 이름이 찰질 점黏에 쌀 미米라 했으니 식감이 찰밥처럼 차지다는 의미인지 앞으로 더 살펴볼 필요가 있다.

담정은 감성돔의 생김새와 습성을 "감송은 금빛 붕어와 비슷하지만 약간 작다. 비늘이 온통 은색이라 찬란한 은과 같으며 눈은 연한 분홍색이다. 입은 좁고 작아서 미끼를 물면 뱉어 낼 수 없기 때문에, 낚시하는 사람들은 백 번 중에 한 번도 놓치는 실수가 없다. 지느러미는 칼처럼 억세고 날카로워 낚시로 잡을 때에 잘못해서 손으로 건드리면 반드시 손을 다치게 된다"고 했다. 담정은 실제 낚시로 감성돔을 잡아 본 듯, 녀석의 생김새와 행태를 잘 관찰하여 기술하고 있다. 그러나 그가 함께했던 고기잡이에서 본 감성돔의 크기가 붕어보다 작다고 했으니 잘 자란 감성돔보다는 작은 것들만 본 듯하다. 그러나 비늘과 눈동자의 색, 작은 입과 날카로운 지느러미 등의 묘사는 매우 생생하다.

또한 이 책에는 당시 사람들이 감성돔으로 식해食醢를 만들어 먹던 조리법을 잘 정리해 두었다. 그의 붓 끝을 따라 읽어 내려가면 "이곳 사람들은 가을이 지나갈 무렵에 감성돔을 잡으면, 비늘을 긁어내고 지느러미를 떼어낸다. 머리와 꼬리를 자르고 내장은 버리고 깨끗이 씻어 배를 양편으로 가른다. 보통 배를 가른 감성돔 200조각에 희게 찧은 멥쌀 한 되로 밥을 해서 식기를 기다린 뒤에 소금 두 국자를 넣고 누룩과 엿기름을 곱게 갈아 한 국자씩 고르게 섞어 놓는다. 그리고 작은 항아리를 이용하여 안에는 먼저 밥을 깔고 다음에 감성돔 조각을 겹겹이 채워 넣고 대나무 잎으로 두껍게 덮고 단단히 봉해 둔다. 이것을 깨끗한 곳에 놓아두고 잘 익기를 기다렸다가 꺼내 먹는다. 달고 맛이 있어 생선 식해 중에서 으뜸이다"라고 지금도 충분히 재현할 수 있을 정도로 생생하게 묘사하고 있다.

『고대 한국식생활사연구』에는 "식해는 동남아시아 원산으로 중국에는 2세기경 『설문해자』에 벌써 나타나는데, 이것을 젓 자鮓로 표기하고 있다. 또 『석명』에서는 자는 저菹의 하나로서 소금과 밥으로 물고기를 섞어 숙성시킨 것이라고 했다"고 식해의 유래와 이름을 설명하고 있다. 『우리가 정말 알아야 할 우리 음식 백가지1』에는 "식해는 함경도에서 즐겨 먹던 음식으로 젓갈의 일종이지만 보통 젓갈과는 쓰임이 전혀 다르다. 가장 많이 담그는 것이 가자미식해인데 맵고 새콤하게 익은 무와 가자미가 잘 삭아서 독특한 맛이 난다. 강원도 해안에서는 청어식해, 경상도에서는 북어식해를 담그기도 한다"고 했다.

필자는 식해에 대해 조금은 다른 기억을 가지고 있다. 어릴 적 외가에서는 설날이나 외할아버지 생신 때 외할머니는 반쯤 말린 갈치와 오징어를 넣어 식해를 만들어 손님들을 대접했다. 또한 창원에서는 반쯤 말린 명태로 식해를 만들어 먹었다고도 한다. 그렇다면 감성돔을 사용한 식해도 식감 유지와 부패 등을 막기 위해 조금 말린 것을 사용했을 수도 있겠다는 생각이다. 앞으로 감성돔식해를 복원하여 지역의 대표 식품으로 키워 나가기를 기대한다.

감성돔의 생태 습성을 살피기 위해 『원색 한국어류도감』을 펴니 얕은 바다에 사는 내만성 물고기로 우리나라 전 연안에 분포하며 하구에도 올라온다고 설명하고 있다. 『우해이어보』 감성돔에 실린 <우산잡곡>에는 고저암高齹巖 어귀에 물결이 일렁일 때 대나무 낚시를 던져 감성돔을 잡는 장면을 노래했다. <우산잡곡>에 실린 고저암은 마산합포구 진전면 율티리 해안에 돌출한 바위로 지도에는 고재바위로 표기했다. 이곳 암석 해안은 그 기질이 퇴적암으로 구성되어 있어 해안에 드러난 바위의 표면에는 물결 자국과 용각류 공룡의 발자국 화석이 드러나 있다. 고저암 앞에는 개구리바위라 불리는 암석이 탁자처럼 놓여 있어 <우산잡곡>에서 노래한 것처럼 밀물 때 이 바위에 앉아 낚시로 감성돔을 낚았을 터이다. 마침 필자가 이곳을 찾았을

현진, 「조어도」, 지본담채, 62.1×37.3㎝, 국립중앙박물관.

때는 썰물 때라 해안을 잘 관찰할 수 있었는데, 바위를 빼곡하게 덮을 정도로 굴이 달라붙어 있었고 바위 틈새에는 갯비뚤이고둥과 울타리고둥 등이 붙어 있었다.

이곳 고저암 해안 바위에서 대나무 낚시로 잡았다는 감성돔은 해양자원을 적극적으로 포식한 신석기 시대의 이른 시기부터 주요한 식재료로 즐겨 먹었던 어종이다. 실증 자료로는 통영 상노대도, 부산 동삼동, 김해 수가리 등의 신석기 시대 조개더미에서도 그 뼈가 출토된 바 있다. 당시 음식물 사정을 이해하기 위하여 조개더미에서 나오는 뭍짐승과 바다짐승의 뼈를 연구하고 있는 이들의 이야기로는 신석기 시대 이래 철기 시대에 이르는 거의 모든 조개더미에서 감성돔의 뼈가 출토되었다고 하니 우리 선조들이 얼마나 감성돔을 즐겨 먹었는지 알 수 있다.

현진의 <조어도>는 바닷가 갯바위에서 낚시를 드리우고 있는 강태공을 그린 그림이다. 이 그림을 해설한 안국진은 『옛 그림으로 떠나는 낚시 여행』에서 "달덩이가 낚시꾼의 오른편에 뜬 것을 보니 남풍이 자주 부는 초여름일 것이다"고 했다. 또한 해안 풍경을 토대로 그곳은 남해의 어느 바닷가로 추정했으며, 낚시꾼이 갯바위에서 뒤로 약간 물러 앉아 있는 것을 보고 '볼락 낚시'를 하고 있는 것으로 확신하고 있다.

쌀엿처럼 단맛이 나는 보랏빛 물고기

볼락보라어

● 1980년대 초 마산 가포에는 국립대학이 있었다. 학생들은 이 학교를 '퐁당대학'이라 했는데 학교 울타리가 바다에 가까워 운동장에서 공을 차면 바다에 '퐁당' 떨어지는 일이 허다하여 붙은 이름이다. 국립으로 학비가 싼 덕에 이 학교에는 농촌 출신의 학생들이 많은 편이었다. 학생들 대부분은 경제 사정이 넉넉지 않아서 단칸방에 곤로, 냄비, 수저 등 단출한 세간으로 자취하는 경우가 많았다. 먹을 것이 넉넉지 않았던 자취생들은 가끔 학과 단합대회를 하는 날을 영양 보충일로 정할 정도였다.

당시 참가비는 500원이었는데, 매운탕이 천 원, 소주가 250원, 차비도 비슷하게 할 때였다. 학교가 바닷가에 있다 보니 밥반찬이나 술안주로 매운탕이 많이 나왔다. 가난한 학생들은 매운탕 건더기는 그대로 두고 몇 번이고 국물만 다시 붓고 끓여 안주로 삼았다. 인심 좋은 주인은 두부 두어 조각을 더 넣어 주며 걸쭉한 욕도 한마디 양념으로 섞었다. "이놈의 자슥들은 고기도 먹을 줄 모르나 두부만 건져 먹거로…" 하며 다른 반찬도 덤으로 내어줬다. 이런 자리에서 생선 건더기를 먹는 사람은 역적 취급을 받을 정도였다. 그때 매운탕의 주재료는 어린 조기였고 재수 좋은 날은 볼락이 조기 대신 폼 나게 냄비에 누워 있었다.

당시 가포와 진동 광암 앞에는 해수욕장으로 사용하던 모래펄이 넓게 펼쳐져 있었고 그 바로 옆 부두에는 고깃배들이 끊임없이 오가며 물고기들을 공급했다. 상품 가치가 있는 크고 굵은 물고기들은 어시장으로 갔지만 작고 돈이 되지 않는 물고기는 현지에서 횟집이나 식당으로 팔려 나갔다. 그중 매운탕으로 매우 인기가 있는 물고기가 볼락이었다. 단합대회를 할 때면 식당에서 미처 매운탕이 나오기도 전에 이미 술병 몇 놈이 김치와 나뒹굴어졌고 사람들의 목소리도 그만큼 도도하게 높아지곤 했다. 그러므로 대부분 매운탕이 나올 즈음에는 국물 한 숟가락이면 만족했다.

그러나 다른 사람도 있었다. 경남 서부 산골에서 마산으로 유학을 온 한 친구는 신선한 물고기를 신봉하는 경향이 있었다. 그는 매운탕에 조금 큰 생선, 특히 볼락이 거드름을 피우고 누워 있으면 눈을 반짝이며 번개같이 손을 놀렸다. 나머지 사람들이 놀라움으로 당혹해 하는 찰나 그 친구 앞 접시로 날아간 볼락은 더 이상 다른 사람이 먹지 못할 상황으로 변해 있었다. 산골 친구의 얼굴에 만족한 미소가 가득 번지며 눈썹이 이마 위로 상승할수록 나머지 친구들의 입에서는 절망스런 탄식이 터지며 팔자 눈썹이 됐다.

이때 그 친구 왈 "잘 들어가는 부석(아궁이)에는 젖은 솔가지나 마른 솔가지나 막 탄다더라"하고 일갈한 다음 거침없이 한 마리를 먹어 치웠다. 그러나 볼락도 만만찮은 상대였다. 뼈가 매우 단단하고 날카롭다. 그 때문에 꼭 한마디를 남겼는데 이 때문에 설전이 벌어졌다. “에이 이놈의 뽈라구 새끼! 빽다구 쎄고 못된 것이 양반놈들 같네.”, “야! 양반이 어때서, 양반보다는 요즘 정치하는 놈들 같지!”, “그래 그건 맞다.” 친구들은 그 한마디 대화에 아쉬웠던 볼락에 대한 기억을 지우고 박수를 치며 좋아했다. 우리는 볼락을 대개 뽈라구라고 불렀다.

김려의 『우해이어보』에는 볼락을 보라어甫羅魚라고 했다. “보라어는 호서지방에서 나는 황석어黃石魚와 비슷하나 매우 작고 색깔이 엷은 자주색이 비친다. 이곳 사람들은 보락甫鮥이라고 하거나 혹은 볼락어乶犖魚라고 한다. 그러나 우리나라의 말로 연한 자주색을 보라甫羅라고 하는데 보甫는 아름답다 혹은 좋다는 뜻이다. 원래 보라는 아름다운 비단이라는 말과 같다. 그러므로 보라라는 명칭은 이것에서 처음 시작됐을 것”이라고 했다. 아마도 김려는 볼락을 이름 때문에 보랏빛으로 본 모양이다. 보랏빛과 자줏빛, 비단, 아름다움, 좋음이 연상되는 단어가 물고기 이름으로 쓰인 것이 아주 이채롭다.

내 주변에 보라색을 유달리 좋아하는 사람이 있다. 그래서 다른 사람들은 그 사람을 ‘보라돌이’라고 부른다. 그 사람이 볼락도 좋아하는지는 모른다. 어느 해 보랏빛은 미얀마 선거에서 중요한 상징이 됐다. 아웅산 수지를 지지하는 미얀마 국민들은 보랏빛 잉크가 묻은 새끼손가락을 자랑스럽게 내밀곤 했다. 군부독재를 밀어내고 민주주의를 실현한 자부심으로 작용한 이 보라색은 아마도 미얀마 국민들의 가슴에 오랫동안 남을 것이다. 한편, 서양에서는 보라색이 부귀와 권위, 존엄의 상징으로 여겨진다. 보라색 볼락 외에도 볼락은 그 종류가 매우 많다. 조피볼락〔우럭〕, 불볼락〔열기〕, 쏨

벵이가 있고 개볼락, 누루시볼락, 황점볼락, 도화볼락, 세줄볼락, 탁자볼락 등도 있다.

『우해이어보』에는 볼락젓갈 이야기가 있다. “거제도의 사람들이 볼락젓을 담가 수백 항아리씩 배에 싣고 와서 부두에서 판다. 그리고 생마生麻와 바꾸어 가는데 대개 거제에서는 볼락이 많이 생산되지만 삼이나 모시가 귀한 때문이다. 젓갈의 맛은 짭짤하지만 그 단맛이 마치 쌀엿같이 달다. 밥상에 올리면 윤기가 흐르고 그 색깔은 더욱 좋다. 신선할 때는 지져서 먹는데 졸아들면 모래 냄새가 난다.” 김려는 볼락젓갈과 매운탕을 먹어본 듯하다. 요즈음 어시장에 볼락회가 많이 팔린다고 한다. 작은 볼락은 젓갈 대신 김장할 때에 배추에 넣어 삭혀 먹으면 그 맛이 일품이다. 그러므로 작은 볼락을 젓볼락이라고도 한다.

마산 광암해수욕장이 성업할 때 이곳의 볼락 매운탕이 유명했다. 지금도 그 근처 진동에서 낚이는 물고기는 맛이 좋기로 소문나 있다. 옛날에도 다른 지역에서 ‘진동 생선’이라고 하면 특별히 가격을 더 셈해 주었다고 한다. 진동에는 진동 사람들이 밤새 잡은 생선을 내다 팔면서 자연스럽게 형성된 ‘진동 골목’이라는 어시장이 있을 정도이다. 김려는 <우산잡곡>에 볼락시장을 노래했다.

달 기울고 까마귀 우는 바다 / 한밤 밀물이 울타리 앞 두드릴 때 / 아마 볼락 실은 배 들어왔나 보다 / 거제 뱃사람들 물가에서 떠들썩하네

비를 좋아하는 상비어, 과메기로 최고

학꽁치공치와 줄꽁치마공치

2015년 10월 24일, 물 찬 제비처럼 날렵한 그놈을 만났다. 박태성 박사와 몇몇 벗들과 함께 마산합포구 고현 앞바다로 낚시 여행을 떠났을 때였다. 지난번 고저암 답사 길에 알아 두었던 교통편을 믿고 아침 8시에 고현 부두에 도착했더니 평일에는 배를 운행하지 않는다고 했다. 그렇다고 돌아갈 수도 없는 노릇인지라 아침 요기도 하고 낚시 정보도 구할 양으로 부둣가에 있는 한 가게에 들렀다. 라면을 부탁하고 막걸리 한 잔으로 해장을 하면서 이런저런 이야기를 나누다 보니 나이 지긋한 주인 부부는 잘 익은 김치를 내어 놓고도 대접이 부족하다고 연신 미안해하신다. 두 분의 마음 씀씀이가 고마워 후하게 사례하려 했더니 할머니께서 웃돈은 필요 없다고 사양하신다. 모처럼 곧은 어른을 뵙고 훈정을 느끼니 배편 결항에 대한 서운한 마음은 벌써 가셨다.

노부부에게 어황을 여쭈었더니 지금은 꽁치가 한창이란다. 어제는 할머니 한 분이 300마리가 넘는 꽁치를 낚았다고 해서 우리도 은근히 기대하며 부둣가로 향했다. 가게를 나와서 바로 부둣가에서 낚시를 드리우고 있는 한 사람을 만났는데, 뭐가 낚였을까 궁금한 마음에 살림망을 살펴보니 꼬시락이 한 가득이다. 한데 고기를 낚고 있는 곳이 배에서 흘러나온 기름띠로 덮여 있어 우리는 조금 더 바깥 바다로 나갔다. 그새 방파제 끝에는 손맛을 보고 있는 낚시꾼 대여섯 명이 고기를 채기에 열심이다. 주로 잡아 올리는 것이 꽁치인데, 그것도 모두 학꽁치 일색이다. 오륙십 대로 보이는 남녀가 섞여서 낚시에 열중인데, 꽁치가 이삼 분마다 한 마리씩 잡히는 듯 탄성이 끊이지 않는다.

다 자란 학꽁치는 몸길이가 40cm에 이른다는데, 그날 우리가 본 놈들은 덜 자란 탓인지 그에 훨씬 못 미쳐서 한 뼘 정도에 지나지 않았다. 꽁치는 어획량이 많은 덕에 값이 싼 서민 음식으로 대학시절 자취할 때에도 김치찌개로 즐겨 먹던 녀석이다. 다른 한편으로 녀석은 대표적인 등 푸른 생선이고, 그 기름이 불포화지방이라 성인병 예방에도 도움이 되는 아주 고마운 놈이다. 우리나라에서는 남해안에서 많이 잡히고, 나라 밖으로는 일본의 북해도에서 멀리 대만까지 널리 퍼져 산다.

『우해이어보』에는 공치(학꽁치) · 교화공치에 대해 "공치는 상비어象鼻魚다. 이곳 사람들은 '곤치昆雉'라고 부른다"고 했다. 공치 또는 곤치라 했으니 한자의 소리를 빌려 쓴 것이라 여겨지지만, 정약용의 『아언각비』에는 다른 이야기가 나온다. 다산은 아가미 근처에 침을 놓은 것과 같은 구멍[공孔]이 있어서 구멍 공에 물고기를 뜻하는 접미어 치가 붙어 이름이 됐다고 했다. 지금은 소리 값이 더 세져서 꽁치라 부른다.

꽁치는 『우해이어보』에 나오는 상비어라는 이름에서 그 생김새를 미루어 짐작할 수 있는데, 이것은 아래턱이 마치 코끼리 코처럼 길쭉하게 나와 있기에 붙은 이름이다. 중국이나 영미권에서도 이런 생김새에 따라 이름을 붙였는데, 한자로는 침어針魚, 영어로는 Horn fish라 하는 것이 그런 예다. 그것이 코끼리코든, 바늘이든, 뿔이든 비정상적으로 뾰족하게 튀어 나온 아래턱 때문에 비롯된 이름임은 분명하다.

학꽁치라는 이름도 긴 아래턱을 학의 부리로 연상하여 붙인 이름으로 보인다. 그런데 『우해이어보』에서는 이 부분에 대한 묘사가 다르게 나온다. 이 책에서는 "몸이 가늘고 길며 옥빛으로 주둥이가 있다. 위쪽의 주둥이는 새의 부리처럼 길고, 침처럼 뾰족하며 엷은 황색이지만, 끝부분에 이르면 두 개로 나뉘어 마치 주사朱砂[붉은빛 광물]를 점점이 찍은 것처럼 검붉은 색이다. 아래 주둥이는 제비의 턱처럼 짧고 머리와 눈 주변은 모두 짙은 녹색이며 온몸에 비늘이 비단처럼 반짝인다"고 했으니, 아래턱이 더 긴 것을 착각한 듯하다. 하지만 그의 눈에도 침처럼 뾰족한 턱은 두드러져 보였는지 그렇게 묘사하고 있다.

실제 바로 잡아 올린 학꽁치는 몸빛이 비단처럼 반짝이는데, 움직임이나 빛에 따라 그 빛이 다채롭게 번득이는 것이 보기에 황하고 홀하다. 그 크기는 "머리에서 주둥이 끝까지가 5촌[약 15cm]이면 머리에서 꼬리까지도 5촌이고, 머리 밑에서 꼬리까지가 1척이면 머리에서 주둥이 끝까지도 역시 1척이다. 머리는 전체의 오분의 일을 차지한다. 큰 것은 1척을 넘으며 작은 것은 3~4촌 정도 된다"고 했으니, 그가 본 학꽁치도 그리 큰 것은 아니었다. 또한 학꽁치의 습성과 맛에 대해 "이 학꽁치는 비를 좋아하여 매번 가을비가 올 때를 골라 떼를 지어 물 위로 떠오른다. 위 아래로 몸을 돌리면서 모여 있으면 뱀장어처럼 돌아서 어지러우며, 주둥이를 하늘로 향하고 있는 것이 마치 갈매기와 같다. 회로 먹으면 매우 맛있다. 그러나 학꽁치는 물고기 중에서 가장 비리다"고 했다. 아마 이런 습성은 꽁치류에서는 공통적인 듯, 울릉도에서는 봄에 이렇게 부유하는 꽁치를 손으로 잡아 물회를 즐기기도 한다.

요즘은 꽁치를 대량 포획할 때에는 흘림걸그물(유자망)로 잡지만, 전통적으로는 물 위에 부유하며 불빛을 좋아하는 습성을 이용하여 횃불로 유인하여 반두로 떠서 잡거나, 울릉도 일원에 전해지는 대로 손꽁치 어업이나 『우해이어보』에 실린 대로 낚시로 잡기도 했다. 기본적으로 연안의 바다에서 서식을 하나, 기수역汽水域(민물이 바닷물에 드는 곳)에 들어가기도 하고, 때로는 하구에서 제법 떨어진 담수역淡水域까지 올라가기도 한다.

학꽁치의 근연종으로 교화蕎花꽁치를 들고 있는데, "몸이 조금 더 살쪘고 주둥이의 끝부분이 물에 담근 쌀가루처럼 하얗다. 주둥이가 붉은 것이 맛이 더 좋다"고 했다. 이것은 생김새와 서식 환경이 학꽁치와 비슷하면서, 아래턱 끝이 검은색인 줄꽁치를 가리키는 것으로 여겨진다. 그 이름도 주둥이 끝이 쌀가루처럼 하얀 데서 메밀꽃(교화)으로 불리는 것으로 보인다. 『현산어보』에는 침어라 했고 속명을 공치어孔峙魚라 했으며, 『난호어목지蘭湖漁牧志』에도 침어로 기재하고, "(…) 주둥이에는 검은 가시가 하나 있는데 침과 같으므로 『본초本草』(본초강목을 말한다)에서는 속명을 강태공이 낚은 침어(강태공조침어姜太公釣針魚)"라 하고 있다. 이유원의 『임하필기林下筆記』에는 침어라 하고, "입에 바늘이 있는데 몸길이의 반에 가깝고, 밤에 물

이재관, 「귀어도」, 견본담채, 26.6×33.5㎝, 개인.

위에 떠올라 놀므로 강촌 사람들이 작은 배를 타고 송진에 불을 밝혀 그물로 잡는다"고 그 생김새와 잡는 법을 소개하고 있다.

이 꽁치는 청어와 더불어 과메기를 만들어 먹던 대표 어족이다. 『아언각비』를 쓴 다산의 형 손암의 『현산어보』에는 과메기를 만드는 어종에 꽁치를 소개하면서 "그 이름을 관목청貫目靑이라 했으며 모양은 청어와 같다. 두 눈이 뚫려 막히지 않았다. 맛은 청어보다 좋다. 말려서 먹으면 맛이 매우 좋다. 청어 말린 것을 모두 관목貫目이라 부르는 것은 잘못이다"고 했다. 이로써 과메기는 청어로만 만들지 않았음을 알 수 있다.

담정은 <우산잡곡>을 지어 "나루 위 다락배(누선)에 주룩주룩 비 내리고 / 솜대는 앙상하게 돌 바닷가 막고 있지 / 삿갓 쓴 노인 낚시가 잘되셨는지 / 교화꽁치를 어깨에 메고 돌아가네"라 하여 가을비 내리는 날 다락배 위에서 꽁치를 낚아 돌아가는 늙은이를 서정적으로 그리고 있다.

쥐 고기로 오해하던 추억의 쥐치포

쥐치서뢰

쥐치는 한자로 서뢰鼠鱩라고 한다. 서鼠는 쥐이다. 김려는 『우해이어보』에서 쥐치를 다음과 같이 설명했다.

> 온몸이 쥐와 비슷하나 귀와 네 발의 지느러미가 없다. 몸은 옅은 회색이며 껍질은 모두 비릿한 점액으로 되어 있어 끈적이므로 손으로 만지기 어렵다. 큰 놈은 한 자 정도인데 항상 물속에 엎드려 있다. 낚시 미끼를 잘 먹는데 입이 작아 삼키지는 못한다. 다만 미끼의 옆쪽을 갉아서 먹는 것이 쥐와 같다.

즉 쥐치는 "색깔이 쥐와 비슷하고 귀가 없고 네 발이 매우 짧아 지느러미가 없는 것처럼 보인다. 그리고 쥐처럼 입이 작아서 미끼를 갉아서 먹는다"는 것이 핵심이다. 이외에도 쥐치가 "잡아서 내놓으면 쥐처럼 찍찍거리는 울음소리를 내고 잠을 잘 때 해안 바위에 붙은 수초를 입에 물고 꼼짝도 하지 않고 잠을 잔다"는 점을 들어 쥐와 유사하다고 했다. 시인 최승호는 「쥐치」라는 시에서 "콧구멍도 없다 / 주둥이도 없고 혀도 없고 / 귀도 없다 눈도 없다 지느러미조차 없다 쥐치포는 쥐포일까 / 혹시 쥐고기를 얇게 썰어 붙인 게 아닐까"라고 쥐치의 특징을 시로 읊었다.

시골에서 자란 필자는 도시에 있는 중학교에 진학해서야 비로소 '쥐포'라는 것을 알게 됐다. 어린 소견에 도시 사람들은 쥐를 잡아서 포를 만들어 먹는다고 생각했다. 당시 도시 판자촌은 단칸방에 부엌도 없이 아궁이만 달랑 하나 있고 수도와 변소는 공동으로 사용할 정도로 궁핍했다. 쥐포는 그런 판자촌 사람들이 연탄 화덕에 석쇠를 올려놓고 구워 파는 경우가 대부분이었다. 그래서 쥐포를 포유류 쥐의 고기를 포로 만든 것이라고 생각한 것이다.

최승호가 "쥐치포를 보면서 / 집단적으로 벌거벗겨진 쥐치들을 생각한다 / 벌거벗은 채 철조망 속에 쭈그리고 앉아 있는 / 주둥이가 뾰로통한 아프리카 포로들을 생각한다"고 한 것도 쥐치포에 숨겨진 가난과 슬픔, 속박, 자유에 대한 갈망 등을 봤기 때문일 것이리라.

쥐치는 쥐치, 말쥐치, 객주리, 날개쥐치, 그물코쥐치 등이 있다. 또 이와 비슷한 것으로 쥐놀래미가 있다. 쥐치는 크기와 모양에서 조금씩 차이가 나지만, 공통적으로 껍질이 질기고 깔끄러우며 입이 작고 머리에 가시같이 생긴 뿔을 가지고 있다. 쥐치의 가시 뿔은 다른 물고기에게 매우 위협적이어서 천적이 없을 정도이다. 여러 쥐치 중에서 쥐포로 가공되는 것은 주로 큰 쥐취인 말쥐치이다. 옛날에는 고기 살이 적은 쥐치를 먹지 않았다. 게다가 어부들에게는 가시 같은 뿔 때문에 그물이 엉키기도 해서 골치 아픈 물고기였다고 한다. 그러나 요즘은 횟집 수족관에서 쥐치를 흔히 볼 수 있다.

1960년대 이후 천대받던 쥐치는 쥐치포가 유행하면서 선호하는 물고기가 됐다. 쥐치포는 일본에서 비롯됐다는 설과 우리나라에 있던 것을 일본에서 나름의 방식으로 가공하여 다시 우리나라에 들여왔다는 설이 있다. 흔히 쥐포처럼 새우, 학꽁치, 나막스[붉은메기] 등의 살과 꼬리를 남기고 포를 떠서 건조한 것을 '화어花魚'라고 하는데 화어에서 쥐포가 유래됐다는 설도 있다.

쥐포 공장은 1970년대에 삼천포에 집중되어 있었다. 쥐치가 주로 남해안의 들쑥날쑥한 해변 바위에 붙어 있는 파래와 같은 수초를 갉아 먹고 자라서 잡혔기 때문이다. 당시만 해도 약 100여 개의 쥐포 공장이 있었다. 그러나 이후 지속적으로 해안선이 매립되고 쥐치의 먹이가 없어지자 쥐치 어획량이 급격하게 줄어들면서 1990년대부터 대부분의 공장들이 베트남으로 자리를 옮기게 됐다. 현재 삼천포에는 약 30여 개 정도의 쥐치 가공 공장이 있다.

1980년대까지만 하더라도 대학은 낭만이 있던 곳이었다. 가난한 학생들에게 노가리와 쥐포는 날마다 만나는 친구와 같았다. 몇백 원으로 산 쥐포 두어 마리를 바지 뒷주머니에 꽂고 소주 한 병을 가슴팍에 넣으면 세상에 부러울 것이 없었다. 이렇게 전투 준비가 끝나면 어슬렁거리며 교정 한쪽의 한적한 잔디밭에 모여 앉아 철학과 삶의 본질을 논하고 시와 사랑, 정의에 대한 열띤 논쟁을 치르며 밤이 깊도록 토론을 이어가곤 했다. 당시 학문의 깊이는 쥐포 마릿수와 소주병 수에 비례한다고 했을 정도였다. 조금씩 서로의 생각을 갉아 먹으며 자신의 생각을 키워가는 것이 마치 쥐치가 먹이를 갉아 먹고 통통하게 살찌는 것과 같았다.

쥐치는 먹이를 덥석 삼키는 것이 아니라 쥐처럼 날카로운 한 쌍의 이빨로 먹이를 갉아 먹기 때문에 낚시로 잡기 매우 어렵다. 낚시로 낚을 때 아주 민감하게 채어 올려야 하기 때문에 낚싯대보다는 낚싯줄을 손에 직접 잡는 줄낚시로 낚아야 유리하다. 김려는 『우해이어보』에서 낚시법과 먹는 법을 소개했다.

> 배의 앞머리에 앉아서 아래의 물빛을 보고 수직으로 줄을 내리고 있다가 만약에 물빛이 약간만 움직이는 것을 보면 급하게 손을 뻗어 배 뒤쪽으로 향해 채어 올려야 한다. 조금이라도 지체하면 이미 입감을 뱉고 가 버린다. 껍질과 내장, 머리와 꼬리는 버리고 살코기만 불에 익혀서 먹는다.

현재 진동 일대에서는 통발로 쥐치를 잡는다고 한다. 쥐치는 양식장 근처에 많이 나타나는데 양식 시설에 붙어 자라는 해초와 홍합 등을 먹기 위해서란다. 통발에 홍합을 깨어 넣고 양식장에 매달아 띄워 두면 쥐치가 홍합을 좋아하여 통발 안으로 들어간다. 쥐치는 물속에서 주로 양쪽 가슴지느러미를 쉴 새 없이 움직여 앞뒤로 다 움직이는데 마치 벌꿀새나 박각시나방이 꿀을 따는 모습과 유사하다.

사람들은 쥐치를 못생겼다고들 한다. 그러나 그들도 서로 아름다운 춤을 추며 짝을 찾고 사랑을 나눈다. 암수가 서로 눈이 맞으면 꼬리로 원을 이루면서 춤을 추는데 처음엔 그 템포가 느리다가 점차 속도를 빨리 해서 절정에 이르면 암컷이 해초에 산란을 하고 수컷은 뒤를 따라 사정을 한다. 바닷속 푸른 물결 아래 일렁이는 해초들 사이에서 사랑의 춤으로 유영하는 그들을 보면 누가 아름답지 않다고 하겠는가. 맑고 푸른 바닷가 바위들 틈에 많은 쥐치들이 다시 돌아와 서로 몸을 부비며 노닐 때를 기다려 본다.

문절망둑

망둑어과 물고기를 총칭하는 이름이다. 문절어라고도 하고 망둑어라고도 한다. 이는 문절망둑 중 물속에 서식하는 것을 문절어, 물 밖에 서식하는 것을 망둑어라고 부르는 관습을 합친 것이다. 우리나라 전역에 매우 많은 종이 서식하며 남해안에서는 개펄과 모래가 많은 얕은 곳에 주로 많이 분포한다. 김려는 잠을 잘 자는 물고기라고도 했다.

감성돔

체형은 금빛 붕어와 같고 은색의 몸빛과 분홍색 눈빛에 작은 입, 칼처럼 날카로운 지느러미를 가지고 있다. 감송이라 불리는 이유는 짙은 은색의 몸빛에서 비롯한 검다는 뜻의 감성의 소리를 빌려 표기한 것이다. 낚시로 즐겨 잡았으며, 지금도 낚시꾼들 사이에서는 로망으로 여겨지는 어종이다.

볼락

김려는 보라어甫羅魚, 즉 아름다운 물고기라고 했다. 보라볼락 이외에도 우럭(조피볼락), 열기(불볼락), 개볼락 등 그 종류가 많다. 우리나라 연안 암초 지대에 주로 서식하며 크기는 작은 편이다. 볼락은 국, 구이, 젓갈, 탕 등으로 다양하게 요리되는데 김려는 젓갈용 볼락인 젓볼락을 봤던 모양이다.

학꽁치

『우해이어보』에서 상비어라 한 녀석이 학꽁치다. 가늘고 긴 몸에 옥빛이며, 눈 주변은 짙은 녹색이고 온몸의 비늘이 비단처럼 반짝인다. 당시 사람들은 길게 튀어나온 꽁치의 아래턱을 코끼리의 코로 여겨서 상비어라 했고, 요즘 사람들은 그것을 학의 부리처럼 여겨 학꽁치라 부른다. 비가 오는 가을날에 뱃머리나 낚시를 던질 만한 물가에서 쉽게 잡을 수 있는 어종이다.

줄꽁치

몸집은 학꽁치보다 조금 더 두툼하고 주둥이 끝이 물에 담근 쌀처럼 하얗다. 『우해이어보』에서는 주둥이 끝의 특징으로 인해 교화꽁치라 했다. 몸은 연한 청록색 바탕에 등 쪽은 옅은 녹색을 띠고 배 쪽은 은백색을 띤다. 학꽁치와 비슷하지만 아래턱 끝이 검은색이다. 청어와 더불어 과메기를 만들어 먹던 대표 어종이다.

쥐치

쥐고기라고도 하며 쥐치포로도 유명하다. 이빨로 먹이를 갉아먹거나 쥐와 같은 소리를 내어서 쥐치라고 한다는 말도 있다. 남해안에 주로 분포하는 것은 말쥐치이며 연안 갯가의 해초나 조개류를 주로 먹는다. 머리에 뿔과 같은 돌기가 있어서 천적이 거의 없을 정도이다. 1970년대 이전에는 거의 먹지 않다가 쥐치포가 인기를 끈 후 최근에는 횟감으로도 인기가 좋다.

죽음과도 바꿀 수 있는 맛의 유혹

복어석하돈

● 봄빛 가득한 3월, 푸른 바닷속에 스며 있던 따스한 기운이 밀물에 밀려 땅으로 성큼 올라서면 바닷가 동백은 이미 자지러지도록 붉었다가 마지막 겨울 기운을 삼키고 툭, 목을 떨군다. 동백꽃은 푸른 잎 속에서 수줍은 듯 숨었지만 바람결에 동백잎을 살짝 젖히고 풍만한 몸을 드러내는 모양은 '비너스의 탄생'을 떠올리게 한다.

이때쯤 봄기운을 한껏 머금은 바닷가 갯바위에는 통통하게 살이 오른 작은 고둥이며 소라며 굴이며 따개비 등이 철썩이는 파도의 포말을 잔뜩 머금었다 내뱉는다. 그 아래 뚝 떨어져 깊은 곳에는 떼를 이룬 어린 물고기들이 햇살에 비늘을 반짝이며 일렁이는 물살에 몸을 맡긴 채 소풍을 즐긴다. 날씬하고 투명한 어린 물고기들 곁으로 이따금 하얗고 까만 강아지 같은 물고기가 눈에 띄는데, 바로 새끼 복어이다.

물가에 떨어진 동백꽃 송이를 물에 담그면 햇살에 하얀 배를 드러낸 복어가 다가와 동그라니 맴돌아 하얀 복어와 붉은 동백꽃의 일렁임은 무도장에서 춤추는 무희같이 아름답다. 붉은 꽃 주변을 천천히, 양쪽 지느러미를 팔랑이며 동동 떠 있는 통통한 복어의 몸에 드리운 문양은 예쁘고도 앙증스럽다. 복어鰒魚의 이미지는 동글동글하다. 바람을 잔뜩 품은 둥근 배와 둥근 눈, 동그란 입, 양쪽에 팔랑거리는 동그란 지느러미, 모두 둥글다. 복어를 그림으로 그려도 큰 동그라미 안에 작은 동그라미 몇 개를 그려 넣고 등쪽에 절반쯤 색을 칠한 후 점 몇 개를 찍으면 끝이다.

살아오면서 낚시라고는 제대로 해 보지 않았던 필자가 유일하게 낚시한 물고기가 복어로 기억된다. 필자의 낚시 실력은 타의 추종을 불허한다. 한번은 도망가는 물고기의 허리에 낚시 바늘을 꿰어 물고기를 잡은 적도 있다. 그 뒤로 이미 입신의 경지에 올랐다고 생각해서 더 이상 낚시를 하지 않았던 것 같다.

그러던 어느 날 친구가 잠시 맡겨 놓은 낚싯대를 잡고 있다가 처음으로 낚싯바늘을 입에 문 물고기를 낚았다. 파닥이며 전달되는 손맛을 느끼며 올린 낚싯줄 끝에는 애처로울 정도로 작고 오동통한 복어가 한 마리 달려 있었다. 첫 경험! 바늘을 빼고 바닥에 놓고 손가락으로 몸을 살살 문지르자 복어는 뽁뽁거리는 소리를 내면서 몸을 공처럼 부풀렸다. 복어를 잡으면 낚시를 망친다며 화가 난 친구는 죽이고자 했으나 나는 이런 부푼 몸으로 어떻게 헤엄치는지 보자고 얼른 물에 던졌다. 그러나 복어가 둥근 몸으로 떠 있는 건 잠시, 곧바로 아무 일도 없었다는 듯 헤엄쳐 갔다. 등에 박힌 작은 점들이 예쁘게 햇살에 반짝였다.

김려의 『우해이어보』에서는 여러 종류의 복어를 소개해 놓았다. 석하돈石河鮀, 작복증鵲鰒鱛, 나하돈癩河鮀, 황하복증黃河鰒鱛 등이다.

> 석하돈石河豚의 이름은 복증鰒鱛이다. 모양은 하돈河豚과 비슷하나 조금 작다. 그래서 이곳 사람들은 하돈의 새끼라고 여긴다. 그러나 내가 복증〔복쟁이〕을 보니 턱 아래에 자주색 사마귀 같은 것이 붉은 팥과 같이 붙어 있다. 이것을 보면 하돈의 새끼가 아님을 알 수 있다.

아마도 졸복을 말하는 것으로 생각된다. 또 김려는 복어를 재미있게 그려 놓았다.

> 이 물고기의 성질은 매우 사납고 표독스럽다. 처음 잡아 올리면 화를 내어 배를 부풀려 팽창시키고 입에서는 꽥꽥거리며 늙은 개구리 우는 소리를 낸다. 그 복부를 돌 위에 올려놓고 문지르면 더욱 성을 내어 팽창하여 마치 거위 알같이 동그랗게 된다. 이때 큰 돌로 단단히 누르면 이빨이 깨지고 눈알이 터지는데도 부풀어 오른 배는 꺼지지 않는다. 복어 배가 최대로 부풀어 올랐을 때 돌로 그것을 세차게 때리면 온 땅에 벼락이 치는 듯한 소리가 난다. 이 물고기는 낚싯바늘을 삼켜도 죽지 않으므로 낚싯줄을 잘 끊어 먹는다.

이러한 복어의 습성 때문에 성난 물고기란 뜻의 '진어嗔魚', '기포어氣泡魚' 또는 '폐어肺魚', '구어毬魚'라고도 불렀다. 일본에서는 '후구布久'라고 부르는데 이는 복어가 물 위로 떠오를 때 표주박〔후쿠베〕 같다고 해서 붙여진 이름이다. 그리고 복어는 독이 있다. 이러한 독을 김려는 복어가 "항상 물가에 머물면서 나비나 벌레, 거미, 바다개미, 수마水馬〔소금쟁이〕 등 여러 가지 곤충을 잡아먹는다. 조류가 밀려들면 물 위에 떠올라서 여러 물고기들이 뱉은 나쁜 침이나 독한 오줌 등을 마시므로 더욱 독이 독하다. 사람이 그것을 잘못 만지면 맹독이 있어 옴처럼 부스럼이 생길 수 있다"고 했다. 원래 독이 있는 것을 조선 시대의 사람들은 복어가 다른 벌레들의 독한 오줌이나 침을 먹어서 생겨난다고 여긴 것이다. 1970, 1980년대에도 복어의 내장을 잘못 먹고 온가족이 죽은 사건이 더러 있었다.

한편 복어는 이빨이 매우 강하다. 아래위로 날카로운 앵무새의 부리같이 생긴 한 쌍의 이빨은 낚시 바늘을 쉽게 끊어 먹는다. 조금 큰 복어는 사람의 손가락을 자를 정도로 그 힘이 강하다. 그러므로 복어는 입이 작지만 포식성이 강하여 굴이나 전복 같은 딱딱한 껍질도 깨어 먹는 버릇이 있다. 복어처럼 입이 작지만 이빨이 강한 물고기로는 쥐치가 있다. 그러므로 통발로 잡을 때는 조개류를 깨어서 미끼로 쓴다.

복어의 맛은 중국 송나라 소동파(1036~1101)가 "죽음과도 바꿀 만한 가치가 있는 맛"이라고 했을 정도이다. 일본에서는 "복어를 먹지 않은 사람에게는 후지산을 보여 주지 마라"고 할 정도로 그 맛을 일품으로 생각했다. 또한 중국에서는 숫복어의 정소인 이리를 중국의 최고 미인인 월나라 서시西施의 젖乳에 비유하기도 했다. 서시 때문에 오나라가 패망했듯이 복어 이리도 맛있지만 잘못 먹으면 죽기 때문에 이같이 비유했을 것이다. 경국지색傾國之色이 아니라 경국지미傾國之味라고나 할까.

또한, 복어는 '福魚', 즉 복이 많은 물고기로 인식되어 복어 껍질로 지갑을 만들어서 가지면 재물이 불어난다고 생각하는 경우도 있다. 그러나 욕심이 많은 것을 복쟁이 욕심이라고도 한다. 둥근 배와 복福을 연결시키는 것은 포대화상이 대표적일 것이다. 둥글고 뚱뚱한 머리, 귀, 몸, 어깨에 걸친 지팡이에 포대 하나 걸고 느릿느릿 천천히 걸어가는 모습이 복어와도 비슷하다. 집에 포대화상을 두면 복이 온다고 하니 복어를 키워도 복이 오지 않을까.

많이 잡히면 그해 흉년이 든다

가래상어한사어

2015년 10월은 많은 일을 겪었다. 진도 5.8에 이르는 미증유의 지진이 발생했고, 얼마 뒤에는 태풍 차바가 아물지도 않은 생채기를 다시 할퀴고 지나갔다. 요즘은 언제 그랬냐는 듯 쾌청하기 그지없는 가을 하늘이지만, 아직도 곳곳에 그 잔상이 남아 있다. 이런 재난 상황에 즈음하여 『우해이어보』에 나오는 자연재해인 '포수'와 이에 따라 어획한 한사어閑鯊魚를 살펴볼까 한다.

담정은 한사어의 특징을 이렇게 적었다.

> 한사어는 모양이 홍어와 같지만 몸이 크고 또 길다. 작은 것은 3~4척이며, 큰 것은 7~8척이나 된다. 그 넓이도 길이와 비슷하지만 십분의 일 정도 작다. 등과 양쪽 옆에는 머리에서 꼬리까지 모두 칼날과 같은 통뼈지느러미가 있다. 넓이가 3촌이며, 큰 것은 이것의 두 배인데, 세 개의 통뼈지느러미가 마치 '천川'자 모양으로 붙어 있다.

이름부터 살피자면, 사어鯊魚라는 이름은 껍질이 모래처럼 거친 방패비늘로 덮여 있는 데서 비롯했다. 그래서 모래 사沙 자와 고기 어魚 자를 아래위로 합쳐 만든 한자로 고기의 이름을 표현했다. 한자로는 그렇게 적지만, 사어가 상어로 발음되면서 지금껏 그렇게 불리고 있다. 한사어의 특징 가운데 가장 두드러진 것은 몸통이 홍어와 닮았다는 것이다. 상어 중에 비슷한 체형을 가진 녀석으로는 가래상어와 전자리상어를 들 수 있다. 그러나 두 녀석은 몸길이에서 크게 차이를 보인다. 『우해이어보』에는 나오지 않지만, 『현산어보』에는 전자리상어는 큰 놈이 2장[6m] 정도라 했으니 가래상어의 세 배에 가깝다. 그렇다면 여러 상어 가운데서 담정이 말한 대로 홍어와 같은 몸통에 몸길이가 70cm 남짓이고, 큰 것이 150cm를 넘을 정도라면 바로 가래상어를 이르는 것으로 보인다.

국립수산과학원에서 제공하는 해양생물종다양성정보시스템에는 가래상어의 특징을 "가슴지느러미와 배지느러미는 맞붙어 있다. 뒷지느러미는 없고 꼬리지느러미는 있으나 작은 편이다. 등과 배 전체에 미세한 비늘이 덮여 있다. 몸은 편평하고 머리의 폭은 넓으며 주둥이는 삼각형으로 길게 앞으로 돌출한다. (…) 전장 1m에 달하지만, 보통 50~60cm 크기가 많이 어획된다. 근해의 모래 바닥에 숨어 살고 동작은 매우 느리다. 여름에는 얕은 곳으로 겨울에는 깊은 곳으로 이동하여 서식한다"고 설명하고 있다. 여기서 소개한 대로 가슴지느러미와 배지느러미가 맞붙어 있고 몸은 편평하며 머리의 폭이 넓은 특징은 홍어와 비슷하다고 한 것과 일치하며, 몸길이와 여름에 얕은 곳에서 서식한다는 점은 앞으로 살펴볼 특징과 닮아 있다.

『현산어보』에는 가래상어의 이름을 가래 화鏵 자에 상어 사鯊 자를 써서 '화사'라 적고, 머리가 가오리와 닮았다고 했으니 담정이 홍어와 비슷하다고 한 것과 도긴개긴이라 할 만하다. 가래상어라는 이름은 머리 생김새가 가래를 닮은 데서 비롯한 것인데, 달리 수구리라고도 한다. 수구리는 각각 전자리상어와 가래상어를 이르는 평남과 평북의 사투리로 이들도 녀석들의 생김새가 비슷해서 크기가 다른 놈을 그렇게 부르고 있는 것으로 보인다.

담정은 이어서 가래상어를 잡는 방법 등에 대해 "이 가래상어는 낚시나 그물로 잡을 수 없다. 팔구월이 되어서 포수胞水가 갑자기 퍼지면 물고기들은 파도가 밀려오고 산이 무너지는 것처럼 포수를 피해 도망치다가 얕은 물가에 와서 죽는다. (…) 가래상어도 포수에 밀려서 쫓겨 오지만 성질이 급해 바다에서 맨땅으로 뛰어오른다. 그러면 이곳 사람들은 긴 막대기의 쇠 작살로 지느러미 사이를 마구 찔러 죽인다. 그리고 톱으로 날카로운 지느러미를 제거하고 배를 가른다. 등뼈 쪽의 살은 구워 먹을 수 있지만 나머지는 모두 기름이라 먹을 수 없고 녹여서 등불을 켜는 데 쓴다"고 소개하고 있다. 담정은 가래상어는 낚시나 그물질을 하여 잡는 것이 아니라 음력 8~9월에 바다에 포수가 일 때 바닷가로 몰려나온 녀석을 잡는다고 했다. 한사어를 비롯한 많은 바다 생물들을 떼죽음으로 내몬 포수는 여름철 남해 바닷가에 나타나 어민들을 괴롭히는 적조赤潮로 보인다.

이어서 현지 사람들의 말을 빌려 "가을이 깊어 갈 때 바닷속에 갑자기 홍색, 자주색, 청색, 흑색의 물들이 생기는데, 이 물이 넓게 펼쳐져서 해변에까지 이르게 된다. 이것이 포수다. 고기들이 이 물을 먹으면 죽게 되고, 죽지 않은 것도 기운이 빠지게 된다. 그러나 며칠이 지나면 사라진다. 이들이 말하는 포수는 부인이 분만할 때에 자궁이 열리는 첫 순간에 나오는 태반 속의 양수羊水와 같은 것이다. 그래서 이름을 그렇게 붙였다"고 설명하고 있다. 한의학에서 양수와 같은 의미로 쓰이고, 바닷물을 불그스름하게 물들이는 포수는 적조가 분명해 보인다. 적조는 『삼국사기』 초기 기록에서도 살필 수 있다. 「신라본기」 아달라 이사금 8년(161년) 7월 기사에 "바다에서 많은 물고기가 밖으로 나와 죽었다"고 한 기록이 나온다. 이것은 『우해이어보』에서 "포수를 피해 도망치다가 얕은 물가에 와서 죽는다"고 한 것과 서로 통하는 현상이므로 이를 적조 피해에 대한 최초의 기록으로 볼 수 있을 듯하다.

이렇게 잡은 가래상어는 톱으로 지느러미를 제거하고 등뼈 쪽의 살은 구워 먹고 나머지는 녹여서 등불을 밝히는 기름으로 쓴다고 했다. 당시 사람들이 가래상어를 잡는 목적이 식용보다는 등불의 연료를 구하기 위한 것임을 알 수 있다. 또한 식재료를 이용하는 방식에서도 지금과는 크게 차이가 나는데, 그때는 톱으로 떼어 내버렸던 지느러미를 요즘 중식 요리에서는 더 귀하게 대접하니 이 또한 격세지감이다.

당시 사람들도 적조를 아주 나쁜 자연현상으로 인식하고 있었다. 이곳 사람들의 입을 빌리면 한사어가 많이 잡히면 그해 흉년이 든다는 것, 흉년이 들었던 영조 31년(1755년) 을해년에 이곳에서는 날마다 한사어를 쉽게 잡았던 것으로 전해진다. 실제 을해년과 그 이듬해인 병자년은 홍수가 들어 한양에서는 청계천 광통교 일대가 모두 범람했다고 한다. 이곳 사람들은 한사어를 한사라고도 불렀다. 결국 그런 나쁜 기억이 한사어라는 고기 이름을 날씨가 춥고 모래 바람이 날리는 자연 현상인 한사寒沙와 동일시하기에 이르렀다고 보인다.

신석기 시대부터 먹은
정어리증얼

안개가 끼면 나타난다는
멸치말자어

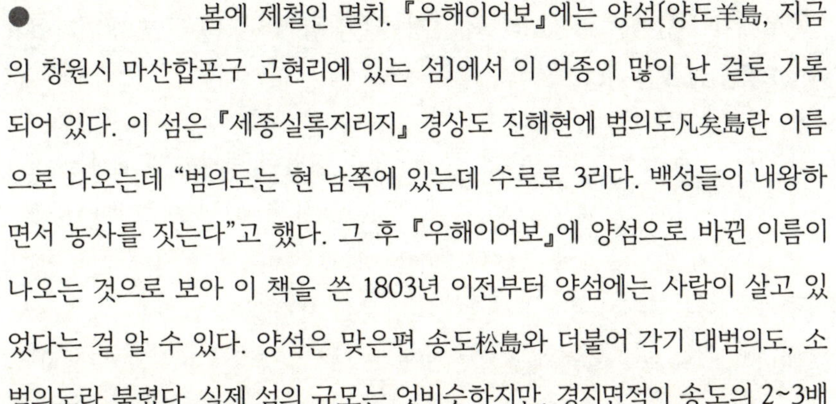

봄에 제철인 멸치. 『우해이어보』에는 양섬(양도羊島, 지금의 창원시 마산합포구 고현리에 있는 섬)에서 이 어종이 많이 난 걸로 기록되어 있다. 이 섬은 『세종실록지리지』 경상도 진해현에 범의도凡矣島란 이름으로 나오는데 "범의도는 현 남쪽에 있는데 수로로 3리다. 백성들이 내왕하면서 농사를 짓는다"고 했다. 그 후 『우해이어보』에 양섬으로 바뀐 이름이 나오는 것으로 보아 이 책을 쓴 1803년 이전부터 양섬에는 사람이 살고 있었다는 걸 알 수 있다. 양섬은 맞은편 송도松島와 더불어 각기 대범의도, 소범의도라 불렸다. 실제 섬의 규모는 엇비슷하지만, 경지면적이 송도의 2~3배 정도가 되므로 이곳 양섬이 상대적으로 큰 섬인 대범의도로 불린 것으로 보인다.

우리나라에서 정어리를 포식하기 시작한 때는 머나먼 신석기 시대부터다. 욕지도, 연대도 등 남해의 바깥 섬과 부산 영도 동삼동 등지에 남겨진 당시 사람들의 쓰레기터인 조개더미〔패총〕에서 도미, 농어, 돔, 방어, 참치, 대구, 상어, 가오리, 숭어 등과 정어리의 뼈가 함께 출토되기 때문이다. 그러나 오랫동안 기록으로는 전해지지 않다가 바로 이 책 『우해이어보』에 근연종인 멸치와 함께 실리면서 본격적으로 그 존재를 알리기 시작했다. 정어리는 『우해이어보』에 증얼이라 했고, 『현산어보』에는 증얼어라는 속명으로 나온다.

난류성 어종인 정어리는 우리나라 모든 바다에 서식하며 겨울에는 남쪽으로 내려갔다가 날이 따뜻해지면 여름에는 북쪽으로 회유하면서 연안으로도 몰려든다. 몸빛은 등이 짙은 청색이고 옆구리와 배가 은백색인 대표적인 등 푸른 생선이다. 다른 종과 구별되는 특징은 옆구리에 한 줄로 된 일곱 개 안팎의 흑청색 점이 두드러진다는 것이다.

『우해이어보』에는 증얼이라 적은 정어리와 함께 근연종인 멸치[말자어末子魚]를 소개하고 있다.

정어리는 색이 푸르고 머리가 작다. 관북 지방의 바다에서 잡히는 비웃〔비의청어飛衣鯖魚〕과 비슷하다. 맛은 달지만 맵싸하다. 잡아서 곧바로 구워 먹거나 국을 끓여도 먹을 만하다. 며칠이 지나면 더욱 매워져서 사람들에게 두통을 일으킨다. 이곳 사람들은 정어리를 증울蒸鬱이라고 하는데 증증울울이란 말은 '덥고 답답해서 머리가 아프다'는 말이다. 이곳 사람들은 이 물고기를 습한 풍토병인 장기瘴氣〔축축하고 더운 땅에서 생기는 독한 기운〕가 변한 것이라 하며, 정어리가 많이 잡히면 반드시 장려병瘴癘病〔기후가 덥고 습한 지방에서 생기는 유행성 열병이나 학질)이 생긴다고 한다. 그래서 이곳 사람들은 이 물고기를 많이 먹지는 않고 잡으면 인근의 함안, 영산, 칠원 등 물고기가 귀한 지방으로 가서 판다.

담정의 말처럼 정어리는 등 푸른 생선으로 생김새가 청어와 닮았다. 맛은 달지만 맵싸하다고 한 것은 통째로 구워서 내장까지 먹은 느낌을 나타낸 듯하고, 국을 끓여도 먹을 만하다고 했다. 필자도 어린 시절에 어머니가 고등어와 정어리 같은 등 푸른 생선이나 큰 멸치를 추어탕처럼 맑게 끓인 국을 맛나게 먹었던 기억이 있다. 고기의 이름을 증울 또는 증얼이라 한 것은 사후 부패가 진행되어 싱싱하지 못한 것을 먹었을 때 식중독을 일으키는 부작용 때문인 것으로 보인다. 그래서 이곳 사람들은 이 물고기를 많이 먹지 않고 수산물이 귀한 내륙의 함안, 영산, 칠원 등에 내다 판다고 했다. 아마 이때는 젓갈처럼 염장한 상태로 유통했을 것이다. 『현산어보』에도 정어리가 나오는데, 그는 이를 멸치의 일종으로 보아 소추小鯫를 멸치, 대추大鯫의 속명을 정어리라 소개했다. 손암이 관찰한 정어리는 "큰 놈은 5~6치 정도이다. 빛깔이 푸르고 약간 길다. 지금의 청어와 닮았다. 멸치보다 먼저 회유해 온다"고 했으니 지금의 관점에서도 그 특징을 간결하고 명확하게 잘 묘사하고 있다.

이어서 멸치에 대해 "말자어末子魚라는 근연종이 있다. 정어리와 비슷하지만 매우 작다. 바닷가의 여러 곳과 서울에서 팔리는 말린 물고기 포인 멸아鱴兒(멸치)와 비슷하다. 이 지방에서도 멸치가 생산되는데, 이곳 사람들은 그것을 멸(기幾)이라고 한다. 이 말은 방언으로 멸鱴이다. 선어로 쓰거나 말리기도 하는데 말자어와 대동소이하다. 그런데 관동 지역 바닷가 사람들

김홍도, 「매염파행」, 『행려풍속도병』, 견본담채, 90.9×42.7㎝, 국립중앙박물관.

의 말로는 멸치도 역시 장기와 이내 때문에 생겨서 매번 무덥고 안개가 끼어 흐릿할 때 조수가 부글거리는 곳으로 가서 삼태기로 건져 올린다고 하는데, 대개 이러한 종류의 이야기들이다"고 전하고 있다.

『우해이어보』에는 그 이름을 말자어, 멸아, 몇, 멸 등으로 불렀다. 『현산어보』에는 추어鯫魚라 나오는데, 속명이 멸어라 했다. 『전어지』에는 우리말로 몃, 한자로 이추라 했다. 그 이름을 살펴보면 이 고기는 크기가 작아서 잡어처럼 인식한 것으로 여겨지며, 그리 귀한 대접을 받은 것 같지는 않다. 다만, 『전어지』에 전하는 바와 같이 "나라 안에 많이 유통되니, 시골사람들도 먹게 된다"고 한 데서 그때나 지금이나 누구나 즐겨 먹을 수 있는 뼈대 있는 국민 생선의 위상을 헤아려 볼 수 있다.

멸치를 먹는 방식은 선어를 먹거나 말려서 먹기도 하지만 구체적인 조리법은 소개하지 않았다. 4~5월부터가 선어를 조리해 먹기 좋은 때인데, 날것은 주로 무침회로 즐긴다. 익혀 먹는 방법은 『우해이어보』에도 소개한 것처럼 정어리만큼 큰 놈은 구워 먹거나 국을 끓여 먹는 것이 좋다. 요새는 간간하고 맵싸하게 조린 멸치쌈밥이 널리 사랑받는다.

담정은 멸치를 잡는 시기와 방식도 소개하고 있다. 그때도 요즘처럼 해무가 잦을 때가 멸치잡이의 제철이었나 보다. 무덥고 안개가 끼어 흐릿할 때 조수가 부글거리는 곳에 가서 삼태기로 떠내기만 하면 된다고 했으니. 물살에 이런 현상이 일어나는 것은 멸치가 수면 바로 아래를 떼 지어 이동하면서 물살을 일으켰기 때문일 것이다.

<우산잡곡>에는 양섬 아낙이 3·8일에 서는 반성장에 정어리를 팔러 나서는 굳센 모습을 묘사하고 있다. 이 시를 읽노라면 섬을 나와서 뭍길로만 왕

복 40㎞가 넘는 먼 길을 정어리를 가득 담은 그 무거운 질그릇동이를 이고 오고간 민초들의 억센 생활력이 와닿는다.

양섬의 튼실한 아낙 호랑이 못잖아서 / 머리에 인 질그릇동이 정어리 가득하네 / 무명치마 맨다리로 바삐 움직이는 것은 / 반성장에 갔다 저녁에 빈 동이로 오려는 재촉이겠지

함정으로 꾀어 잡을 수 있는 큰 물고기

부시리양타

여름이 제철인 양타는 『우해이어보』에 실린 어종 가운데 가장 덩치가 큰 것으로 소개되어 있다. 『우해이어보』에는 200여 년 전 우해 앞바다에 정치 함정 어구인 어뢰魚牢가 바둑알처럼 설치되어 있었던 것으로 묘사하고 있다. 하지만 지금은 그 바다 어느 곳에도 그런 자취는 남아 있지 않고, 사람들의 기억 속에서도 사라져 버렸다. 다만 지난 탐사 때 들렀던 시락리 소포마을에서 독살(석뢰石牢)로 함정 어로를 행한 이야기를 전해 들었을 뿐이다.

『우해이어보』에서 양타를 달리 가방어假魴魚라 했으니 그 이름에서 방어와 같은 족속임을 드러내고 있다. 담정은 두 녀석을 구분할 수 있는 특징으로 양타가 방어에 비해 주둥이가 뾰족하다고 했다. 덧붙여 색이 푸른 것은 같으나 맛은 방어에 비해 조금 떨어진다고 했다. 성질이 차서 많이 먹으면 풍을 일으킬 수 있으며, 바다 생물 가운데 가장 커서 큰 것은 한 수레에 가득 찰 정도라 했다. 성질이 차서 많이 먹으면 풍을 일으킬 수 있다고 한 것은 붉은 살 생선을 회로 먹을 때 왕왕 겪는 배탈과 같은 부작용을 염두에 둔 묘사인 것 같다. 그래서 지금도 민감한 사람들은 이런 종류의 고기를 회로 먹을 때 붉은 살을 떼어 내고 먹기도 한다.

어류도감에서 방어와 비슷한 종을 뒤져보니 잿방어와 부시리가 나란히 나온다. 이 가운데 잿방어는 대가리가 방어보다 크다고 했으니 담정이 "주둥이가 뾰족하다"고 말한 양타가 이 녀석은 아닌 듯하다. 또한 잿방어는 몸통도 방어에 비해 두툼한 편이라 쉽게 구분할 수 있다. 이에 비해 전문가가 아닌 사람들이 방어와 부시리를 구분하기는 쉽지 않은데, 이는 우리뿐만 아니라 영어권에서도 마찬가지인 모양이다. 그들은 방어든 부시리든 모두 옐로테일 Yellowtail이라 한다. 그 대신 잿방어와 부시리 가운데서 몸집이 방어에 비해 가늘고 큰 녀석을 고르라고 한다면, 많은 이들이 비정한 대로 담정이 가방어라 한 양타는 부시리를 이르는 것으로 보인다.

담정은 "이 물고기는 바닷속에 있을 때는 잡기 힘들고 어뢰 안으로 들어온 뒤에야 잡을 수 있다"고 했다. 다 자란 녀석은 몸길이가 2m를 훌쩍 넘고, 몸무게도 약 100kg 가까이 성장하는 대형 어류이니 당시의 어법으로는 그럴 만하다 싶다. 부시리는 난바다와 연안의 바위 해안에서 살며 멸치, 고등어 등의 소형 어류와 오징어와 새우 등의 갑각류를 즐겨 먹는다. 이런 먹잇감을 따라 혼자 또는 작은 무리를 지어 연안으로 회귀하기도 하는데, 이때 어뢰에 들어 포획된 듯하다.

이 기록으로도 알 수 있지만 부시리를 포함한 방어 등 전갱이과의 어류를 포획하여 섭식한 것은 인류가 바다 자원을 적극적으로 이용할 때부터다. 선사 시대의 조개더미에서도 이런 어류를 먹고 내다 버린 뼈가 나오니 말이다.

예전에는 녀석들을 변별하기 어려워 모두 방어라고 했으나, 지금은 방어와 부시리를 구분할 정도로 동정同定(생물의 분류학상의 소속이나 명칭을 바르게 정하는 일)도 정교하게 이루어지고 있다.

그러면 옛사람들은 이 녀석을 어떻게 잡았을까. 『우해이어보』에서는 정치 함정 어구인 어뢰로 양타를 잡는 방법을 "바닷가 사람들은 바닷물이 여울져서 고기가 모이는 곳을 올兀이라고 말하는데, 올은 방언으로는 조條라고 한다. 그래서 이것을 어조魚條라고 부르며, 길에도 경로가 있는 것처럼 고기들을 쫓아가서 찾을 수 있는 곳이다"고 소개했다.

이처럼 어뢰 어법을 소개하면서 어뢰를 만드는 법에 대해 "이곳 사람들은 조를 따라 길이가 10여 장이나 되는 큰 나무들을 집의 기둥처럼 조의 곁에다 나란히 세워 놓는다. 양 기둥의 사이는 8척, 10척의 간격으로 하되, 기둥은 빙 돌려서 활처럼 굽어지게 둘러친다. 그래서 조가 넓으면 100개나 되며, 조가 좁으면 그 수가 줄어들게 된다. 그다음 큰 대나무를 엮어서 성근 발을 만든다"고 소개하고 있다.

구체적인 어로 방법은 "바닷물이 밀려올 때마다 배를 타고 조에 들어가서 대나무 발로 기둥들 사이를 막는다. 대개 대나무 발의 윗부분은 기둥의 뾰족한 곳에 묶으며, 아랫부분은 물밑 모래와 돌 속에 넣어 삼으로 만든 동아줄로 묶고 커다란 닻으로 중간중간 눌러 놓아서, 물고기가 충돌하거나 뛰어 도망가는 것을 막는다. 기둥 안에는 짚이나 섶, 억새나 갈대를 쌓아 깔아주어 물고기가 잠자고 쉬며 놀 수 있는 곳을 만들어 준다. 이렇게 해 놓으면 물고기들은 모두 바닷물을 따라서 조 안으로 들어왔다가 바닷물이 빠져나가면 대나무 발에 막혀서 나갈 수 없고, 또 물밑의 대나무 발도 높아서 뛰

김홍도, 「고기잡이」, 『단원풍속도첩』, 수묵담채, 27.0×22.7㎝, 국립중앙박물관.

어넘어 도망갈 수 없다. 미리 커다란 그물을 대나무 발의 바깥쪽 수백 보 떨어진 곳에다 설치해 두고, 그물과 대나무 발 사이에는 큰 배도 다닐 수 있게 해 놓는다. 드디어 바닷물이 모두 빠져나가기를 기다렸다가, 곧 천천히 대나무 발을 거두어들이면 물고기가 크고 작은 것 할 것 없이 모두 그물 안에 들어온다"고 했다.

함정 어구의 명칭에 대해서 "이곳 사람들은 기둥의 안을 뢰牢라고 하는데, 뢰라는 것은 감옥에 갇힌 물고기와 같다는 것이다. 간혹 이것을 어살[어전魚箭]이라고도 한다. 물 밖에서 기둥의 윗부분을 바라보면 가지런하고 촘촘해서 마치 화살이 살통에 들어 있는 것과 같기 때문이다. 또 기둥 밖과 그물 안을 뇌정牢庭이라고 한다. 어부들이 조수가 드나드는 것을 기다리며 아침저녁으로 묶고 쉬면서 노를 저어 왕래하면서 살피는 것을 조 보기[시조視條], 발 보기[시박視箔], 살 보기[시전視箭]라고도 한다. 때에 따라 말하지만 이름 붙인 실상은 한가지다"고 했다.

그 분포 및 소유 관계에 대해서는 "진해 바닷가에는 어뢰가 수십 곳에 있어 마치 바둑판처럼 어뢰를 두고 있다. 이들은 모두 자신의 이름과 표시를 가지고 있다. 이를테면 남뢰南牢 · 북뢰北牢 · 정뢰箐牢 · 석뢰石牢 · 도내뢰都內牢 · 동분뢰銅盆牢 같은 것들이 그것이다. 다만 이 중에서 도내뢰만 관청의 어조이며 나머지는 이루 다 기록할 수 없을 정도로 많다. 어뢰에는 각각 주인이 있으며 어족의 풍흉도 해마다 변한다고 한다"고 했다. 이로써 위의 여러 어뢰는 각각 위치에 따라 남뢰 · 북뢰, 소유에 따라 도내뢰, 소재에 따라 정뢰 · 석뢰 · 동분뢰 등으로 불린 것 같다. 이 가운데 석뢰를 박준원의 번역본에서는 석씨 소유의 어살이라고 봤으나, 소재가 돌로 된 것으로 이해한다면 독살이라 해야 옳을 것이다. 실제 얼마 전까지도 가까운 시락포 연안에 독살이 있었다는 소포마을 주민들의 전언이 이를 방증해 준다.

『우해이어보』를 보면 담정이 진해에서 유배 생활을 하던 19세기 초엽(1801~1806)에는 남해안 곳곳에서 어살을 이용한 함정 어로가 보편적으로 행해졌음을 알 수 있다. 조선 시대 전기에 간행된 『경상도속찬지리지』를 통해서도 지금의 김해, 진해, 마산, 고성, 사천, 남해 등 거의 남해안 전역에서 이러한 함정 어로가 행해졌음을 알 수 있다.

고속도로 휴게소의 대표 간식거리

오징어오노어, 갑오징어혼돈복두어

며칠 사이 가을이 성큼 다가왔다. 다음 주면 벌써 한가위다. 해서 『우해이어보』에서 한가위와 관련 있는 어종을 찾기로 작정했다. 근데 이 책을 다 뒤져 봐도 한가위를 직접 가리키는 것으로는 겨우 새우소라 하나를 찾아냈을 뿐이다.

새우소라는 『우해이어보』에서 하아라자蝦兒螺子 또는 하라蝦螺로 소개하고 있는데, 소라 껍데기를 둥지로 빌려 쓰고 있는 집게처럼 소라 껍데기에 들어 사는 새우의 한 종류다. 추석날 담정도 유배지에서 홍씨 성을 가진 예방禮房의 집에 초대받아 잘 차려진 차례 상을 봤다. 담정은 차례 상에 산해진미가 헤아릴 수 없을 정도로 많았는데, 맨 앞줄에 당당하게 새우소라가 진설되어 있었다고 <우산잡곡>에서 시로 읊었다.

그런데 새우소라만으로는 글감이 모자란다. 가을날 제철 생선으로는 대개 전어나 고등어, 갈치 등을 들 수 있는데, 흔한 고기라서 그랬는지 『우해이어보』에서는 이것들을 소개하지 않았다. 그래서 겨우 찾아낸 녀석이 오징어다. 녀석은 두족류頭足類 십완목十腕目에 속하는 연체동물을 두루 일컫는 이름이다. 잘 알려져 있는 녀석만 하더라도 갑오징어와 화살오징어, 한치(한치오징어) 등이 있는데, 이 가운데서 우리가 가장 잘 알고 즐겨 먹는 것이 화살오징어다. 갑오징어와 한치는 각각 화살오징어보다 이른 늦은 봄에서 여름까지가 제철이다.

오징어는 따뜻한 환경을 좋아해서 겨울철에 제주도 남쪽 바다에서 알을 낳아 봄에 난류를 타고 남해안을 거쳐 동해안으로 올라간다. 대체로 한여름이면 울릉도까지 이르는데 이때 우리나라 동쪽 바다는 온통 오징어 세상이 된다. 가을이 깊어 가면서 바닷물이 차가워지기 시작하면 오징어 떼들은 다시 남쪽으로 내려오기 시작하는데, 창원 지역에서는 대개 이즈음에 오징어를 포획한다. 오징어는 울릉도산이 유명하지만 실제 요즘 생산량은 영남 지역 해안에서 80% 가까이 잡힌다고 한다.

어감에서 눈치를 챘겠지만 오징어는 한자 이름이다. 『우해이어보』에는 오노烏老, 오노인烏老人, 복두어幞頭魚, 오적노烏賊奴, 승어僧魚 등 여러 이름으로 나온다. 이름에서 까마귀를 달고 나오는 것은 둘 사이의 천적 관계에서 비롯한 것이고, 복두어라 한 것은 녀석을 세운 모습이 머리 위에 두건을 쓴 듯한 모습이라서 그런 것으로 보인다. 담정은 그 생김새를 "꼬리 위로는 작은 농어와 비슷하고 몸통과 꼬리는 한 자 남짓하다. 꼬리를 오므리면 돼지털로 만든 빗자루 같고 펼치면 부채와 같다"고 묘사했다. 이 글에서 꼬리라고 한 것은 사실 두족류의 특징인 머리에 달린 다리다. 담정이 몸통은 작은 농어와 비슷하다고 한 것은 『현산어보』에서 타원형으로 본 것과 비슷하며, 길이를 한 자 남짓이라 한 것도 손암이 본 것과 마찬가지이다.

담정은 "보통 때에는 다리를 모으고 다니다가 물속에서 까마귀를 보면 다리를 펼쳐 거꾸로 서서 새의 몸을 얽는다. 머리 한쪽은 둥글어서 중의 머리 같고 다른 한쪽은 반쯤 열려서 감옥처럼 오목하다. 두건을 쓴 것 같은 머리로 물위에 떠서 물새인 가마우지나 해오라기, 강가의 갈가마귀나 오리 등이 나타나면 요凹 자 모양의 머리 안에서 엿보다가 새가 머리를 쪼으면 갑작스럽게 감옥처럼 오목한 머리를 모아서 새를 물속으로 끌고 들어가서 순식간에 새가 죽는다"고 물새 사냥 장면을 묘사하고 있다. 바로 이처럼 까마귀와 같은 새들의 적이라는 의미로 오적어 또는 오적노라는 이름이 비롯됐다.

그런데 담정이 이 장면을 직접 본 것 같지는 않다. 실제로 이런 사냥 장면을 관찰한 이가 없기 때문에 예부터 전해져 오는 이야기를 이렇게 적었을 것이다. 머리 한쪽(등)은 중의 머리 같고 다른 한쪽(배)은 반쯤 열려서 오목한 감옥과 같다고 했는데, 그가 말한 머리의 형상은 몸통 전체를 둘러싸고 있는 지느러미의 안팎을 그렇게 묘사한 것처럼 보인다. 그렇다면 이것은 지느러미가 몸통 끝에만 붙어 있는 화살오징어가 아니라 몸통 전체에 붙어 있는 갑오징어를 말한 것으로 보인다. 녀석의 정체가 갑오징어임은 『현산어보』와 『전어지』 등에 "등에는 하나의 뼈가 있는데, 생긴 모양은 배와 같다. (…) 약에 들어가면 해표소라고 한다"고 한 데서 알 수 있다.

그런데 예전에는 오징어와 갑오징어를 지금과 달리 이해했다. 예전에는 갑오징어를 오징어라 했고, 오늘날은 화살오징어를 오징어라 한다. 갑오징어의 갑甲은 몸통에 들어 있는 뼈를 이른다. 『현산어보』 등에서도 이 뼈를 간 가루가 지혈 작용과 상처를 아물게 하는 데 효능이 있다고 했다. 녀석의 뼈에는 작은 방(에어 탱크)이 있어, 녀석이 물에 뜨거나 가라앉는 기능을 한

김홍도, 「노방노파」, 『행려풍속도병』, 지본담채, 100.6×34.8㎝, 국립중앙박물관.

다. 필자가 어릴 적에는 몸속의 갑甲을 집집마다 상비약으로 두고 찰과상에 유용하게 썼던 기억이 있다.

담정은 이어 오징어 먹는 법과 맛에 대해 "오징어의 몸통 살은 맛이 없다. 다리 살은 색이 옅은 황색이나 익히면 홍색이 된다. 국을 만들면 맛이 홍어와 비슷하나 맵지 않고 아주 맛있다. 꼬리 끝에는 군더더기 살이 있는데, 새의 알처럼 독이 있어서 반드시 떼어 내어야 한다"고 했다.

조리법에 대해 본문에서는 국을 끓여 먹는 것만 소개했지만, <우산잡곡>에는 들병이 노파의 술안주로 삶은 오징어가 나온다.

> 자줏빛 바구니에 귀밝이술 파는 노파 / 오징어가 단지 하나 가득 들어 있네 / 웃으면서 화로 안에 숯을 넣는데 / 구리 냄비 속엔 붉게 익은 오징어 안주

『현산어보』에는 "고깃살의 맛이 감미로워서 회나 포에 모두 좋다"고 했으니 이때에도 오징어를 말려 포로 먹었음을 알 수 있다. 두 책에 나와 있는 이 네 가지 음식은 지금도 즐겨 먹는 방식이지만 이제는 조리법이 훨씬 다양해졌다.

오징어는 이 책에 나오는 오징어 국을 비롯해 회로 먹기도 하고 말려서 간식거리나 안주로 즐기기도 한다. 젓갈을 담가서 먹기도 하는데 최근에는 거의 모든 해물 요리에 들어가는 중요한 식재료로 쓰이고 있다. 낙지만은 못하지만 오징어에도 타우린이 많이 들어 있어 보양식으로도 손색이 없다. 특히 먹물의 핵산 성분은 세포 활성화와 노화 방지에 좋은 것으로 알려져 최근에는 암 치료제로도 개발하고 있다고 한다. 그 가운데 무시로 즐겨 먹기

로는 피데기(반건조한 오징어를 일컫는 경상도 사투리)나 마른오징어를 구워서 먹는 것이다. 고속도로 휴게소의 대표 간식거리로 부상한 녀석은 여전히 많은 이의 입을 즐겁게 해 주리라.

벼 이삭을 먹는 노루물고기라 했던 농어 새끼

어린 농어(껄떡이)노로어

한자성어 중에 숙맥菽麥이라는 말이 있다. 이는 콩과 보리도 구분하지 못하는 즉, 사리분별을 못하는 어리석은 사람을 뜻한다. 이와 비슷한 말로 노어해시魯魚亥豕가 있다. 노魯 자와 어魚 자, 해亥 자와 시豕 자가 각각 비슷해서 구분하지 못한다는 뜻이다. 봄나물 중 냉이와 지칭개도 구분하기 힘든 풀이다.

오래전 도시에서 갓 시집온 집사람과 봄나물을 캐러 간 적이 있었다. 마침 쑥이 한창 때라 집사람에게 밭두렁에서 쑥에 대해 알려 주고 각자 흩어져 쑥을 캐다가 한 끼 먹을 정도로 바구니가 차면 돌아가기로 했다. 나중에 아내를 불렀더니 아내는 매우 만족하는 표정을 지으며 의외로 많은 양이 담긴 바구니를 내밀었다. 그러나 바구니를 들여다보는 순간 크게 웃지 않을 수 없었다. 바구니 속에 쑥은 조금밖에 없고 온통 국화잎이었다. 아내는 어린 국화잎과 쑥잎을 구분하지 못했던 것이다.

또 한 번은 어머니가 콩밭을 매고 있을 때 아내가 새참을 가져다준 적이 있었다. 더운 여름에 땀을 흘리며 일하는 어머니 모습이 안타까웠던 아내는 자기도 돕겠다며 밭을 매기 시작했다. 나중에 아내가 매던 밭고랑으로 갔다가 기절할 뻔했다. 아내는 어린 콩 싹을 모두 뽑아 버리고 잡초 싹만 남겨 놓은 것이다. 콩밭이니까 콩 싹이 더 많을 것이라고 생각하고 정작 뽑아야 할 잡초는 남기고 콩을 뽑은 것이다. 그때 다시 콩을 심느라 한참을 고생했던 기억이 지금도 생생하다. 그 이후로 아내는 농사일에서 제외되는 행운(?)을 얻었다.

이처럼 일상생활에서 동물이나 식물, 혹은 다른 광물들을 늘 접해 보지 않은 사람들에게 비슷하면서도 다른 것을 구분하는 것은 쉽지 않다. 김려도 『우해이어보』를 저술할 때 물고기에 대하여 잘 모르고 쓴 것이 많았다. 그중 하나가 노로어鱸奴魚, 즉 깔따구이다. 깔따구는 농어 새끼를 지칭하는 방언인데 껙정이, 깔떼기, 껄떠구, 까지메기 등으로 불린다. 그런데 김려는 어린 농어와 농어를 전혀 다른 물고기로 본 모양이다. 아마도 어린 농어의 등쪽에 작은 반점이 많이 있는데 성어가 되면 없어진다는 점, 또 민물을 좋아하는 습성이 있어 어릴 때 기수역이나 하천 하구에까지 올라갔다가 다시 바다로 돌아간다는 점 등을 몰랐던 모양이다. 더욱이 김려는 농어 새끼를 노루물고기라고 했다.

이 물고기는 잘 뛰어오르며 벼를 즐겨 먹는다. 매년 가을에 벼가 익으면 밀물을 따라 인근 바다와 통하는 계곡 하천으로 들어가 벼논으로 뛰어올라서 벼를 먹고는 썰물 때 물살을 따라 내려간다. 이러한 일이 날마다 항상 반복된다. 이곳 사람들은 이 물고기를 노루물고기라고 부른다. 그 이름은 노로鱸奴라는 뜻인데 잘 뛰어오르기 때문이다. 우리나라의 방언으로 노루麞를 노로鱸奴라고 부른다. 노盧는 머리가 좋은 훌륭한 개의 이름인데 노로鱸奴라는 뜻과 비슷하므로 이것에서 취했을 것이다. 맛은 농어鱸魚와 비슷하다.

즉 어린 농어가 노루처럼 잘 뛰어다니므로 노루나 훌륭한 개에 빗대어 설명했다. 그러나 김려가 노루와 고라니를 구분할 줄 알았을까. 필자도 어린 시절 시골에서 자랐지만 고라니를 노루 새끼라고 잘못 알고 있었다. 당시 사람들은 고라니를 그냥 노루라고 불렀기 때문이다.

경상도 방언 중에는 일정한 생물종을 하나로 통칭해서 부르는 경우가 많다. 가령 조개류가 다양하지만 그냥 '개발'이라고 불렀다. 갯벌에서 나는 조개라는 말일 것인데 '발'의 의미가 불분명하다. 또한 물고기는 통칭하여 그냥 '고기'라고 불렀고 육고기는 앞에 이름을 붙여 닭고기, 돼지고기 등으로 불렀다. 풀도 통칭하여 풀이라 했고 나무도 통칭하여 나무라 했다. 물론 개별 이름이 있지만 뭉뚱그려 부르는 경우가 많았다. 고라니와 노루는 뿔, 송곳니, 꼬리, 크기에서 차이가 있으나 멀리서 보면 서로 비슷해 보인다. 김려도 이 둘을 구분하지 못했을 것으로 보인다. 그러나 둘 다 모두 잘 뛴다는 공통점이 있다. 고라니와 노루는 잘 뛰기 때문에 잡기 힘들지만 뛰다가 갑자기 멈추어서 사방을 살피는 단점이 있다. 이러한 특성을 잘 이용하면 고라니나 노루를 쉽게 잡을 수도 있다.

어릴 때에 담수를 좋아하는 농어는 봄에 먹이를 찾아 육지 가까운 얕은 바다로 이동한다. 여름에는 강 하구까지 올라갔다가 가을이 되면 깊은 바다로 이동한다. 겨울에는 알을 낳고 겨울을 나기 위하여 수심이 깊은 곳으로 이동한다. 이러한 주기적 습성 때문에 김려는 어린 농어 즉 노루어가 초가을에 논으로 뛰어올라가 벼이삭을 먹는다고 생각했다. 실제 초가을에 벼를 먹는 것은 참새류이다. 벼이삭이 여물기 전에 참새가 볍씨를 부리로 물어 껍질 속에 녹말액을 빨아 먹으면 벼는 쭉정이가 된다. 그렇기 때문에 이때 참새를 쫓아내지 않으면 수확이 절반으로 줄어든다. 농어 새끼는 억울하게도 참새의 잘못을 뒤집어 쓴 것이다. 예전에 비가 내려 논물이 넘칠 때 물을 거슬러 논으로 올라오는 물고기들을 본 적이 있다. 내가 본 건 주로 붕어였지만 그중에 농어 새끼인 꺽정이도 있었을 것이다. '여름 농어가 곱사등이도 편다'는 속담이 있는데 올여름에는 농사일로 허리 굽은 어머니께 농엇국을 끓여 드려야겠다.

<우산잡곡>을 보자.

漁村搖落近谿漩 茆屋蕭然亂午烟 忽聽泥頭聲撥剌 鱸男跳出碧秔田
어촌이 소란하더니 여울물 휘돌고 / 초가집 고요한데 점심 연기 흩날리네
갯가 어귀에 문득 파닥이는 소리 / 노로어 놈 푸른 벼논에 뛰어오르나 보다

복어

복어는 독이 있는 물고기로 유명하다. 그러나 그 독이 든 내장과 아가미, 피를 제거하고 나면 그 맛이 일품이어서 '죽음과 바꿀 맛'으로 알려져 있다. 물 밖으로 나오면 배를 부풀리고 뽁뽁거리는 소리 때문에 복어가 되었다는 설도 있고, 배가 불러서 복어라는 말도 있으며, 복을 주는 물고기로도 해석된다. 해장국으로 각광받는 인기 어종이다.

가래상어

『우해이어보』에서 상어 가운데 체형이 홍어와 같지만 더 크고 길다고 했으니 녀석은 대가리가 가래를 닮은 가래상어가 분명하다. 이런 특징 때문에 가까운 부산에서는 녀석을 주게가부리[주걱가오리]라 부른다. 실제 모습은 상어와 가오리를 반반 섞은 듯하지만 해양생물학에서는 녀석을 가오리와 같은 종류라 본다. 낚시나 그물로는 잡을 수가 없다고 했는데 연근해의 모래 바닥에 숨어 살기 때문이다.

정어리

『우해이어보』에서 색깔이 푸르며 머리가 작다고 형태적 특성을 제시했다. 달리 증울이라고도 한 것은 신선도가 떨어지는 정어리를 먹고 식중독을 일으켰을 때 "덥고 답답해서 머리가 아프다"는 증상에서 비롯한 이름이다. 쉽게 상하는 성질 때문에 싱싱한 것은 구이나 국을 끓여 먹었다. 그 맛이 약간 맵고 떫다고 한 것은 살짝 산패된 맛을 그리 표현한 것으로 보인다.

부시리

부시리는 방어와 비슷하여 가방어라 했다. 방어보다 주둥이가 작고 몸집도 가늘다. 난바다와 연안의 바위 해안에 살며 고등어 등의 소형 어류를 섭식한다. 다 자란 녀석은 몸길이가 2m가 넘고 무게도 100㎏ 가까이 나갈 정도로 크다. 『우해이어보』에서는 정치 함정 어구인 어뢰[어살]에 든 부시리를 잡는 법을 소개하고 있다.

갑오징어

『우해이어보』에 나오는 오징어는 이 종에 속하는 어종 중 갑오징어를 말한다. 이름이 갑오징어인 것은 몸통 안에 들어 있는 배 모양의 뼈에서 비롯한 것이다. 예전에는 이 뼈를 지혈제로 요긴하게 쓰기도 해서 집집마다 몇 개씩 갖추어 두곤 했다. 국을 끓이거나 숙회로 먹는 법을 소개했지만 제 맛을 즐기려면 회나 얼마른 것을 구워 먹는 게 좋다.

어린농어〔껄덕이〕

어린 농어를 남해안 지방의 말로 까지매기, 가슬맥이라 하고 특히 점농어를 깔따구, 껄덕이 등으로 부른다. 그중 부산, 마산, 통영 등에서는 주로 까지매기라고 한다. 어릴 때는 몸에 점이 있으나 성어가 되면 점이 없어지는 종들이 있고, 점농어와 같이 성어가 되어도 점이 있는 농어가 있다.

그 맛을 모르면 평생 후회한다는

조기석수사돈

4월, 서해는 조기철이다. 곡우 전후가 되면 조기는 산란을 위해 떼를 지어 남쪽에서 서쪽으로 회유한다. 이때 남해안에서 서해안을 따라 북상하여 연평도까지 올라가게 되는데 그 중간인 태안반도, 변산반도 등에서 조기가 많이 잡힌다. 산란 직전 이곳에서 잡히는 조기를 '곡우사리'라 부른다. 곡우사리는 살이 기름지고 연하여 최고의 맛으로 친다.

생선 중에도 귀하고 천한 것이 있다. 즉 신분의 귀천이 있다. 그중에서 가장 대접받는 물고기는 단연코 조기일 것이다. 조기는 모든 제사상에 빠지지 않고 올라간다. 향교의 석전대제나 재실의 향사, 시제, 기제사 등에는 물론이고 마을의 당산제나 굿당이나 신당의 제상에도 올라간다. 또한 옛날 환갑잔치나 혼례식, 생일, 돌 등 관혼상제의 중요한 행사 때 차려지는 상에도 조기는 번듯하게 한자리를 차지한다. 그중 참조기는 첫손으로 꼽는다. 참조기가 이렇게 대접을 받는 이유는 조기가 기운을 돋우는 생선 즉 '조기助氣'로 알려져 있는데다 비늘이 많아서 풍요를 상징하는 물고기로 알려져 있기 때문이다.

일반적으로 조기는 민어과에 속한다. 참조기, 보구치(백조기), 수조기, 부세, 흑조기, 민어조기 등이 이에 속한다. 조기는 한자로 머리에 흰 돌과 같은 것이 있어서 석수어石首魚 혹은 종어鯼魚라 부르며 서해안뿐만 아니라 우리가 사는 남해안에서도 많이 잡히는 물고기이다. 그 종류도 매우 많다.

『신증동국여지승람』, 『여지도서』 등에는 조기가 나는 곳으로 진해(지금의 진동), 웅천(지금의 진해), 창원도호부, 칠원(지금의 구산면) 등 필자의 주변 지역 바다를 모두 언급하고 있다. 현재의 김해, 창원, 고성, 거제 앞의 바다에서도 조기가 잡혔다는 말이다.

김려의 『우해이어보』에는 조기에 대한 언급은 없고 조기와 비슷한 종류의 물고기를 언급했다. 석수사돈石首查頓이 그것이다.

> 석수사돈은 석수어石首魚, 즉 조기와 비슷한데 조금 작다. 꼬리가 뾰족한 편이고 옅은 홍색을 띤다. 지져서 먹으면 조기와 맛이 비슷한데 말리면 조금 매운맛이 난다. 지방 말로 아내의 아버지와 남편의 아버지 관계를 사돈查頓이라고 한다.

사돈은 대개 비슷하면서도 조금은 다른 면이 있는 것을 비유할 때 쓰는 말로도 사용되는데 '사돈의 팔촌'이라는 속어로 알 수 있다. 석수사돈은 조기와 비슷하지만 조기가 아닌 것을 말하는데 아마도 현재의 진동 일대에서 잡히는 수조기나 부세 등으로 추정된다. 즉 몸이 약간 길고 옅은 홍색을 띠는 것이 수조기나 부세인 것이다. 참조기를 다른 조기와 구분하는 방법은 의외로 간단하다. 물고기의 머리 상단부에 다이아몬드 꼴의 표시가 있고 그 속에 유상돌기, 즉 하얀 돌과 같은 뼈가 들어 있는 것이 참조기이다. 나머지는 이러한 특징이 없다.

참조기를 통째로 소금 간을 해서 말린 것을 '굴비'라 한다. 영광 법성포는 굴비로 유명하다. 고려 시대의 척신 이자겸(?~1126)이 모반을 하려다가 발각되어 1126년(인종 4)에 정주(지금의 영광)로 유배됐는데, 이곳에서 굴비를 맛보고 지금까지 그 맛을 모르고 개경에 살았던 것을 후회했다는 일화도 있다. 이 일화로 정주굴비, 즉 영광굴비가 이미 고려 시대부터 유명했다는 것을 알 수 있다. 굴비도 곡우 때 잡힌 조기로 간을 해서 말린 것을 최고로 치는데 이 굴비를 '곡우사리 굴비' 또는 '오가재비 굴비'라 하여 특상품으로 취급된다.

국립문화재연구소에서 펴낸 『어업요漁業謠』에는 어민들이 서해안의 칠산바다에서 조기잡이를 하며 부르던 노래가 실려 있다. 부안군 변산면 도청리에서 채록된 노래이다.

칭야나 칭칭나네 칭야나 칭칭나네 / 갈치 칭야 나던가 칭야나 칭칭나네 / 조구 칭야 나던가 칭야나 칭칭나네 / 황금 같은 조구야 너는 죽어 나쁘지만 / 나는 너 잡은께 좋다 어라 칭칭나네

또한

돈 벌러 가자 돈 벌러 가자 / 칠산 바대로 돈 벌러 가자 / 어기여차 어기여차

이 노래는 조기 그물 망태기를 벌려 놓고 쪽박으로 조기를 푸면서 부르는 소리이다. '황금같은 조구' '칠산 바대로 돈 벌러 가자'는 노래 구절은 당시 조기 조업이 어민들의 경제에 얼마나 큰 역할을 했는지를 잘 보여 주는 노래라고 할 수 있다.

『우해이어보』의 산실인 진동면 고현리 일대에는 1960년대까지만 하더라도 물고기가 많이 잡혔다. 이때 물고기가 많이 모이는 곳이 어디인지 망보는 자리를 바닷가 산 위에 설치하는데 이것을 산망山望이라고 했다. 고기떼가 모이는 방향을 가리키는 깃발을 가지고 올라가 고기떼의 위치를 산망주山望主에게 알려 주면 산망주가 어부들을 모아서 위치를 정하고 지시에 따라 조업을 하게 된다. 잡은 고기는 공동으로 분배한다. 이러한 산망을 통한 고기잡이는 가덕도에서 숭어잡이를 할 때 산망에서 숭어가 들어오는 길을 보고 깃발로 신호를 하여 그 길을 둘러싸서 고기를 잡는 방법과 비슷한 것으로 여겨진다. 이곳에서는 남서풍이 불면 풍어가 되고 샛바람이 불면 흉어가 된다고 믿고 있다. 올해에는 남서풍이 순탄하게 불어 맛난 조기들이 풍성하게 잡히기를 기원해 본다.

여름 최고의 보양식, 논밭 다 팔았다는

민어 혹은 철갑상어 녹표

근래 여름 보양식으로 민어民魚 요리가 부쩍 떠오른다. TV 프로그램이나 신문, 잡지 등에서 그동안 잠잠하던 민어가 떡하니 주인공이 됐다. 그 영향으로 민어 골목으로 이름난 목포로 달려가는 사람들의 숫자가 갈수록 늘고 있다. 지금은 주로 서해와 남해의 경계인 신안 일대에서 민어가 많이 잡히지만 옛날에는 남해안에서도 민어가 제법 잡혔던 모양이다.

김려의 『우해이어보』에는 민어의 일종인 녹표綠鰾와 근연종으로 백표어白鰾魚에 대하여 기록했는데 정확히 무슨 물고기인지는 알 수 없다.

> 모양은 사어鯊魚(상어)와 비슷하지만 약간 넓적하고 맛이 시다. 껍질에는 모래알 같은 점이 있으나 부드럽고 억세지 않다. 배 속에 긴 부레가 있는데 연한 녹색이고 맛이 감미롭다. 아교를 만들면 푸른 유리가 녹은 것처럼 쩐득하게 된다. 점성이 강하여 가물치의 부레보다 낫다. 표동어鰾鮦魚는 민간에서 민어라고 하는데 부레가 황색이다. 남

쪽과 북쪽 지방에 모두 통용되는 말이다. 사람들은 녹표를 잡으면 그 부레를 말렸다가 몰래 동래의 왜인 시장에 내다 팔거나 그렇지 않으면 그을려 구워 먹는다. 서울의 상인들이 물어 오면 숨겨 놓고 꺼려서 말하지 않는다. 관청에서 세금을 거두는 것을 두려워해서이다.

아마도 여기서 말하는 표동어는 민어의 한 종류인 '동갈민어'가 아닌가 한다.

민어는 농어목 민어과에 속하는 바닷물고기로 민어鰵魚 또는 면어鮸魚라고도 부른다. 민어를 방언으로 개우치, 홍치, 불등거리, 보구치, 가리, 어스래기, 상민어라고도 한다. 아마도 민어의 등이 붉은빛이 도는 것과 연관된 이름이거나 큰 물고기라는 의미가 그 이름에 반영된 것으로 보인다. 또 말린 민어를 수치, 암치, 통치 등으로 불러 암수와 어린 민어를 구분한다. 『현산어보』에서는 민어를 "비늘과 입이 크다. 맛은 담담하고 좋다. 날것이나 익힌 것이나 모두 좋고 말린 것은 더욱 몸에 좋다. 부레로는 아교를 만든다"고 했다.

민어는 낮에는 깊은 바다에서 놀다가 밤이면 수면으로 올라오는데 주로 새우류를 좋아한다. 그러므로 새우 어장이 발달한 곳이 민어 산지이다. 민어는 산란기에 연근해로 모여들어 부레를 이용하여 개구리 울음소리와 같은 소리를 낸다. 지금도 민어를 잡을 때 통대나무를 바닷속에 집어넣고 그 소리를 간파하고 그물을 던지면 틀림없다고 한다. 민어는 물 밖으로 나오면 바로 죽기 때문에 바로 피를 빼내고 얼음에 넣어 선어鮮魚로 먹는다. 신선한 민어는 회, 탕, 구이, 장국, 포, 찌개, 국, 조림 등으로 두루 조리해 먹는다.

조선 시대에는 여름 보신탕으로 첫째 민어탕, 둘째 도미탕, 셋째 개장국이라고 했다. 민어는 머리부터 꼬리까지 쓸개를 제외하고는 버릴 것이 없다. 그 중에서도 머리 고기와 껍질, 부레를 일품으로 친다. 머리 고기는 쫄깃한 맛이 일품이다. 민어 껍질은 뜨거운 물에 살짝 데쳐 밥을 싸 먹는데 이것 때문에 논밭을 다 팔았다는 말이 있을 정도이다. 민어 부레는 그 속에 소를 채워 순대로 만들어 먹기도 하고, 날것으로도 먹으며, 약으로 쓰기도 했다.

또한 부레는 말렸다가 풀로 만들어 접착제로도 썼다. '이 풀 저 풀 다 둘러도 민어풀이 따로 없다'는 말이 있을 정도로 오래가는 풀로 쳤다. 일반적으로 풀이라고 하는 아교는 소 껍질을 재료로 한 아교가 가장 대표적이며, 민어 부레만을 이용해서 만든 부레풀〔어교魚膠〕은 각궁 등의 활과 목기의 제작 및 보수에 최고급품으로 쓰였다. 특히 성능이 우수한 각궁, 즉 물소뿔로 만든 활은 민어 부레풀을 접합한 것인데 궁력이 강하고 크기가 짧아 우수한 무기로 알려져 있다.

한방에서는 민어가 위장을 열어 식욕이 없는 사람의 입맛을 돌게 하고 배뇨를 도와준다고 한다. 또 민어의 부레로 만든 한청 덩어리 같은 아교주阿膠注는 허약과 피로를 치유하고 몸이 여위는 것을 보하고 잦은 기침과 코에 피가 나는 증상을 다스린다고 알려져 있다. 이러한 민어의 부레를 마산 진동 일대의 어민들은 부산 왜관에 있는 왜인들에게 몰래 팔았다고 했다. 그 까닭이 세금 때문이라는 것이다. 『세종실록지리지』에 기록된 진상품을 열거해 보면 민어는 주로 평안도, 황해도, 충청도에서 많이 생산된 것으로 되어 있다. 정조 때는 민어 어장 한 곳의 세금으로 여섯 냥을 받았다고 하는데 현재의 죽방렴과 같을 것으로 추정되는 방구렴防口簾 한 곳의 세금은 두 냥이었다고 하니 그 크기는 비교할 수 없지만 민어 어장에 대한 세금이 높았던 것으로 보인다. 지금도 그렇지만 그때도 나라에서는 민초들에게 지독하게 세금을 거두었던 모양이다. 이러한 사정을 알고 보면 민어民魚라는 이름이 다소 슬프게 느껴지기도 한다.

푸른 파도를 겹겹이 떠내듯 날카로운 칼날로 붉은 내 살을 도려가라 / 굶주려 울부짖는 건 오히려 너희가 아니더냐 / 흰 배 속 깊이 간직한 균형 잡는 부레도 거침없이 떼어가라 / 어차피 너희가 아닌 다른 쪽으로 이미 기울어졌으니 / 그러나 내 눈은 두어라. 너희들의 모습이 깊게 새겨져 있으니 / 그리고 내 비늘은 그냥 바다에 버려라 / 편편마다 너희들의 마음과 행동이 각인되어 있으니 / 바다로 돌아가 그 하나하나가 다시 민어가 되어 / 또다시 너희를 뚫어질 듯 보려고 하니 그냥 버려라 / 지금 너희들이 백성들을 그냥 버리듯이….

– 〈민어(民魚)〉, 필자(2016)

우리나라에서 민어 어장으로 가장 이름 높았던 곳은 전남 목포 신안의 임자도 앞 태이도(타리도)이다. 일제강점기 때 임자도 대광해수욕장 앞에 있는 태이도에서 민어파시가 열렸다. 해방 이후에 민어 파시는 인근의 재원도로 옮겨 가 1980년대까지 큰 성황을 이뤘다. 섬과 섬 사이를 배를 밟으며 건너갈 수 있을 정도로 어선이 많았다고 한다. 배를 따라 어부와 돈이 몰리고 술집과 색싯집 여자들도 몰려들었다고 한다. 현재도 목포의 민어 골목이 전국 제일이다. 옛날만큼이야 낭만이 흐르지는 않겠지만 아직도 그 체취가 물씬한 것은 무엇 때문일까. 최기종 시인의 「가장 목포다운 곳」의 한 구절이 떠오른다.

(…) 예전에 구릿빛 팔뚝 굵은 아재들이 젓가락 장단 두드리던 곳, 꽃잎 같은 색시들이 술을 치고 노래 부르던 곳, (…) 타지에서 작가들이 항동시장에 오면 파뿌리 아줌니들이 새색시 되어서 감태, 청태 내오고 갈치속젓, 꽃게장 내오고 꼬막무침 내오고 조기찜 내오고 목포바다도 내옵니다. (…)

한편 민어와 같이 부레를 이용하여 아교를 만드는 물고기는 철갑상어가 있다. 철갑상어도 그 알과 부레의 쓰임새가 좋아 매우 인기 어종이지만 많이 잡히지는 않았다. 그러나 근래에 철갑상어 양식에 성공하면서 다시 인기 어종으로 부각되고 있다.

김려의 설명으로 볼 때 '녹표'가 정확하게 어떤 물고기인지 확정할 수 없지만 민어가 아니면 철갑상어일 것이다.

천대받던 물고기에서 효자 어종으로 변신한 물메기

꼼치|표어

가슴이 답답한 날 눈을 감으면 통영의 여러 섬들과 시리도록 푸른 하늘에 맞닿은 바다가 눈에 선하게 떠오른다. 언젠가 무인도에서 풍랑에 고립됐을 때 돌아갈 배를 기다리며 오직 바다만 바라본 적이 있었다. 바로 눈앞에서 검푸르고 거친 파도에 몸을 맡긴 채 자유를 누리는 가마우지와 갈매기들을 우두커니 바라보면서 느꼈던 외로움과 두려움이 이제는 그리움으로 다가온다.

2000년대 초, 당시 통영의 섬 대부분을 조사할 일이 있어 섬들을 열심히 돌아다닌 적이 있다. 물메기를 만난 것도 그해 겨울이었다. 창원 출신인 나로선 물메기가 다소 낯설었지만 통영 섬들의 풍경은 달랐다. 푸른 바다를 배경으로 올망졸망하게 늘어선 겨울 어촌에는 집집마다 빨랫줄이나 시렁에 물메기가 매달려 있는 풍경은 너무도 이채로웠다. 나직한 돌담 너머로 널어 둔 물메기를 슬쩍 만져 보면 덜 말라서 물컹했다. 그러나 그것도 처음 며칠일 뿐, 햇살을 받으며 하늘에서 열심히 헤엄치다 보면 어느새 갈색을 띠면서 바짝 마른 포가 됐다.

한번은 욕지도 동항시장 바닥에서 난장의 할머니에게 마른 물메기 포를 한 마리 사면서 어떻게 먹는지 물어봤다. 할머니는 그냥 굽거나 찜으로 해서 먹으라고 했다. 당시 찜을 할 형편은 못되어서 숙소에서 버너에 구웠더니 고소한 냄새가 입을 자극했다. 그러나 고소한 냄새와는 달리 몸속에 바닷물을 간직한 물메기를 그대로 졸인 탓에 너무 짜서 결국 다 먹지 못했던 기억이 난다.

물메기는 껍질의 얼룩이 표범과 같아서 표어豹魚라고 불렀고 무늬가 있어서 문표어文彪魚라고도 했다. 생긴 모양이 메기와 비슷하고 입이 커서 물메기라고도 부른다. 원래 물메기는 꼼치과에 속하며 정식 학명은 꼬치다. 지역에 따라서는 꼼치, 물미거지, 메거지, 물곰이, 물잠뱅이 등 다양한 이름으로 불린다. 원래 잡으면 바로 바다에 버려지는 물고기여서 물텀벙이라고도 했다.

그러나 최근 수산과학원에서 미거지, 꼼치, 물메기는 비슷하게 생겼지만 각각 다른 물고기라고 밝혔다. 미거지는 울진 이북 해안에서 잡히며 가장 크고 귀한데 색이 누런색이다. 꼼치는 우리나라 전 연안에서 잡히고 중간 크기이며 얼룩무늬로 회색이다. 물메기는 주로 서남해안에 잡히고 가장 작은데 약간 누렇고 붉은색을 띤다. 이들을 얼핏 보아선 서로의 차이를 느끼기 어렵다.

김려는 『우해이어보』에서 "물메기는 성질이 사납고 탐욕스러워 다른 물고기를 잡아먹으므로 물고기들이 모두 두려워한다. 그러므로 이 물고기를 잡을 때는 새끼줄에 온갖 어류의 고니를 꿰어 뱃전에 길게 매달아 놓거나 물고기 머리를 물속에 넣어 곧추세운다. 그러면 물메기가 반드시 다가와 물고기 머리를 문다. 이때 천천히 배를 돌려 얕은 물가로 나와 뱃머리를 바다로 향하고 배꼬리를 물이 얕은 뭍으로 둔다. 뱃머리에서 작은 징으로 강하게 한 번 치면 물고기가 깜짝 놀라 얕은 물 밖으로 튀어 나간다. 이때 대나무 자루로 된 쇠창으로 찔러서 잡는다. 이 물고기는 잡기도 어렵고 살도 맛이 없어 잘 안 먹는다"고 했다.

한편 흑산도에서 정약전이 쓴 『현산어보』에는 미역어로 되어 있는 해점어가 물메기인 것으로 추측된다. 그것은 살이 아주 연하고 뼈도 연한데 맛은 좋지 않지만 술병〔주병酒病〕을 잘 고친다고 했다. 아마도 경상도보다는 전라도에서 물메기를 즐겨 먹었던 것으로 보인다.

2000년대 초까지만 해도 경남에서는 물메기를 국이나 탕으로 거의 끓이지 않았고 찜을 본 적도 없었다. 그러나 불과 3~4년이 지나면서 물메기는 외면당하던 신세에서 각광받는 물고기로 변하더니 효자 어종이 됐다. 물메기탕이 해장국으로 인기몰이를 하면서 소비량이 기하급수적으로 늘어났기 때문이다. 원래는 산지에서 어느 정도 소비되고 나머지는 말려서 포나 찜으로 먹었으나 유통 방법이 발달하면서 물메기를 산 채로 옮길 수 있게 되어 물메기탕이 유행했다.

물메기탕을 끓이는 방법은 간단하지만 끓이는 순서를 어길 경우 살이 해체되어 먹기가 불편하다. 우선 취향에 따라 멸치, 다시마, 양파, 파, 황태 머리 등을 넣고 육수를 준비한다. 그리고 여기에 무와 파, 콩나물 등을 넣고 먼저 끓인 후 소금으로 간을 한다. 한참 끓을 때 토막 낸 물메기를 넣고 마늘, 고추 등을 넣고 한 번 더 끓인다. 식초 등을 가미하여 먹으면 된다. 물메기찜은 반쯤 마른 물메기를 양념해서 두었다가 콩나물, 파 등과 같이 찌면 된다.

경상도 지방에서는 옛날에 물메기를 잘 먹지는 않았으나 왜국倭國의 상인들이 매번 그 껍질을 찾았다. 그래서 물메기 껍질을 벗겨 깨끗하게 말려서 몰래 동래의 왜인들에게 팔았다고 한다. 그러나 그들이 물메기 가죽으로 무엇을 했는지는 잘 몰랐다고 한다. 조선 시대 당시 기술로 보면 대개 물고기 가죽으로 옷이나 신발, 삿갓 등을 만들어 사용했을 것으로 보인다. 지금은 가공 기술이 발달하여 물고기 가죽으로 지갑, 가방, 열쇠고리 등뿐만 아니라 장신구까지 만들어 사용한다.

흔히 물고기 가죽으로 많이 사용되는 어종은 상어와 가오리, 장어 등이다. 그러나 민어 등 큰 물고기도 자주 사용했으며 물메기처럼 가죽이 얇은 물고기도 그 가죽을 활용했다고 하니 아마도 수많은 물고기 가죽을 이용했을 것으로 보인다. 흔히 제사에 쓰는 민어나 조기 등 반건조 물고기를 적당히 쪄서 다시 식히면 그 가죽이 찢기지 않아 살을 먹을 수 없게 된다. 물고기 가죽 역시 물고기를 적당히 말려서 찐 다음 껍질을 벗겨서 넓게 펴고 그 상태로 말려서 만든다. 이것을 한 장씩 포개어 저장하고 그것을 모아서 옷이나 가방 등을 만든다.

정선, 「한암조어」, 지본수묵, 117.2×70.3㎝, 국립중앙박물관.

맛이 일품이어서 용의 알이라 불리던 삼치 알

삼치삼치

● 필자는 군 복무 시절에 삼치를 처음 맛봤다. 당시 겨울철 식단에 자주 올랐던 녀석이다. 국도 아닌 것이 그렇다고 찌개도 아닌 애매한 음식을 식판에 받아먹었는데, 짭짤하게 적당히 간이 밴 무와 그 푸석거리던 삼치살의 식감을 지금도 또렷이 기억한다. 그 뒤 군을 제대하면서 삼치와도 자연스럽게 멀어졌지만, 내 기억 속의 삼치는 30여 년 전 고달픈 군 생활과 혹독한 겨울철 추위를 달래 준 고마운 음식으로 자리하고 있다.

삼치는 농어목 고등엇과에 속하는 바닷물고기로 12월부터 1월까지가 가장 맛있을 때라고 한다. 2015년 12월 신문에 삼치를 소개하려고 했는데, 낚시를 나서기도 전에 난감한 문제에 봉착하고 말았다. 녀석을 만날 기대에 몇 곳에 문의를 했더니 우해 일원에서 삼치가 잡히는 시기는 9~10월 무렵이란다. 그러니 12월에는 배를 타고 먼바다로 나서지 않고는 삼치를 만날 수가 없다는 이야기다. 바다 사정을 몰랐던 내게서 비롯한 패착이니 어쩌겠는가.

고민 끝에 마침 군에서 첫 휴가를 나온 아들과 함께 갯내 물씬 나는 어시장을 일단 가 보기로 했다. 좌판에 죽 펼쳐 놓은 고기를 살피던 중 눈길을 끄는 녀석이 있었다. 사진으로 미리 눈에 익혀 둔 삼치였다. 먼저 만난 놈은 먼 곳에서 잡아 온 것인지, 이제 막 냉동 상자에서 꺼내 둔 탓에 몸은 휜 채 뻣뻣하게 굳어 있었다. 아무래도 사진에 담기 어려워 보여 몇 곳을 더 둘러봤더니 서너 집에서 삼치를 팔고 있었다. 그 가운데 가장 물이 좋아 보이는 곳에서 가격을 물어보니 팔뚝만 한 놈은 두 마리에 만 원이고, 좀 더 커 보이는 녀석은 세 마리에 이만 원이라 했다.

삼치는 우리나라 여러 곳에서 잡히는데, 『신증동국여지승람』(1530)에 실린 「토산」에는 바다를 낀 곳 가운데 경상도와 전라도를 제외한 모든 지역에서 나온다고 한다. 『여지도서』(18세기 중후반)와 『해동지도』(1750) 「진해현」에는 경남 해안 지역에서 삼치가 난다고 소개된 곳은 없다. 그런데 그 뒤로 반세기가 지나서 나온 『우해이어보』에 떡하니 실려 있으니 제대로 살펴봐야겠다고 부지런히 자료를 뒤졌지만 의외로 알려진 바가 적었다.

『우해이어보』에 "삼치鰺鮻는 음이 삼치인데 방어의 한 종류다. 색은 엷은 청색이며 입이 작다. 맛은 방어와 비슷하나 맛이 더욱 시다. 이곳 사람들은 신맛을 초〔참醦〕라고 한다. 그래서 참어醦魚, 즉 신고기라고 부르며 최고의 진미라 여긴다"고 했다.

그 이름을 삼치라고 한 것은 서유구의 『난호어목지』에도 보인다. 이 책에서는 마어麻魚라 했으니 삼 마麻 자의 뜻을 빌려 그리 적은 것이다. 『현산어보』에서는 달리 망어蟒魚라고도 하는데, 이 책에서 삼치를 그렇게 부른 것은 구렁이처럼 등에 검은 무늬가 있기 때문인 것으로 보인다. 이것을 담정은 옅은 청색으로 묘사하고 있으며, 그가 삼치의 성질이 가물치와 비슷하다고 한 것과도 일견 통한다. 바로 삼치의 몸통 측면에 회청색 반점이 세로로 나 있는 것을 가물치와 비슷하게 본 것일 터이다. 방어의 한 종류라고 한 것은 그 생김새가 방추형이고, 크기가 비슷해서 그리 본 듯하다.

또한 맛은 방어와 비슷하지만 더 시다고 했다. 『현산어보』에서도 "맛은 시고 텁텁하다"고 했는데 시다는 것이 무엇을 말하는지는 정확히 알 수 없다. 신맛 때문에 비롯한 이름이라면 산어酸魚라고 했을 수도 있을 텐데 그렇지는 않은 듯하다. 혹 삼치가 지방이 많고 살이 연해서 잘 상하기 때문에 그것을 신맛이 난다고 느꼈을 수도 있다. 『현산어보』에서 손암이 텁텁하다고 한 것은 그것을 익혀 먹을 때의 식감을 표현한 것으로 보인다. 사람마다 개인차가 있겠지만, 필자가 군 복무 시절 이 고기를 처음 먹었을 때의 느낌도 그랬다. 이런 개인차는 『우해이어보』와 『현산어보』, 『난호어목지』에서도 그대로 드러나 있다. 진해 현지인들은 이런 신맛을 진미珍味라 했고, 손암은 "시고 텁텁하여 별로 좋지 않다"고 했으며, 서유구의 글에는 "맛이 극히 좋다"고 했다.

나로서는 담정과 손암이 시다고 한 그 맛을 이해하기 어려워 몸소 느껴 보기로 했다. 급한 대로 어시장에서 구한 삼치는 제쳐 두고, 시내의 한 횟집에서 통마리 구이를 시켜 맛을 봤다. 육질은 생각보다 훨씬 부드러웠고, 예전 군 복무 시절에 먹던 것보다 푸석거림과 텁텁함도 덜했다. 아마 선도 때문인 것으로 여겨지지만 여전히 시다고 한 맛을 이해할 수 없었다.

담정은 삼치의 생식 방법에 대해 "바닷가의 상인들이 말하기를 봄에서 여름으로 바뀔 즈음에 물가에 몰려와 구렁이와 교미하고 가을이 되면 알을 낳는다. 입에 알을 머금고 있다가 토해 내어 얕은 물가에 모래가 많은 곳에 구멍을 파고 묻어 두면 이듬해 봄에 새끼로 태어난다고 한다. 그러면 그 성질이 가물치와 비슷하니 반드시 독이 있을 것이다"고 했다.

아마 이것은 삼치가 바닷가에서 수정하면서 꿈틀거리며 엉키는 모습이 마치 구렁이와 삼치가 짝짓기를 하는 모습처럼 보였기 때문에 그렇게 표현한 듯하다. 가을이 되면 모래 해안에서 입으로 알을 토해 내어 묻어 두면 겨울을 지나 부화된다고 묘사했다. 이어서 "이곳 사람들은 그 알을 용란龍卵이라고 한다. 해마다 서리가 내린 뒤에 남녀가 쇠가래로 모래를 파내어 알을 얻는다. 젓갈을 담으면 매우 맛있고 말려서 먹어도 일품이다"고 했다. 가을에 묻어 둔 그 알로 삼치 알젓을 담그거나 말려서 먹으면 맛이 좋다고 했으니 오죽했으면 용란이라 했을까.

이어서 "삼치와 비슷하여 삼치 사촌이라 불리는 근연종이 있는데, 매우 작고 맛도 떨어지므로 이곳 사람들도 즐겨 먹지 않는다"고 했다. 이것이 근연종을 이르는 것인지 성어가 되지 못한 것을 이르는 것인지는 확실치 않다.

우리는 언제부터 어떻게 삼치를 잡아먹었을까. 동삼동을 비롯한 남해 일원의 섬에 있는 신석기 시대 조개더미에는 거의 예외 없이 삼치 뼈가 출토되고 있는 것으로 보아 아주 오래전부터 우리 밥상에 올랐음을 알 수 있다. 달리 삼치를 잡는 방식을 소개한 친절한 보고서는 없지만, 낚시 어법으로 포획했을 것이라는 게 전문가들의 대체적인 견해다.

삼치는 대표적인 회유성 어종이라 포획 시기를 알 수 있다. 1990년대에 농림수산부에서 낸 자료를 보면 삼치는 3~6월에 우해 앞바다를 회유하므로 이때 포획됐을 가능성이 높다. 철기 시대에 이르러 내만의 기슭에 자리한 조개더미에서는 삼치 뼈의 출토 사례가 희소하다. 그것은 신석기 시대의 조개더미 가운데서도 내만에 자리한 부산 범방패총과 김해 수가리패총도 마찬가지인데, 이는 삼치의 서식 장소와 관련될 것이다.

담정은 이 글의 말미에 <우산잡곡>을 지었다.

꽃다운 포구의 여인 옥 같은 눈동자여 / 자줏빛 명주 석 자로 머리 잘도 묶었네 / 용란을 찾아 모래 구멍 뒤지다가 / 잘못해서 방게 잡고 웃음 그치지 않네

죽어도 함께하는 사랑의 물고기

전갱이 원앙

● 마산 진동 고현에서 『우해이어보』의 산실인 율티 염밭마을로 가는 바닷길 중간에 선두船頭라는 마을이 있다. 선두마을 동쪽 끝, 뱃머리 선창가에는 뱃사람들이 풍어와 안녕을 비는 선돌(남근석)이 있고 그 옆에는 소나무와 푸조나무가 서로 기대어 있다. 사람들은 이 나무를 연리목連理木이라고 한다. 두 나무가 하나로 붙은 연리지에 대한 설화는 원래 효자가 부모를 지극히 그리워하는 효심을 이야기한 것이었으나 지금은 남녀간의 깊은 사랑을 비유하는 말이 됐다. 부부간의 지극한 사랑을 노래한 백거이白居易(772~846, 당나라의 시인)의 「장한가長恨歌」에 연리지가 등장한다.

> 헤어질 때 은근히 거듭한 말 / 그 말은 둘만이 아는 맹서였지 / 칠월 칠석 장생전에서 / 깊은 밤 남몰래 속삭인 약속 / 하늘에서는 비익조比翼鳥가 되고 / 땅에서는 연리지가 되자. (…)

민화, 「쌍어도」.

연리지는 상사수相思樹라고도 한다. 동진東晉(317~419) 사람 간보干寶(?~336)의 『수신기搜神記』에 나오는 이야기다.

송宋나라 강왕康王(?~기원전 286)이 절세미인인 한빙韓憑의 부인 하씨何氏를 빼앗았다. 한빙이 이를 원망하자 성을 쌓는 형벌을 내렸다. 한빙은 결국 자살하고 말았다. 하씨 역시 한빙과 합장해 달라는 유언을 남기고 누대에 올라 몸을 던져 자살하고 말았다. 화가 난 왕은 두 사람을 합장하지 않고 무덤을 서로 바라보도록 만들었다. 이

두 무덤에 개오동나무가 각각 나더니, 며칠 만에 아름드리나무로 자라 몸체를 구부려 서로에게 다가가고 아래로는 뿌리가 서로 맞닿았다. 나무 위에는 한 쌍의 원앙새가 앉아 떠나지 않고 서로 목을 안고 슬피 울었다. 사람들은 그 나무를 상사수라고 불렀다.

선두리 바닷가의 이 나무들도 상사목相思木이 아닐까. 상사목 곁에서는 원앙새가 슬피 울며 밤을 지샐까.

바람이 불면 / 그리움 새겨진 편지 하나 / 바람에 실어 보냅니다 / 오래도록 쌓인 이야기들이 / 천만 갈래 잎맥이 되어 / 지워지지 않는 기억이 됐습니다 / 멀리, 너무 멀리 있지만 / 닿지 않아도 느껴지고 / 보이지 않아도 볼 수 있어 / 그곳을 향해 그저 손을 내밀어 볼 뿐입니다 / 그 가지 위에 / 외로운 원앙새는 밤새웁니다. (2016년 필자)

김려의 『우해이어보』에서는 원앙새가 아닌 원앙어가 등장한다. 원앙어는 어떤 물고기일까. 원앙어에 대해서는 그동안 많은 사람들이 수많은 추측을 해 왔을 뿐 정확하게 어떤 물고기인지를 알지 못했다. 김려는 원앙어를 다음과 같이 설명했다.

원앙은 원앙어鴛鴦魚라고도 하고 해원앙海鴛鴦이라고도 하는데 절어鰤魚 즉 납자루와 비슷하다. 입은 작고 비단빛 비늘이며 아가미 옆 뺨은 붉고 꼬리는 길다. 꼬리의 가운데 부분이 짧아서 제비꼬리와 같다. 이 물고기는 암수가 반드시 같이 다닌다. 수컷이 헤엄쳐 가면 암컷이 수컷의 꼬리를 물고 간다. 죽더라도 떨어지지 않으니 낚시를 하는 사람들은 반드시 한 쌍을 낚게 된다. 이곳 사람들의 말로는 이 물고기를 잡으면 눈알을 뽑아 깨끗하게 말려서 남자는 암컷의 눈알을 차고 여자는 수컷의 눈알을 차고 다니는데 그러면 부부의 금슬이 좋아진다고 한다. 그러나 이 물고기가 항상 있는 것은 아니다. 내가 세 들어 있는 이웃의 이생李生이라는 사람이 일찍이 거제도의 양곡洋曲에 낚시를 갔다가 이 물고기를 낚아 와서 나에게 보여 주었다. 물고기가 이미 반쯤 말랐는데도 꼬리를 물고 떨어지지 않았다.

이러한 설명 때문에 어떤 사람은 민물고기인 납자루와 비슷하게 생긴 자리돔을 원앙어라고 추측했다. 그런데 국어학자인 이정용 선생은 「우해이어보에 나오는 몇 어패류 이름에 대하여」라는 글을 발표하면서 원앙어가 전갱이라고 했다. 즉 원앙새의 옛 우리말이 징경이, 증경이, 징경이인 것에 주목하고, 또한 전갱이의 방언인 전광이가 전광이>전강이>전갱이로 변형된 것으로 파악하면서 원앙어가 전갱이라고 추론했다. 원앙새를 징경이로 풀이할 수 있는 근거는 다른 곳에도 있다. 『시경』 첫머리인 「주남周南 국풍國風」, <관저장關雎章>을 보자.

관관저구關關雎鳩는 재하지주在河之洲라 / 요조숙녀窈窕淑女는 군자호구君子好逑라 / 끼룩끼룩하는 저 징경이는 하수의 물가에 정답구나 / 아름다운 숙녀는 군자의 좋은 짝이로다

이 시에서 저구雎鳩를 징경이라고 해석하는데 징경이를 물수리라고 하는 사람과 원앙이라고 하는 사람들이 있다. 그러나 서로 사이좋게 기대어 사는 모습을 표현한 것으로 보아 원앙으로 보는 것이 옳을 듯하다.

물고기인 전갱이를 징갱이와 같은 발음으로 파악한 김려는 이 물고기 이름을 원앙어 혹은 해원앙이라고 풀이한 것이다. 즉 바다의 원앙이라는 말이

다. 전갱이는 '정개이'(경남), '매가리'(경남, 전남), '각재기'(제주), '아지'(일본) 등의 이름을 가지고 있다. 그런데 매가리는 전갱이의 어린 물고기를 말한다. 김려가 살던 집 율티 염밭마을 이웃집의 어부 이씨가 거제 양곡에서 잡아 온 물고기 역시 전갱이일 가능성이 높다. 전갱이는 낚시를 하면 한꺼번에 여러 마리가 잡힌다. 그러므로 동시에 잡은 물고기를 통에 넣어 두면 입에 닿는 다른 물고기의 꼬리를 물고 죽을 가능성도 있다.

김려가 어느 날 이웃에 사는 어부 이씨에게 어떤 물고기를 가리키며 이름을 묻자 전갱이라고 답했을 것이다. 김려가 전갱이를 징경이로 듣고 "징경이는 원앙인데 이 물고기가 원앙어냐"고 되묻자 어부는 "전갱이를 원앙이라 한다면 물고기는 원앙어이지 않겠는가"라고 했을 수 있을 것이다. 또 어부는 "전갱이(원앙어)를 낚으면 연달아 꼬리를 물고 올라온다"고 했을 것이다. 김려와 어부는 전갱이와 징경이를 서로 혼동했고 김려는 나아가 징경이를 서로를 지극히 사랑하는 물고기 이야기로 승화했을 것이다. 그러나 징경이 눈알을 가지면 사랑이 깊어진다는 이야기는 진동 지역에 실재한 민속인지 만들어진 이야기인지 알 수 없다.

김려의 <우산잡곡>이다. 시를 보면 갯마을 새색시의 수줍은 몸짓과, 부끄러움에 발그레해진 뺨과, 쑥스러워 살짝 웃는 순박한 웃음이 그림처럼 그려진다.

갯마을 새댁 연분홍 화장하고 / 흰 모시 적삼에 옥색 모시치마 입고 / 몰래 살며시 고깃배에 다가가서 / 비녀를 던져 주고 해원앙海鴛鴦 사네

무시무시한 독성을 가진 쏘는 물고기

쑤기미 | 모질

담정은 『우해이어보』에서 모질이라 한 물고기의 생김새에 대해 "몸의 주둥이와 지느러미가 모두 날카로워 창[모극矛戟]과 같다"고 했다. 또 "사람이 잘못 건드리면 상처를 입는다"고 해서 "이곳 사람들이 창고기[모어矛魚]라 부른다"고 했다. 녀석의 생김새와 실제의 독성을 표현하기 위해 "고래 배 속에 들어가 움직이면 고래가 반드시 죽는다"고까지 했다. 여기서 생김새와 이름의 유래, 녀석이 지닌 독성을 이렇게 표현한 것이다.

이런 생김새와 이름, 맹독성을 지닌 물고기로는 단연 쑤기미가 독보적이다. 특히 담정이 녀석을 봤다면, 우해와 그 인근의 거제 해역에서 조우했을 가능성이 높다. 지금도 우해와 마주한 거제도 성포 일대에서는 이 책에서 묘사한 것처럼 생긴 물고기를 쑥쑤기미라 부른다. 아마 몸빛 때문에 그런 이름이 붙었을 것이다. 『제주해양생물도감』에 녀석의 생태에 대해 "쑤기미는 연안성 어종으로 모래나 펄 속에 몸을 숨기고 살며, 먹이가 되는 작은 갑각류나 어류가 다가올 때까지 오랫동안 한자리에서 움직이지 않고 무던히 기다린다. 이 때문에 몸에 부유물이 많이 쌓이게 되며, 이런 모습은 드물게 보인다"고 했다.

2003년 즈음이었을 것이다. 쑤기미를 탕으로 먹었던 기억이 있다. 그즈음 필자는 한창 통영 일대의 문화재를 조사하러 다니고 있었다. 그때만 해도 국도 14호선 도로 가에는 솜씨 좋은 음식점이 더러 있었다. 아마 통영과 고성의 경계쯤에 있던 원산면 원동 길가에 있던 매운탕 집에 쑤기미탕이라 쓴 큰 간판이 걸려 있어서 매번 어떤 음식인지 궁금하던 차에 들렀던 적이 있다. 녀석의 한자 이름이 모질인데 실제 지느러미를 봐도 그렇고, 그때 들었던 가게 주인아주머니 말마따나 서식 환경도 통영 바깥 바다 암초 사이에서 거칠게 살아가는 녀석이라 했다. 그래서 그랬는지 처음 대한 녀석이었지만, 그 인상이나 식감이 아직도 강렬하게 기억에 남아 있다. 물론 그때도 귀하신 몸이었고, 지금은 어디서 구할 수나 있을지 모르겠다.

여러 곳을 수소문해 보니 통영 한산식당에서 탕을 끓여 판다고 한다. 쑤기미는 통영에서 주로 부르는 이름이고, 달리 창쑤기미라고도 한다. 거제에서는 쑥쑤기미라 하고, 여수에서는 쐬미라 하는 것으로 보아 녀석의 지느러미가 가진 꼴이나 쏘는 특성 때문에 붙은 이름으로 보인다. 그것은 『현산어보』에서 쏘는 물고기라는 의미의 석어螫魚로 기록된 바와 같다 할 것이며, 『우해이어보』에서 온몸을 찌르는 창처럼 무장한 것이라거나 잘못 건드리면 상처를 입는 것으로 묘사한 것도 마찬가지일 터다.

쑤기미(경남 해안)든 쐬미(전남 해안)든 쏠치(제주 해안)든 아니면 영어의 데빌 스팅어라는 의미 모두가 녀석이 자기를 보호하기 위한 공격 본능인 쏘는 특성에서 기인한 것으로 여겨진다. 쑤기미는 한자나 영어, 심지어 일본어까지 모두 무시무시한 이름을 하고 있다. 우리말 쑤기미는 더 따져 봐야겠지만, 영어 이름인 devil stinger는 쏘는 악마라는 뜻이며, 일본어 이름인 '오니오코제[귀호어鬼虎魚]'는 흉측하게 생긴 귀신 물고기, 중국에서는 '노호어老虎魚'라 한다. 제주에서는 '미역치'라 한다고 하는데, 이는 미역 사이에 서식하는 고기라 그런 이름이 붙었다.

정약전의 『현산어보』에서는 '손치어'라 했고 속명을 '쏘는 물고기'란 뜻으로 '석어'라 하며 "등지느러미에 강한 독이 있고 성이 나면 고슴도치처럼 되어 적이 가까이 가면 찌른다. 이것에 찔리면 견디기 어려울 정도로 아프다"고 기록하고 있다. 필자로선 녀석을 수족관에서 잠깐 보고 탕으로 끓여진 채로 만났기에 이름에 걸맞은 치명적 고통을 이해하지 못한다. 하지만 가덕도 새바지의 숨은바위에서 녀석에게 쏘인 낚시꾼 이야기를 전하는 박형권의 시 「쑤기미의 영토」에서 그 고통의 대강을 짐작할 뿐이다.

> (…) 부산에서 왔는지 서울에서 왔는지 / 한 한량이 숨은여에서 낚시를 하다가 / 여름 한철 다가도록 데굴데굴 굴렀다 / 가덕도 바다 밑의 고집을 모르면서 시건방 시건방 지려밟다가 / 밑바닥에 은둔하신 쑤기미의 등짝을 건드린 거다 / 나 그대에게 침 한 방 놓아드리려 한다 / 남의 살이 그대 살에 꽂힐 때 그렇게 아픈 것이다

위의 시에서도 녀석의 독성을 이야기했듯이 『멸치머리엔 블랙박스가 있다』에서 황선도 박사가 한 말마따나 "가시에 한 번 쏘이면 아비어미도 못 알아본다"고 할 정도로 녀석의 등지느러미에서 내쏘는 독성은 치명적이라고 한다.

• 사진으로 보는 어류 해설 3

조기

조기는 우리나라 남해안과 서해안에 주로 서식하는 물고기다. 제사나 중요 의례에 반드시 사용되며 참조기는 고급 어종으로 대우를 받는다. 남해안에서는 어린 조기만 잡히고 서해안으로 갈수록 점점 살이 오르며 북상하여 연평도에 이른다. 서해 변산, 태안반도 등에서 곡우 때 잡히는 것을 '곡우사리'라고 하여 최고로 친다. 조기 말린 것을 굴비라고 하는데 영광 법성포 굴비를 최고로 친다.

민어

민어는 조기와 더불어 제사상에 올라가는 귀한 물고기다. 여름 보양식으로 으뜸으로 치며 민어탕, 민어회, 민어껍질 쌈 등으로 요리되는데 특히 민어백숙도 일품이다. 특히 민어 부레의 맛과 민어알로 만든 어란 조림이 일품이다. 민어 부레는 예부터 최상급 아교를 만드는 재료로 사용했다. 조기와 마찬가지로 부레를 이용하여 소리를 낸다.

꼼치

꼼치는 물메기, 물미거지, 메거지, 물곰이, 곰치 등 그 이름이 다양하다. 그러나 수산과학원에서는 미거지, 꼼치, 물메기는 비슷하지만 다른 물고기라고 밝혔다. 미거지는 울진 이북에서 잡히는 약간 누런색의 곰치와 닮았고, 꼼치는 우리나라 전 연안에 있는 회색얼룩무늬이고, 물메기는 서남해안에 잡히는데 약간 누렇고 붉은 색을 띤다. 원래는 버리는 물고기였으나 최근에는 해장국거리로 각광받고 있다.

꼼치

물메기

삼치

농어목 고등어과로 4~5월에 내만에서 산란한다. 납작한 몸통에 자잘한 비늘이 덮여 있다. 등은 회청색이고 배는 은백색이다. 『우해이어보』에서 삼치는 방어의 한 종류인데 색은 엷은 청색이고 입이 작다고 했다. 그 알을 용란이라고 하는데 그 알로 젓을 담가 먹거나 말려서 먹어도 좋다고 했다.

전갱이[원앙어]

김려가 원앙어라고 한 물고기다. 모든 내용이 일치하지는 않지만 이정용은 언어학적으로 원앙새의 우리말이 징경이인 것에 착안하여 원앙어를 전갱이라고 했다. 전갱이가 떼 지어 다니고 한꺼번에 많이 잡히는 것을 감안하면 일견 수긍도 되지만 죽을 때도 같이 죽으려는 사랑과 희생을 하는 물고기라는 김려의 설명을 생각하면 망설여진다.

쑤기미

양볼락과로 6~7월에 산란한다. 수심 200m 미만인 우리나라 전 연안의 모래나 진흙 바닥에 서식한다. 새우류 등의 갑각류와 어류를 먹고 산다. 쑤기미의 생김새와 독성에 대해서는 담정이 "온몸과 주둥이, 지느러미 모두 날카롭기가 창과 같으며 사람이 잘못 건드리면 상처를 입는다"고 한 말에 잘 묘사되어 있다. 등지느러미 가시에 쏘이면 불로 지지는 듯한 통증이 몇 시간씩 지속되므로 잡을 때 조심해야 한다.

가오리와 홍어, 무엇이 다를까

가오리청가오리, 홍어귀홍

경남에서는 원래 홍어집을 보기 힘들었다. 창원에 홍어가 등장한 것은 1970년대 후반 공단이 본격적으로 가동되기 시작할 때였다. 전라도 지방에서 많은 사람들이 이주하면서 경상도에서 먹기 힘든 홍어를 찾는 사람들이 생겨난 것이다. 그 이후부터 창원에도 홍어집이 한두 집씩 생겨나기 시작했다.

사람들이 처음 홍어를 맛볼 때 적응하는 건 쉽지 않다. 그러나 시골에서 부화되지 않은 무정란을 거름에 삭혀 만든 곤계란이나 가자미, 간재미, 넙치 등을 삭혀 만든 식해를 경험한 사람들은 홍어를 싫어하지 않는다. 물론 곤계란이나 가자미식해, 삭힌 홍어는 각각 독특한 맛이 있고 서로 다르다. 요즘 곤계란이나 가자미식해는 찾아보기 힘들게 됐지만 삭힌 홍어는 홍탁 혹은 홍어삼합이라는 이름으로 즐기는 사람들이 많다.

어떤 사람의 소개로 목포에서 왔다는 주인이 운영하는 어느 홍어집에 간 적이 있었다. 주인은 옛날 권번 출신으로 상 차리는 일을 하셨던 분인데 홍어 요리가 일품이었다. 홍어를 재료로 하는 홍어삼합, 애탕, 매운탕, 지짐, 튀김 등 모든 요리에 능숙한 분이었다. 그분은 홍어요리 솜씨도 일품이었지만 입담도 더할 나위 없이 구수했다. 특히 노랫가락은 다른 누구와도 비교할 수 없었다. 일흔을 바라보는 연세여서 목청이 힘차고 나긋하게 뽑히지는 않았지만 늘어지면서도 구성지고 나른하면서도 애잔했다. 그 목소리가 북소리에 장단을 맞춰 흘러나오면 가슴 깊은 곳에 숨겨진 눈물이 온몸으로 번지는 듯했다. 목포홍어집, 그 후로도 몇 번이고 그 집을 들렀다. 주인의 노랫소리에 막걸리 한 사발 기울이며, 석양이 진 황톳길을 걷는 친한 노인네들처럼 잔정을 나누면 그 흥취가 홍어 냄새보다 짙었다. 그 덕분에 홍어에 대한 이미지는 매우 긍정적으로 됐고 목포에 대한 이미지도 이난영의 「목포의 눈물」에서 느낀 사랑만큼이나 사랑할 수 있게 됐다.

2013년 2월쯤에 『우해이어보』에 대한 현장 조사를 하면서 진동의 어부에게 홍어와 가오리에 대해 물은 적이 있다. 쌀쌀한 날씨에 미더덕이 막 출하될 즈음이었다. 고기잡이를 나가려고 준비하는 어부 부부에게 저간의 사정을 말하고 홍어와 가오리에 대해서 물어봤다.

> "그 둘이 뭐가 다릅니까?" "가오리는 참가오리가 있는데 그놈은 치가 있어. 꼬리에 치가 있는데 찔리면 진짜 아파…." "치가 뭡니까?" "아, 꼬리에 침 같은 게 있는데 독이 있어! 가래토시가 나면 그 치를 가지고 살살 긁으면 금방 가라앉아. 나도 몇 번이나 해 봤는데 신기하게 낫더라 말이야…." "아, 그라고 나무재이라고 있는데 이거는 얇고 맛이 별로야 이놈은 치가 없어. 그라고 맛도 없어!" "그러면 홍어하고 뭐가 다릅니까?" "아 홍어는 입이 튀어나왔고 가오리는 입이 들어갔지. 그라고 홍어는 치가 없어" "아예… 그렇습니까?"

나는 그 말을 듣고도 뭐가 뭔지 잘 몰랐다.

김려의 『우해이어보』에는 가오리와 홍어에 대한 기록이 있다. “청가오리靑家鯆䱐는 가오리 중에서 가장 큰 것이다. 길이가 한 척 반이고 넓이가 두 장으로 말 한 마리에 실을 만하다. 등은 짙은 청색으로 맛은 지극히 좋다. 가오리라는 말은 방언으로 홍어䱋魚다”라고 했는데 이것은 대부분 제주도에서 많이 나는 청달래가오리라고 본다. 또 한편 귀홍鬼䱋이라는 물고기에 대해 “귀홍은 일명 가홍假䱋, 즉 가짜가오리인데 가오리와 매우 비슷하다. 큰 놈은 수레 하나에 가득 찰 정도이다. 그러나 비린내가 심하고 또한 독이 있어 먹을 수 없다”고 했다. 이는 아마도 노랑가오리로 추측된다.

이러한 기록을 보면 김려도 가오리와 홍어를 제대로 구분하지 못한 것으로 보인다. 가오리 종류로는 가오리, 홍어, 간재미 등이 있다. 마산어시장이나 남해안 어촌 풍경 중에는 간재미 말리는 광경이 쉽게 보인다. 간재미는 작아서 주로 무침으로 먹으며 말린 것은 쪄서 먹기도 한다. 홍어와 가오리의 구분법은 우선 코의 모양이 홍어는 뾰족하고 가오리는 둥글거나 모가 나 있다. 둘째는 생식기 부분인데 홍어는 수컷의 생식기가 둘이어서 꼬리가 시작되는 부분에 다리처럼 두 가닥의 생식기가 나 있지만 가오리는 없다. 셋째는 꼬리인데 홍어는 굵은 꼬리 윗부분에 지느러미 2개와 가시가 2~4줄 늘어서 있지만 가오리는 가시가 없다. 넷째는 치인데 가오리는 치가 있고 홍어는 없다. 가오리는 날것으로 회, 국, 무침, 구이, 찜을 하고 말려서 찜으로 요리하기도 한다. 그러나 홍어는 싱싱한 것을 구하기 힘들므로 대개의 경우는 암모니아 냄새가 코를 쏘는 맛이 나도록 삭혀서 묵은 김치와 비계가 있는 돼지 수육을 합쳐서 먹는 삼합이 유명하다. 이때 막걸리를 곁들이므로 홍탁洪濁으로도 유명하다.

전남 해안 지방에서는 잔치 음식에 삭힌 홍어가 거의 빠지지 않는다. 또 이곳에서는 이른 봄에 나는 보리 싹과 홍어 내장을 넣어 '홍어 앳국'을 끓이기도 한다. 그러나 홍어도 싱싱한 것은 회, 구이, 찜, 포 등으로 먹기도 한다. 대개 속어로 '만만한 것이 홍어 거시기'라고 한다. 이는 홍어의 생식기는 몸 밖으로 돌출되어 있고 가시가 있어 조업에 방해가 되며 동시에 손을 다칠 수 있기 때문에 홍어를 잡자 바로 생식기부터 제거하기 때문이라고 한다. 그러나 그 외에도 그 부분이 잘 썩기 때문에 빨리 제거해야 부패를 막고 오래 보관할 수 있다는 설과 홍어는 암컷이 수컷보다 비싸므로 암수 구분을 잘 못하는 사람들에게 수컷을 암컷으로 속여서 팔기 위해 제거한다는 설이 있다. 어찌됐건 홍어 거시기는 잡자마자 제거하는 것이 관례이므로 쓸모없는 것의 상징어로 자리 잡은 것이다.

홍어를 즐기는 사람들이 흔히 하는 말이 있는데 '일코, 이애, 삼익'이라는 말이 있다. 즉 홍어를 먹을 때 가장 맛있는 것이 첫째가 홍어의 코, 즉 홍어 앞의 뾰족한 부분이며, 둘째가 홍어 내장, 즉 홍어 애이며, 셋째가 날개, 즉 지느러미의 결이 진 부분과 꼬리의 뼈가 들어 있는 오도독뼈 부분이고, 마지막이 몸통 살이라는 말이다. 그러나 홍어를 잘 아는 전문가들이 꼽는 별미는 홍어의 아가미인 구섬치인데 이는 갓 잡은 신선한 홍어에서만 맛볼 수 있다. 하루만 지나도 먹지 못하므로 직접 잡는 사람만 아는 진미라고 한다.

이름만으로는 알 수 없는 물고기

윤랑어 베도라치

『우해이어보』에는 이름만으로는 어떤 물고기인지 알 수 없는 것들이 있다. 게다가 물고기 이름과 실제 물고기가 다른 경우도 많다. 윤랑어가 그것이다. 김려는 "윤랑어閏良魚는 맹어盲魚 즉 장님 고기이다. 생긴 것은 은어銀魚와 비슷한데 눈이 없다. 맹독이 있어서 사람들이 이 물고기를 먹으면 조갈증이 생겨 발광하게 된다. 은어는 목어木魚이다"라고 했다.

이 목어는 일반적으로 도루묵을 말하는 것이지만 김려의 윤랑어는 도루묵이 아니다. 우선 도루묵을 살펴보자. 도루묵은 한자로 '목어木魚', '은어銀魚', '환목어還木魚', '도로목어都路木魚'라고 하고, '돌묵어' 또는 '돌목어', '도루무기'라고도 부른다.

허균(1569~1618)의 『도문대작』에는 환목어 즉 '도루묵' 이야기가 나온다. 임진왜란 이전에는 등의 색 때문에 목어라 불렸다고 한다. 또 임진왜란 때 선조가 피난을 가게 됐는데 매우 어려운 피난살이에 유성룡이 구해 온 생선을 먹고 너무 맛있어 그 생선의 이름을 묻자 목어라고 했다. 이에 선조가 이렇게 맛있는 생선은 처음 먹어 본다며 생선의 이름을 배의 빛을 따 은어로 바꾸어 부르도록 명했다. 임진왜란이 끝난 뒤 선조가 도성으로 돌아와 피난 때에 먹어 본 은어의 맛을 잊지 못하여 다시 먹었는데 옛날에 비하여 너무 맛이 없었다. 크게 실망하여 '도로 목어'로 부르라는 명을 내렸는데 이것이 '목어>은어>도로목어>도로목>도루묵'으로 변했다는 이야기도 있다.

그런데 김려는 이 물고기의 눈이 너무 작고 게와 같다고 했다. 또한 이 물고기가 은어와 비슷하다고 했지만 이것이 도루묵과 비슷한 것인지 혹은 민물고기인 은어와 비슷한 것인지 알 수 없다. 또 은어와 같은 물고기의 몸에 게와 같은 눈의 형태를 가진 물고기는 도대체 무엇인지 알 수 없다. 『우해이어보』에는 도루묵과 거의 동일한 것으로 보이는 도알 혹은 도란都卵이라는 물고기를 다른 항에서 소개하고 있으므로 윤랑어가 도로묵이 아닌 것은 분명하다. 한편 언어학자 이정용은 윤랑어를 輪良魚로 읽고, 이를 베도라치라고 하였다. 언어적으로 輪이 '돌'이고 良이 'ㅏ'라 하여 윤랑을 '도라'로 파악하였다. 그리고 눈의 모양이나 뛰는 습성을 담보로 윤랑어를 베도라치라고 특정하였다.

한편 김려는 『우해이어보』에서 "이곳 사람들은 이 물고기를 윤랑어尹娘魚라고 한다. 옛이야기에 이르기를 '옛날에 윤랑이라는 사람이 있었는데 남편이 죽어 수절을 했다. 부모가 수절할 뜻을 꺾으려 하자 윤랑은 수은水銀을 태워 눈에 쐬어서 두 눈이 모두 멀게 됐다. 그래도 부모가 억지로 시집보내려고 하자 윤랑은 바닷가로 가서 빠져 죽었는데 그녀가 변하여 물고기가 됐다'고 한다"고 적었고 이러한 윤랑 전설을 허탄하다고 했다.

그러나 조선 후기 이학규(1770~1835)가 쓴 산유화가山有花歌에 등장하는 선산의 향랑 전설에도 이와 비슷한 사연이 있다. "상형곡上荊谷의 임칠봉이란 사람의 처였던 향낭香娘이 남편에게 버림받고 외숙에게 개가를 강요당하자 지주비砥柱碑 아래서 치마를 풀어 초녀樵女에게 주고 산유화곡을 불러 가르쳐 준 뒤 강물에 투신했다고 한다.

하늘은 높디높고 / 땅은 넓디넓어도 / 이 한 몸 둘 데 없네 / 차라리 물속에 잠겨 / 고기배 속에 묻힐거나

이처럼 물에 몸을 던져 절의를 지킨 여인이 물고기가 됐다는 전설은 조선시대 영남 지방에 널리 퍼져 있었던 것으로 보인다.

산유화가는 메나리라고도 한다. 메나리는 일종의 아리랑과 같이 그 가락이 구성지고 내용은 삶의 애환과 애절한 슬픔이 위주를 이룬다. 이러한 산유화가 혹은 메나리는 조선 후기에 이르러 많은 시인 묵객들에 의해 시로 지어져 오늘에 전한다. 신유한(1681~1752)의 『청천집』, 이학규의 『영남악부』, 윤정기(1814~1879)의 『동환록』 등에 기록되어 있으며 그 제목은 '산유화', '산유화가', '산유화곡', '산유화여가', '향낭요' 등이다. 작가로는 김창흡(1653~1722), 이덕무(1741~1793), 이안중(1751~?), 이우신(1762~1822), 이유원(1814~1888) 등이 있다.

그중 이학규의 시를 보자.

산유화, 강가 언덕에 있으니 / 지주비석 아래의 물가라네 / 근심 많은 나무꾼 처녀는 / 긴 상처 탄식하며 누구를 향해 말하나 / 친정에 돌아와 숙부를 보니 / 아, 마음은 몰라주고 강요만 하네 / 남자는

아내를 쫓아낼 수 있지만 / 여자는 지아비를 둔 채로 재혼할 수 없다네 / 말없이 눈물 흘리며 문을 나서니 / 봄날에 상한 마음 앞 포구로 향해가네 / 비탈진 물굽이에 우두커니 섰다가 / 가볍게 물에 절구공처럼 몸을 날렸네 / 강 가운데 노래하는 여인이 되니 / 일렁이는 물결 타고 그대를 생각하네 / 분홍 활옷 날리며 좋은 재물 띄우나니 / 어여쁜 그대는 구슬피 어느 곳에 있느뇨 / 원앙새도 짝이 되지 못하고 / 향긋한 궁궁이 풀도 먹을 수 없구려 / 그대의 영혼 서린 낙동강 물가가 / 산유화가 돌아온 곳이라네

이처럼 물에 몸을 던져 죽은 여인의 영혼이 꽃으로 변하는 이야기는 세계 도처에서 발견된다. 우리나라만 하더라도 심청이가 연꽃으로, 님을 기다리던 여인이 백일홍으로, 향랑이 산유화로 변하는 등 많은 이야기들이 있다. 그러나 윤랑尹娘과 같이 절의를 지키다 죽은 여인이 물고기가 되는 이야기는 그렇게 많지 않다. 다만, 물고기와 연관된 이야기로는 서양 설화에 등장하는 인어[여인], 농부를 사랑하다 용왕의 반대로 사랑을 이루지 못한 중국의 어녀魚女, 우리나라 주몽 설화에서 강물의 신神인 하백의 딸인 유화 부인 등을 들 수 있다. 반면 물고기가 사람처럼 형상화된 것이 많다. 개와 고양이 설화에서 구슬을 가져다주는 용왕의 딸[잉어], 유몽인柳夢寅(1559~1623)의 『어우야담』에 등장하는 인어, 로렐라이 전설과 같이 반인반어半人半魚, 여수 거문도의 인어 여인, 해운대 동백섬의 인어 여인, 남이섬의 인어공주상 등 수많은 이야기가 전해지고 인어공주상이 설치된 것은 여인과 바다를 동질적으로 바라보는 이러한 전설을 반영한 것이다.

이러한 이야기는 여성을 상징하는 바다, 대지, 강물과 같은 의미를 지닌 존재인 물고기로 여인을 재탄생시킨 것으로 볼 수 있다. 그러므로 윤랑어와 같은 물고기는 여성과 동일체인 바다, 혹은 물속에서 사회적 제도에 구속되지 않고 자유롭게 세계를 살아가는 여성의 모습을 형상화한 것이다. 결국 윤랑어는 사회적 구속에서 벗어나 자유로운 존재로 거듭 태어난 윤랑의 모습이며 조선 후기 여인들이 갈망하는 자유로운 삶의 상징이기도 하다. 김려가 <우산잡곡>에서 노래한 내용에도 그러한 부분이 투영되어 있다.

> 복사꽃 다 진 뒤 멀구슬꽃 처음 필 때 / 어부들 배를 손질하고 여름 조업 나가네 / 어린계집 옷깃 잡고 간곡히 하는 부탁 / 이번에는 윤랑어尹娘魚 절대 잡지 마세요

24개의 다리를 가진 호사는 어떤 물고기일까

문어류고지

김려의 『우해이어보』에는 많은 종류의 물고기를 기록하고 있는데 그중에는 물고기에 대한 설명을 읽고도 도저히 알 수 없는 물고기가 몇몇 있다. 이는 서울 양반인 김려가 물고기를 잘 몰라서거나 그가 어부들의 설명을 잘못 인지한 데서 비롯됐을 가능성도 있다. 그러나 한편으로 김려가 고의적으로 당시 사회를 풍자하거나 비판하기 위한 의도에서 비롯됐을 수도 있다.

이러한 의문을 가지게 하는 것이 호사鰝鯱이다. 그의 설명으로 보면 물고기라기보다는 문어나 낙지, 혹은 오징어의 일종이다.

> 호사는 24개의 다리를 가진 물고기이다. 그 형상으로 반을 접으면 대팔초어大八梢魚와 같은데 대팔초어를 세속에서는 문어文魚라고 하며 소팔초어小八梢魚는 항간에서 낙제絡蹄라고 한다. 이 물고기는 24개의 다리를 가졌는데 좌우에 각각 12개이다. 각 다리에는 점성이

있는 빨판이 24점이 있다. 점點, 즉 빨판의 앞뒤는 모두 안쪽으로 향한다. 머리는 중앙에 있고 눈은 머리 중앙부의 양옆에 있는데 나아가 다닐 때는 문어와 같고 가만히 앉아 있으면 큰 게와 같다. 서서 머리를 들어 올리면 마치 흰 승복을 입은 중과 같고, 선 채로 머리를 숙이면 농가에서 탈곡할 때 벼를 때려서 터는 개상과 같다. 이곳 사람들은 이 물고기를 고제高蹄라고 한다. 어떤 사람들은 고족어高足魚라고도 부른다. 그 맛은 문어와 비슷하다. 어부들의 말로는 이 물고기는 달이 밝을 때 반드시 물 밖으로 나와서 다니는데 모래벌판 언저리나 돌밭의 갈대숲이나 여뀌 사이를 배회하는 모습이 흡사 승복을 입은 중의 모양이다. 사람을 보면 놀라서 달리는데 그 달아나는 것이 매우 빨라 쫓기 힘들다. 막대로 그것을 긁어서 걸어도 넘어지지 않지만 소고삐로 옭아서 쓸어 당기면서 횡으로 치고 밧줄로 다리 아래쪽을 속박하면 똑바로 서지 못하고 땅에 넘어지는데 그 소리가 집이 무너지는 것과 같다. (…) 이곳 사람들의 말로는 '호사는 부처 같고 문어는 중 같고 낙지는 사리闍梨 같다'고 하니 그 말이 매우 재미있고 우습다.

이러한 설명을 보면 문어나 낙지, 주꾸미나 꼴뚜기, 혹은 오징어나 갑오징어, 한치 등의 종류인데 이들 종류의 다리는 8개나 10개 정도이다. 그렇다면 24개의 다리라고 하면 어떤 것이 있을까. 위의 설명들을 보면 사발을 엎어 놓은 모양이고, 일어나 다닐 때는 승복을 입은 중과 같다고 했다. 김려는 <우산잡곡>에서 "고요한 밤 시냇물에 달빛 희미한데 / 나다니는 고제鰝蹄 그림자 이끼 낀 돌밭에 어지럽다 / 시골 소녀 정 준 중이 온 줄 잘못 알고 / 황급히 마루를 내려가 사립문을 열어 보네"라고 했다.

김려는 도대체 무엇을 보고 이렇게 설명했을까. 그런데 이 글을 자세히 읽어 보면 김려가 이 동물을 직접 본 것이 아니라 어부들의 말을 들었다고 기술하고 있다. 당시 어부들이 설명했다는 24개의 다리를 가진 연체동물은 지금 아무리 자료를 찾아봐도 찾을 수 없다. 어부들이 말한 24개의 다리를 가진 것으로 어떤 것이 있을까. 만약에 어부들이 서울 양반인 김려에게 어떠한 것을 빗대어 설명한 것이라면 그것은 또한 무엇일까. 24개의 다리를 가진 것을 사람에 비유한 것은 아닐까. 사람의 손가락과 발가락을 합치면 20개가 되고 팔과 다리를 합치면 4개가 되니 이것을 24개의 다리라고 한 것은 아닐까.

<우산잡곡>의 내용으로 보면 이곳의 어느 절에 있는 중과 어느 갯마을의 처녀가 정분이 난 것이 분명하다. 안동 하회탈놀음에서 셋째 과장에서 등장하는 파계승 마당이 문득 떠오른다. 탈놀음 중 어떤 떠돌이 파계승이 부네가 오줌 누는 장면을 보고 본능을 참지 못하고 부네에게 접근하여 부네와 어우러져 놀다가 초랭이에게 들키는 장면이 있다. 인간의 본능적 갈등을 풍자하고 있으며 당시의 파계승들의 타락상을 엿볼 수 있는 탈놀이의 한 과장이다. <우산잡곡>에는 한밤중에 어느 절의 중이 갯마을로 몰래 내려와 그 마을의 처녀와 사랑을 나누고 돌아간다는 내용을 담고 있다. 그리고 이러한 사실을 마을 사람들은 이미 알고 있었던 것으로 보인다. 마을 사람들은 밤마다 찾아드는 중의 모습을 빗대어 '호사'라는 연체동물의 모양으로 표현했던 것이 아닐까. 달밤 갯마을 개울을 따라 이어진 모래밭을 지나 갈대와 여뀌가 핀 자갈밭을 몰래 헤치고 가는 중의 모습을 '호사'라는 물고기가 배회하는 것과 같다고 한 것으로 보인다. 그래서 이곳의 마을 사람들이 이러한 형상을 가진 '호사'를 불문어佛文魚, 혹은 승낙제僧絡蹄라고 한다고 했으니 '호사'를 무엇에 비유했는지 알 만하다.

김홍도, 「벼타작」, 『단원풍속도첩』, 수묵담채, 27.0×22.7㎝, 국립중앙박물관.

한편 이 '호사'가 일어나 머리를 들면 흰 장삼을 입은 노승과 같고 머리를 숙이면 그 모양이 농가에서 타작을 할 때 벼나 밀 등을 털어 내는 개상과 비슷하다고 했다. 개상은 주로 가로 누인 통나무에 4개의 다리를 세워 만든 것이다. 문어가 다리를 세운 채 머리를 숙인 모습이 연상된다. 이외에도 김려는 '단호사, 포고제, 쌍두낙제, 육각문어' 등을 설명하고 있는데 정확하게 어떤 종류인지 불분명하다. 아마도 갑오징어나 주꾸미, 꼴뚜기 등을 설명한 것으로 보이나 다리의 개수가 모두 16개 혹은 6개라고 하니 이 또한 알 길이 없다. 바다 생물 중 다리가 10개 이상이나 6개 이상인 물고기는 찾을 수 없다.

물고기 이름이 '똥고'라고
안반어

『우해이어보』에는 기러기나 오리, 황새 등 철새들이 즐겨 먹는 물고기 중 한 종류로 안반어가 나온다. 그는 안반어를 다음과 같이 설명했다.

> 안반어는 작은 물고기로 길이가 1촌 정도이다. 보통 갯가의 물이 돌아가는 진흙이나 모래 속에 산다. 이곳 사람들은 물이 돌아가는 곳을 안반이라고 하는데 잔잔한 물굽이가 빙 돌아간다는 말이다. 혹은 이 물고기를 안반雁飯, 즉 기러기밥이라고 한다. 매년 가을이 지난 뒤 물새, 오리, 갈매기, 기러기, 도요새, 백로 등의 무리가 포구의 물굽이에 모여서 이 물고기를 잡아먹으므로 그 이름을 안반이라고 한다. 이 물고기는 배 속에 모래가 많으므로 먹기에는 마땅치 않다.

이 안반어라는 물고기는 어떤 물고기일까. 민물과 바닷물이 만나는 곳에 있고 매우 작아서 한 치, 즉 3㎝ 남짓한 크기이며 모래가 많은 펄에 사는 물고기다. 설명으로 보면 이곳 사람들이 '꼬시락' 혹은 '소래미'라고 하는 문절망둑의 한 종류로 추정된다.

몇 번이고 현장을 수소문하다가 뜻밖의 물고기 이름을 듣게 됐다. '똥꾸' 혹은 '똥고'라는 물고기가 있는데 위의 설명과 거의 일치하는 것이었다. 진동만과 요장리 쪽에 갯벌과 갈대밭이 넓을 때는 이 물고기가 많았다는데, 민물이 내려오는 곳에만 있었다고 한다. 지금은 갈대밭이 없어지고 민물이 내려가는 곳에 펄이 너무 많이 차서 이 물고기가 사라졌다는 것이다. 정확히 어떤 물고기인지 알 수는 없지만 급격한 환경의 변화로 이 물고기는 사라졌을 것이다. 그런데 김려의 설명을 보면 안반은 '민물이 굽이로 돌아가는 것'이라는 의미라고 했다. 즉 안반은 물고기 이름이기보다는 바다와 민물이 만나는 기수역에 민물이 유입되면서 소용돌이치는 곳을 말하며 그곳에 사는 물고기를 그냥 안반어라고 한 것으로도 볼 수 있다.

옛날에는 창원 분지만 하더라도 겨울이면 까마귀 떼가 하늘과 들을 새카맣게 덮고 한꺼번에 날아올라 회오리 모양의 원을 그리며 빙빙 돌았고 논과 하천, 특히 갈대밭이 넓은 펄에는 기러기와 오리 떼가 수없이 많았다. 그만큼 먹을 것이 풍부했다는 말인데 안반어와 같은 물고기가 많았기 때문일 것이다.

언젠가 진동 현청 앞에는 누구의 작품인지 모르는 우산팔경牛山八境이 새겨진 비석을 본 적 있다. 비석은 팔각회에서 세운 것이라는데 내용의 출처는 알 수 없다.

우산팔경은 진동 입구 석문의 아침노을 석문조운石門朝雲, 교동 수리봉의 가을 달 취봉추월鷲峰秋月, 요장 갈대밭의 기러기 요주낙안蓼洲落雁, 광

안견, 「어촌석조도」, 견본수묵, 35.4×31.1cm, 국립중앙박물관.

암의 저녁 밀물 드는 풍경 광암만조廣岩晩潮, 고현 죽전 대밭의 가랑비 죽전세우竹田細雨, 웅도의 고기잡이배 불 밝힌 풍경 웅도어화熊島漁火, 연미정에 돛단배 돌아오는 풍경 연포귀범燕浦歸帆, 의림사의 저녁 종소리 의림만종義林晩鐘 등이다. 모두 늦은 가을날의 풍경이라고 해도 무관할 정도로 가을 정취를 물씬 풍기는 정서를 담고 있다.

그중에서 요주낙안으로 묘사한 풍경이 위에서 언급한 안반어와 연관된다. 갈대가 무성했던 그곳은 광려산, 봉화산, 성지산 등에서 발원한 인곡천의 민물과 진동의 바닷물이 만나는 기수역이고, 민물굽이가 돌아가는 그곳이 바로 안반어가 사는 장소이기 때문이다. 그렇다면 이 안반어로 추정되는 똥고는 어떤 물고기였을까. 물고기의 이름에 '똥'이라는 명칭이 붙는 것은 어떤 의미일까. 물고기 이름 앞에 '똥'이 붙는 것은 뜻밖에도 우리에게 아주 친숙한 것들이다. 대표적인 것이 바로 붕어다.

붕어를 지칭하는 지방 말은 뜻밖에 많다. 토종붕어인 참붕어를 깨붕어, 깨피리, 깨고기라고도 한다. 이외에도 강붕어, 갯붕어, 검둥붕어, 꽃붕어, 깅깅우, 납대기, 납재기, 넙적붕어, 넙적이, 넙죽이, 논붕어, 땅붕어, 땅송어, 때붕어, 떽붕어, 떡잎붕어, 독붕어, 돌붕어, 똥붕어, 먹붕어, 박씨송어, 맥붕어, 쌀붕어, 알붕어, 봉애, 송어, 송에, 송애, 왕붕어, 은붕어, 호박씨, 희나리, 희나리배기, 희나리송어 등이 그것이다.

그중 똥붕어와 같은 말로 인식되는 것은 독붕어, 돌붕어, 땅붕어 등인데 이것은 모두 작은 붕어라는 말이다. 작은 붕어를 똥붕어라고 한다면 똥고라는 물고기는 작은 고기, 즉 작은 물고기라는 의미일 것이다. 이렇게 보면 안반어는 크기가 한 치밖에 되지 않는 정도이고, 짙은 고동색으로 새까맣게 보이고, 크기가 꼬시래기보다 작고, 미꾸라지나 장어와 같이 반질반질하고, 한꺼번에 새까맣게 모여서 서식한다는 똥고라는 물고기와 일치하는 면이 많다.

진동만 넓은 갯벌에 하얀 갈대꽃은 끝없이 피어 있고, 하얀 소금밭에 달빛이 물비늘을 반짝일 때, 달을 배경으로 내려앉는 기러기는 한 폭의 그림 같다. 담정은 <우산잡곡>에서 이 장면을 이렇게 읊었다.

> 된서리 내려 연꽃잎 급히 질 때 / 큰기러기 가을바람 따라 바닷가로 날아왔네 / 해오라기 기러기 흩어져 내리는 곳에 / 안반어들 모여들어 먹이가 되네

김려가 『우해이어보』를 쓴 현장인 진전면 율티리 염밭마을 앞은 넓은 펄이 광활하게 펼쳐져 있다. 달이 환하게 떠오르는 저녁, 진전천과 바다가 만나는 펄밭에 서서, 마음을 내려놓듯이 날개를 접고 내려앉는 기러기 떼를 만나러 가야 할 것 같다.

오뉴월에 농엇국도 못 얻어먹느냐

까지매기|가달마기

담정은 가달마기의 특징을 "입이 크고 비늘이 가늘다. 농어와 비슷하지만 아주 작다. 이곳 사람들은 농어 새끼라고 말한다. 그러나 눈이 조금 튀어 나왔고 흙냄새가 나니 농어 새끼가 아닌 것을 알 수 있다"고 했다. 당시 진해 사람들은 가달마기를 농어 새끼라 했는데, 정작 담정은 흙냄새가 나서 농어 새끼가 아니라고 했다. 이에 대해 이정용 박사가 『우해이어보의 어류 갑각류 패류 이름 연구』에서 "아주 작은 농어인 가달마기를 성어인 농어와 변별되는 개체로 인식했던 것이 아닌가 생각된다"고 한 견해를 참고할 만하다.

담정의 이런 실수는 원앙어(전갱이)와 그 치어인 매갈(메가리)을 다른 종으로 본 것처럼 다른 출세어出世魚(자라면서 이름이 바뀌는 물고기)에 대한 기술에서도 더러 보이기 때문이다. 녀석의 유체는 우해와 가까운 김해 수가리 신석기 시대 조개더미에서도 출토됐는데, 일본인 연구자 가네코 히로마사

金子浩昌는 초여름이나 초가을에 잡은 것으로 헤아리고 있다. 성어인 농어는 통영의 바깥 바다에 있는 상노대도 조개더미에서 출토된 것으로 보아 신석기 시대 이른 시기부터 잡아 먹었음을 알 수 있다.

앞서 본 숭어처럼 이 녀석도 대표적인 출세어다. 한 자가 안 되는 어린 농어를 경상도에서는 까지매기라 하고, 충청도와 전라도 등의 서해안에서는 깔따구라 한다. 서유구의 『임원경제지』에 농어는 농에, 능에, 깡다구로도 불리고 새끼는 까지매기, 까슬매기라고 하며, 옆구리에 점이 있는 작은 농어는 껄떠기, 깔따구, 절떡이, 걸덕어, 보로어라 한다. 한자어로는 노어鱸魚라 쓰고 농어農魚라고도 쓴다고 했다. 이 분류대로라면, 우리가 횟감으로 즐겨 찾는 것은 까지매기 정도인 것 같다. 이 책에 나오는 가달마기는 아무래도 농어 새끼를 이르는 까지매기 또는 까슬매기의 음차인 듯하다.

가달마기의 성어는 농어다. 김준의 『바다맛기행2』에 "농어는 여름철 고기다 그래서 '오뉴월에 농엇국도 못 얻어먹느냐'라는 속담이 있을 정도로 이 철에 흔한 물고기"라고 했다. 농어는 그 이름 때문인지 오랫동안 오중노회吳中鱸膾와 송강노어松江鱸魚의 주인공으로 알려져 왔고, 지금도 농어의 진미를 소개하는 많은 글들에 장한張翰(서진 사람, ?~359)의 송강노어 고사를 인용하고 있다. 이를 처음으로 변증한 것은 다산 정약용의 『아언각비』로 알려져 있다. 물론 그도 노어가 꺽정이임을 알기 전에는 농어를 노어로 알고 있었지만 말이다. 그의 고증에 의하면 명나라 사람 이시진이 『본초강목』에서 "순채와 참농어[진로眞鱸]를 함께 끓여 먹으면 기를 내려서 구토를 멈춘다"고 했다. 그래서 참농어가 송강농어 대우를 받게 된 것이라 한다.

또한 장한이 "영복令僕은 귀한 벼슬이 아니고(영복관비귀令僕官非貴) / 순챗국에 농어회가 정말로 별미라네(순노미신수蓴鱸味信殊)"라고 한 시에 나오는 순채와 농어는 귀거래사를 꿈꾸는 이들의 노스탤지어가 됐다. 그러나 정약용 이후 실학자들의 고증으로 그때까지 농어라 알려졌던 송강노어는 둑중갯과에 속하는 담수어인 꺽정이[껄떡이, 걸덕어乞德魚]로 밝혀졌다.

• 사진으로 보는 어류 해설 4

홍어

가오리

가오리와 홍어

가오리 종류 중에 가오리, 홍어, 간재미가 있다. 그러나 가오리와 홍어의 구분은 쉽지 않다. 거의 비슷하다. 그러나 가오리는 꼬리에 독침이 있고 홍어는 없다. 가오리는 입이 둥글고 홍어는 입이 뾰족하다. 암수의 구분법은 수컷은 생식기 두 개가 꼬리 시작 부분에 양쪽으로 노출되어 있다. 가오리는 주로 찜이나 식해로 많이 만들어 먹고 홍어는 삭힌 것으로 많이 먹는다.

윤랑어(베도라치)

김려가 윤랑어潤良魚라고 한 물고기다. 윤랑어는 절개를 지키려다 눈이 멀고, 그 후 바다에 투신한 절부의 혼이 변해서 된 물고기라고 한다. 그래서 눈이 없는 듯이 보이는데 그러한 특성을 고려하고 윤랑어라는 이름의 언어적 음가를 고려하여 언어학자 이정용은 베도라치가 그 물고기라고 보았다. 윤을 윤輪으로 보아 '돌', 랑良을 'ㅏ'음으로 보아 '도라', 그리고 물고기 어魚를 갈치와 멸치처럼 '치'로 보아 '도라치'로 해석한 것이다.

문어류

김려가 '호사, 단호사, 쌍두낙제, 육각문어'라고 한 어류의 한 종류로 문어와 낙지 같은 두족류인 것은 분명하다. 그러나 다리가 24개라든지 머리가 2개라는 설명 때문에 종을 특정할 수 없다. 다만 불문어佛文魚, 승낙제僧絡蹄라고 굳이 설명한 것은 당시 타락한 승려를 비판하기 위한 의도로 보인다. 문어를 두족류의 대표 어종으로 둔다.

까지매기

농어과에 속하는 농어의 새끼다. 어릴 때는 연안이나 강 하구까지 거슬러 올라갔다가 자라면서 깊은 바다로 들어간다. 『우해이어보』에서는 "입이 크고 비늘이 가늘다. 농어와 비슷하지만 아주 작다. 이곳 사람들은 농어 새끼라고 말한다"고 했다. 녀석의 성어인 농어는 종종 서진 사람 장한이 그 맛을 못 잊어 벼슬을 버리고 찾았다는 송강노어의 주인공으로 잘못 불리기도 한다. 이 노어는 민물에 사는 꺽정이를 이르는 것이지 바다에 사는 농어가 아니다.

바다의 진미 중 으뜸

가숭어영수

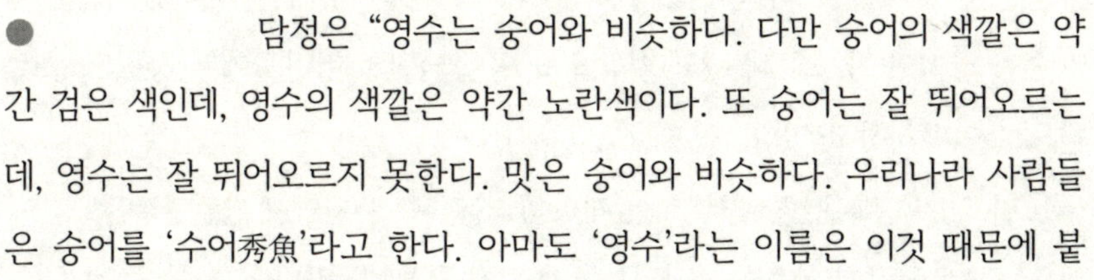

담정은 "영수는 숭어와 비슷하다. 다만 숭어의 색깔은 약간 검은 색인데, 영수의 색깔은 약간 노란색이다. 또 숭어는 잘 뛰어오르는데, 영수는 잘 뛰어오르지 못한다. 맛은 숭어와 비슷하다. 우리나라 사람들은 숭어를 '수어秀魚'라고 한다. 아마도 '영수'라는 이름은 이것 때문에 붙여진 것 같다"고 했다. 담정의 말마따나 숭어와 비슷하고 색깔이 약간 노랗다고 했으니 녀석은 가숭어를 이르는 게 분명하다.

녀석은 종종 숭어와 혼동을 일으키기도 하는데, 『우해이어보』에 이른 것처럼 생김새도 맛도 비슷하기 때문이다. 그러나 두 녀석도 서로 다른 특징이 있다. 우선 담정이 지적한 대로 몸빛에서 가장 뚜렷하게 차이가 난다. 또한 담정이 제시하지 않았지만 눈 색깔과 꼬리지느러미도 다르다. 눈 색깔은 숭어에 비해 가숭어의 눈이 노랗고, 꼬리지느러미도 숭어는 제비꼬리를 닮은 데 비해 가숭어는 꼬리가 덜 파여 있다. 서식 환경도 다르다.

이에 대해 담정은 산림영수라는 근연종을 통해 이야기를 이어간다. 그는 그 이름에 붙은 산림山林이라는 게 무엇을 말하는지 모르겠다고 했지만 이어서 "내가 일찍이 영성강寧城江에도 산림영수가 있는 것을 봤는데, 사람들은 그것을 임영수라고 불렀다. 이 산림영수는 바다와 가까운 계곡의 개울에 살고 있다. 비록 바닷속에서 살기는 하지만, 본성이 민물을 좋아해서 '산림'이라고 부른 것은 아닐까"라고 조심스럽게 답을 내놓는다.

이는 가숭어가 숭어에 비해 민물과 가까운 기수역을 좋아하는 생태 습성을 정확하게 표현한 것이다. 이것은 먹이 활동이나 번식과도 관련이 있는데, 녀석들은 주로 가까운 바다와 강 하구에 살면서 강바닥에 있는 식물성 플랑크톤과 유기물을 먹으며 봄에 하구에서 산란한다. 이런 까닭에 최근에는 가숭어 양식이 가능하게 됐고 횟감으로 공급되면서 어민들에게 양질의 소득원으로 이바지하고 있다.

또한 "맛이 매우 좋아서 호서 지방의 영춘(충북 단양군 영춘면) 단양강에서 나오는 금린어錦鱗魚[쏘가리]와 서로 비슷하니, 바다의 진미 중에서 으뜸"이라고 했다. 실제 가숭어는 양식이 가능하고 맛까지 뛰어나서 참숭어의 지위를 넘보고 있다고 한다. 참숭어와 가숭어의 구분이 쉽지 않은 것은 서로 비슷한 면이 적잖은 까닭도 있지만, 가숭어를 양식하는 어민들이 맛이 뛰어나고 소득원으로서 큰 도움이 되니 이를 참숭어라 하기 때문이기도 하다.

이 가숭어라는 녀석은 아주 오래전부터 먹어 왔는데, 우리나라에서 가장 오래된 신석기 시대 유적 가운데 한곳인 창녕 비봉리유적의 가장 아래층에서 녀석을 잡아먹고 버린 뼈가 출토된 것이 그 예다. 숭어보다는 민물과 더 가까운 하구를 좋아하니 당시 사람들의 살림터와 가까운 해안에서 잡힌 것으로 보인다.

장승업, 「궐어도」, 지본담채, 116.5×32.2㎝, 개인.

겨울철 별미의 대명사, 과메기

청어 진청

필자에게 청어靑魚는 과메기로 기억된다. 어린 시절 사는 곳이 바다와 그리 멀지 않은 곳이었으니 한겨울에 청어 구이와 찌개를 먹지 않았을 리 없지만 오직 과메기로만 기억되는 녀석이다. 청어 과메기를 처음 마주한 건 울산 다운동유적 발굴 조사에 참여했던 1995년 태화강변의 어느 포장마차에서였다. 당시만 하더라도 과메기는 포항과 울산을 중심으로 알려져 있었고, 다른 지역에서는 그리 흔한 음식이 아니었다. 지금이야 겨울철을 대표하는 별미로 전국적인 유명세를 타고 있지만 말이다.

청어는 그 이름에서 보듯 대표적인 등 푸른 생선이다. 『우해이어보』에 "진청眞鯖은 청어다. 길이는 한 자 다섯 치이며, 맛은 감미롭고 부드럽다. 구워 먹으면 그 맛이 더욱 좋으므로 참으로 진귀한 생선이라고 할 만하다. 우리나라 사람들은 해주에서 나는 청어를 제일로 친다. 한나라 때 다섯 제후들이 매우 호사스러워서 청어를 즐겼는데, 후세 사람들이 물건 중에서 귀한 것을 오후청五侯鯖이라 빗대어 말했다"고 청어의 크기와 맛을 소개하고 있다. 그때나 지금이나 즐겨 먹기로는 구워 먹는 방식을 제일로 쳤다.

황해도 해주에서 나는 것을 제일이라 했는데, 이는 허균(1569~1618)의 『성소부부고』에 실린 도문대작에서도 "해주에서는 2월에 잡히는데 매우 맛이 좋다"고 할 정도였다. 하지만 『우해이어보』에서는 해주에서 나는 것은 청어의 일종일 뿐이고 가짜라고 했으니 가려볼 일이다. 그러면서 전한前漢 때에 다섯 제후들이 호사스럽게 즐긴 오후청 이야기를 덧붙이고 있다.

그런데 명나라 말기에 이시진이 편찬한 『본초강목』에는 여기서 말한 오후청을 민물 청어로 이르고 있다. "청어는 강과 호수 사이에 사는데 남방에 많다. 북쪽 지방에도 간혹 그것이 있다. 계절에 가림 없이 잡는다. 잉어와 비슷한데 등이 순청색이다. 남쪽 사람들이 많이들 이것으로 젓갈을 담근다. 옛사람들의 이른바 '오후청'이 이것이다."

이에 대한 이야기는 이어지는 글을 통해 살펴볼 필요가 있다. 담정은 "선대 유학자들은 청어를 적어炙魚, 즉 '구이 생선'이라고 했다. 『속본초강목』의 물고기에 대한 항목인 어부魚部에 물고기 이름으로 청어가 있다. 『동의보감』에 허준이 이 물고기를 실었는데, 그 주에 이르기를 '우리나라 청어와 다르다'고 했으니 나는 이것이 늘 궁금했다. 지금 어부가 잡은 청어를 보니 이것이 진짜 청어다"고 했다. 이 글을 통해 허준은 우리나라의 청어와 한나라 때 오후가 즐겨 먹었다는 청어가 서로 다른 것임을 알고 있었고, 이런 인식은 당대에는 전문적인 식견을 가진 이들에게 제한되어 있었던 것으로 보인다.

담정 자신도 우리나라 선대 유학자들이 청어를 적어라 했던 만큼 대표적인 구이용 생선으로 알고 있었지만, 그것이 『속본초강목』의 청어와 다른 것임은 알지 못했다. 이런 까닭은 민물과 바다라는 서식 환경이 전혀 다른 고기를 그 겉 빛이 푸르기 때문에 청어라 한 데서 빚어진 오류다. 『우해이어보』에 실린 청어는 당시까지 우리나라 모든 연안에서 잡히던 청어과의 냉수성 어류를 말한 것이고, 한나라 때 다섯 제후가 즐겨 먹었던 청어는 민물에서 잡히던 것이므로 서로 다른 어종인 것이다. 윗글에서 청어를 적어라 한다 했으니, 예전부터 우리나라 사람들은 청어를 대표적인 생선구이로 여겼던 듯하다.

최근 청어에 대한 흥미로운 논문이 나왔다. 부경대학교 김문기 교수의 「소빙기와 청어: 천·해·인의 관점에서」로 비롯한 청어 연작물로, 중국 한나라 때 다섯 제후가 즐겼다는 청어와 우리 청어는 이름만 같을 뿐 그 계통부터 다른 것임을 논증했다. 김 교수는 청어는 한자어이지만 우리나라에서 고려 시대 말엽부터 불린 이름이며, 이것이 16세기 중반 이후 전 지구적인 소빙기小氷期의 영향으로 한중일 동아시아 삼국으로 서식 환경이 확대되면서 우리나라에서 부르던 청어라는 이름이 확산된 것이라고 논증하고 있다.

이에 따라 중국에서는 민물에서 나는 것과 구분하기 위해 해청어海青魚, 당시에 새로 나타난 고기라는 의미로 신어新魚, 조선에서 왔다고 하여 조선어朝鮮魚 등으로 부르기도 했다고 한다. 일본에서도 이 고기가 우리나라 해역에서 확산된 것임을 알고 청어에 대한 정보를 조선에서 받아들여 그 이름을 고려온高麗鰛이라 했다고 한다. 청어라는 이름은 고려 시대 말엽의 학자 목은 이색(1328~1396)의 시 '부청어賦青魚'에 처음 나타나서 『조선왕조실록』에서 같은 이름을 검색하면 태종 때부터 고종 때까지 관련 기사가 죽 뜬다.

이렇듯 청어는 본질적으로 계통이 다른 종이 있었는가 하면, 아류도 많았던 듯하다. 담정은 바로 이어지는 글에서 "해주에서 잡히는 청어는 청어류이긴 하지만 진짜 청어는 아니다"고 했다. 그런데 이게 웬 말인가 해서 『세종실록지리지』(1454)와 『신증동국여지승람』(1530), 『여지도서』(18세기 중엽) 등에서 해주의 토산을 살피니 뒤의 두 책에 청어가 올라 있으니 앞으로 따져볼 일이다.

담정은 어부들이 세금을 피하기 위해 청어를 정어리인 비의청어라 속이기도 했다고 이야기하고 있다. "관동과 관북, 호서와 호남 지방에서 잡히는 비의청어飛衣鯖魚는 더욱이 가짜 청어가 분명하다. 어부들이 관청에 세금을 내는 것 때문에 청어가 아니라고 숨긴 것이다." 이것으로 당시 조선 정부가 균역법 실시 이후 어부들에게 청어와 더불어 명태를 주요한 세원으로 거두어들였다는 걸 엿볼 수 있다. 그래서 청어를 정어리(비의청어)라 속여 납세를 피하려 했던 것이다.

이어서 우해 지역에서 청어의 포획 시기를 알 수 있는 기록을 남겼다. "또한 청어는 대구를 잡을 때 더러 잡힌다. 그러나 항상 잡히는 것은 아니다." 이것은 우해 일원에서 청어는 대구와 함께 겨울철에 잡아들였는데, 항상 잡히는 것은 아니라고 했으니 당시의 해양 환경 변화를 반영한 것으로 받아들여진다. 한류성 어종인 청어가 해수 온도의 변화에 따라 어황이 변동하는 것을 표현한 것일 게다. 이러한 짐작은 정약전의 『현산어보』를 통해서도 살펴볼 수 있다. 이 책에는 "건륭 5년(1750년) 이후 10여 년 동안은 풍어였지만, 그 후 뜸해졌다가 가경 임술년(1802년)에 다시 대풍을 맞이했으며, 을축년(1805년) 이후에는 쇠퇴기를 반복했다"고 전한다. 또한 이어서 "이 물고기는 동지 전에 영남 좌도〔경상북도〕에 나타났다가 남해를 지나 해서로 들어간다"고 기록하여 우해 지역에서 동지 이후 한겨울에 대구와 더불어 포획했음을 알 수 있다.

담정은 청어에 대한 글을 마무리하면서 "그렇다면 한나라 때의 다섯 제후가 즐겨 먹었다는 청어는 이 고기가 맞겠는가, 아니겠는가"라고 되묻고 있는 것으로 보아 여전히 오후청이 우해에서 잡힌 청어를 이르는지 어떤지는 확신하지 못했다고 여겨진다.

그는 <우산잡곡>을 지어 "아전 황씨 여울 앞 한 조각배에서 / 한 자 반짜리 청어 쇠고리로 낚아 올렸네 / 어부여 나루에서 청어 팔기 두려워 말게 / 호사스런 한나라 다섯 제후 지금은 없으니"라고 읊었다. 이 시에서 청어를 잡는 방법을 엿볼 수 있는데, 당시 우리나라의 남해와 서해 연안에서 청어를 잡아들이던 정치망어법과는 다른 방식을 소개하고 있어 어법의 다양성을 헤아릴 수 있는 근거를 제공하고 있다.

당시 우해 일원의 진해와 창원 등지에서도 청어를 말린 과메기를 생산하여 나라에 바친 기록이 나온다. 『우해이어보』에 앞서 나온 『여지도서』 「진해현」 '진공' 편에 과메기[관목貫目]가 문어, 전복, 전어 등과 함께 실려 있고, 같은 책 「창원부」 '진공' 편에도 생청어와 과메기[관목청어貫目靑魚], 말린 가오리[건가올어乾加兀魚]를 올렸다고 나온다.

잘 알려져 있듯이 청어는 과메기로 만들어 먹던 대표적 어종이다. 『현산어보』에는 "정월이 되면 알을 낳기 위해 해안을 따라 떼를 지어 회유해 오는데, 수억 마리가 대열을 이루어 오므로 바다를 덮을 지경이다"라고 묘사하고 있다. 아마 이때 산란을 위해 연안으로 몰려온 청어를 잡아 꾸덕꾸덕

하니 말려서 먹었던 것일 게다. 그런데 황선도 박사는 『멸치머리엔 블랙박스가 있다』에서 흔히 과메기가 관목에서 유래한 것과 다른 이야기를 전해 준다. 옛적에 과메기는 청어나 꽁치를 짚으로 엮어 그늘에서 말려 먹은 것이라 했다. 그러던 것이 과거를 보러 가던 선비가 바닷가 언덕 위 나뭇가지에 눈이 꿰인 채로 얼말라 있는 것을 먹어보고는 그 맛을 잊을 수 없어 겨울마다 청어나 꽁치의 눈을 꿰어 얼마른 채로 먹었다고 하여 눈을 꿰었다는 의미의 관목貫目이라 했고, 그 뒤로 과메기로 바뀐 것으로 헤아리고 있다.

뱅엇국에 허리 부러지는 줄 모른다

뱅어비옥

남해南海, 바다 이름이면서 섬 이름이다. 이 단어를 되뇌면 푸르기만 한 바다와 붉게 흐드러진 동백꽃, 그리고 그리운 사람들의 얼굴이 떠오른다. 그 그리움 저 아래에는 풋풋한 사람들의 다정한 눈빛과 정이 가득 어려 있다. 2004년 어느 봄날 남해군에서 무턱대고 만난 몇몇 사람들은 남해의 보물이라 할 분들이었다. 이때는 남해 문화유적 분포지도를 만드는 일로 남해의 골짜기와 해안을 샅샅이 뒤지며 새로운 것들을 발견하고 기뻐하던 때였다.

그러던 어느 저녁나절에 그분들과 만나 남해의 역사와 자연, 사람들에 대한 이야기를 나누었다. 문득 그중 한 분이 아무거나 주는 식당에 가 보자고 제안했다. 남해에는 당시 음식을 나름대로 특이하게 해 주는 귀한 집들이 더러 있었다. 읍으로 들어가는 들머리에 있는 백숙집은 우리가 생각하는 백숙이 아닌 맑은 닭국에 찹쌀을 넣고 끓이는 방식이 특이했다. 군청 앞에 있는 어느 지하의 술집은 '아무거나 집'이었다. 그날 주인이 시장에 가서 좋은 식재료가 있으면 그것으로 안주와 음식을 만들기 때문에 주는 대로 먹어야 했고, 가격도 주인이 대충 정하여 달라는 대로 주어야 했다. 그중 하나가 대우식당이다.

주인이 누구인지 식당 이름을 누가 지었는지도 모른다. 이곳에선 손님이 주문해야 할 음식과 안주, 즉 메뉴라는 건 애초에 없다. 단지 주인이 그날 시장에 갔다가 그냥 좋아서 가져온 식재료로 만든 음식을 내놓을 뿐이다. 이 집은 고정 손님이 많지 않고 시장 가까이 있는 탓에 손님이 오면 우선 먹을 것을 있는 대로 내놓고 그다음에 장을 보러 나간다. 시장에서 식재료를 고르는 식당 주인 할머니의 눈은 여러 생각으로 번갯불같이 번쩍인다. 첫째, 손님의 나이와 취향을 대략 정한다. 둘째, 그들이 시킨 술 종류를 생각한다. 셋째, 가장 맛있을 것으로 생각되는 식재료와 가격을 가늠한다. 식당 할머니는 식재료와 시장 전체를 마음속으로 스캔하고 망설임 없이 발길을 향하는 것이다.

내가 그 식당을 처음 방문한 그날은 남해군에서 향토사를 연구하시는 김 모 선생님과 정 모 선생님, 박 모 선생님을 만난 날이었다. 이분들과는 가끔 뵙기는 했지만 점심으로 반주 한 잔 할 정도였지 제대로 술을 마신 경우는 드물었다. 그날은 그전에 약속을 해서 저녁에 식사를 하고 술을 마시기로 했다. 그중 연세가 많은 분은 70세 정도였고 적은 분도 60세 정도로 모두 필자보다 연세가 많았음에도 스스럼없이 대해 주셨다. 그날도 한 분이 대우식당을 추천했다. 연세 드신 분들이 술을 많이 드시면 얼마나 드실까 하는 생각에 호기를 부리며 저녁 겸 술자리를 갖기로 했다.

이명욱, 「어초문답도」, 지본담채, 94.3×173㎝, 간송미술관.

남해군청 앞 큰 도로를 건너 골목으로 들어가는 길은 미로에 가까웠다. 한참을 가서 주택 한쪽에 자리한 작은 식당으로 들어섰다. 방 한 칸에 부엌 한 칸이 전부였다. 식당 주인 할머니를 보자 일행은 간단히 인사를 건넸고 주문도 아주 단순했다.

"잘 오시다." "잘 계셨는가?" "오늘 뭐 맛있는 게 있는가?" "글쎄 시장에 가봐야 알지." "그러면 먹을 것 챙겨 놓고 장에 갔다 오시다." "예"

김치와 간단한 안주 한 가지를 차려 놓고 술은 알아서 꺼내 먹으란다. 얼마 후 시장에 갔던 주인 할머니가 검은 봉지를 하나 들고 무척이나 기쁜 표정으로 돌아왔다.

"오늘 병아리가 나왔더이다."

깜짝 놀라 병아리가 어린 닭이냐고 물었더니 물고기란다. 그때까지 나는 병아리라는 물고기를 본 적도 들은 적도 없었다. 비닐봉지 안에서 꺼낸 병아리는 하얀 실처럼 가늘고 길쭉했는데 눈만 까만 점처럼 보였다. 뭉쳐져 있으니 마치 국수를 삶아서 타래를 지어 놓은 것 같았다.

김려의 『우해이어보』에는 백어(병아리를 백어라고도 한다는 설명이 있다)의 이러한 특징 때문에 면조옥어麪條玉魚, 즉 국수 가락처럼 생긴 옥빛 나는 고기라고 했고 혹은 비오라고도 했다. "비옥飛玉은 옥어玉魚이다. 지방 사람들은 비오霏烏라고 한다. 비오는 지방 말로 비가 온다는 말이다." 또한 "이 물고기는 빙어와 비슷한데 조금 더 크고 비늘이 없다. 달걀과 오리알에 담갔다가 기름을 둘러 전을 부쳐 먹으면 매우 맛있다"고 조리법을 소개했다. 주인 할머니도 이미 그 방법을 알고 있었고 그렇게 요리했다.

일은 이때부터 벌어졌다. 김 모 선생님이 해로운 것은 젊은 사람이 먹어야 한다고 자꾸 보챘다.

"아, 이것은 아주 해로운 것이여. 이것을 먹으면 없던 힘도 나고 잠도 잘 안 오고. 쓸데없는 생각이 자꾸 나는 것이니 정말 해로운 것이야."

한 젓가락이면 백어 열 마리를 먹을 성싶었다. 근데 아뿔싸, 큰일이다! 백어 머릿수만큼 술잔을 기울여야 한다는 걸 그제야 깨달은 것이다. 결국 그날 같이 간 사람이 다섯 명이었는데 문지방 옆에는 술병이 셀 수도 없을 만큼 줄 지어 세워졌다. 노익장이라는 말이 실감나는 날이었다. 들이키고 들이켜도 술자리는 끝날 것 같지 않았다. 그 많은 술병을 보니 백어는 정말 몸에 해로운 물고기가 아닌가 하는 생각이 들었다.

백어는 지역에 따라서는 뱅어라고도 하는데 뱅어는 바닷가 사람들에게 매우 인기 있는 물고기다. 뱅어가 인기를 끌었던 이유는 맛 때문만이 아니었다. 술국으로도 좋았던 모양이다. "목사골 영감 할멈은 이불 속에서 월하시(홍시)를 빨고 젊은 낭주골 사람들은 영산포에서 뜨내기로 배를 타고 목포로 내려가 여자를 꿰어 차고 아침에 일어나면 술국으로 뱅엇국을 들었다"는 말이 있다. "월하시 맛에 밤새는 줄 모르고, 뱅엇국에 허리 부러지는 줄 모른다"는 속담도 있다. 또한 한때 영산강 지역의 여자들 사이에 뱅어를 먹기 위한 계가 유행했는데 이것을 '뱅어되리(데이리)'라고 한다. "'초겨울에 뱅어를 먹으면 속살까지 희어진다'는 속설 때문이었는데, 이들은 뱅어의 흰 몸빛에서 우윳빛 살결을 떠올렸던 모양이다." (이태원의 『현산어보를 찾아서5』) 또 화냥 끼 든 여자를 보고 "뱅어회 맛 들였나?"하고 빈정대기도 한다.(송수권의 『남도의 맛과 멋』)

이 물고기는 작고 가늘고 미끄러워서 어살의 발과 그물의 틈새로 빠져나가므로 잡기가 힘들다. 이곳 사람들은 말총으로 엮은 줄이나 갈포로 엮은 가는 줄, 거친 삼실로 베를 짜는데 가로줄과 세로줄 사이는 가는 쌀가루가 걸러질 정도이다. 대나무 조각으로 테두리를 만들고 베로 그것을 덮어씌우고 자루를 만든다. 대나무 통발을 엮은 것과 같은데 그 이름을 반대拚袋라고 한다. 혹은 두 가닥의 긴 대나무에 천을 덮어씌우는데 마치 농가에서 흙을 옮기는 도구인 들것과 같아서 그 이름을 여반대輿拚袋라고 한다. 혹은 대나무로 한쪽이 높은 테두리를 만드는데 그 모양이 삼태기[분畚]와 같아서 그 이름을 소고반대小高拚袋라고 한다. 바닷가의 방언으로 삼태기를 소쿠리[소고小高]라 한다. 머리 쪽이 낮고 꼬리 쪽이 높은 것을 말한다.

이것은 모두 얕은 물에서 사용하는 것들이다. 혹은 대나무로 평평한 테두리를 만들어 긴 장대에 매서 만드는데 그 모양이 잠자리가 장대에 붙은 것과 같아서 장간반대長竿拚袋라고 한다. 이러한 것들은 모두 깊은 물에서 사용하여 가느다란 물고기를 잡는다. 그러나 이 물고기는 조수의 앞머리에 여울져 급하게 휘감기는 곳에 있어서 밀물의 물살 특성에 숙련된 익숙한 사람이 아니면 잡기 힘들다고 한다. 근연종으로는 면조옥어麪條玉魚가 있다. 옥어와 비슷하게 생겼는데 가늘고 긴 모양이 국수 가락과 비슷하며 맛은 더 좋다. 김려는 <우산잡곡>을 지었다.

어촌의 처녀 가는 허리 동여매고 / 창가에 곱게 앉아 바느질 하다가
급히 엄마 불러 모시베 걷어서 / 백어가 올라오니 반대를 치라 하네

한편 『우해이어보』에는 '회회鮰鮰'라는 물고기가 나오는데 그 설명이 백어와 거의 유사하다. 언어학자인 이정용 박사는 이 물고기를 베도라치의 치어라고 설명했다. 실뱀장어와 베도라치의 치어가 비슷하여 김려가 정확히 어느 것을 지목했는지 좀 더 확인할 필요가 있다.

그리움에 사무친 어떤 영혼

망상어망성

망성어의 이름을 망성望星으로 읽는 사람들이 있다. 물고기 이름에 대한 의미 풀이치고는 이색적이다. 그 이름의 뜻이 '별을 그리워하는 물고기'라는 것인데 별을 그리워한다기보다는 그리워하는 대상 때문에 별을 보는 것이 아닐까. 아마도 망성어의 이름을 이렇게 해석할 수 있다면 망성어는 그리움에 사무친 어떤 영혼이 물고기가 된 것이리라.

철쭉꽃이 붉게 피고 질 때면 망성어가 새끼를 낳기 위해 연안으로 몰려든다. 새끼를 낳는 물고기, 즉 완태생完胎生인 물고기인 망성어는 망상어라고도 하는데 주로 11월부터 체내에서 수정을 하여 새끼를 배 속에서 길러서 5~6개월 뒤에 몸 밖으로 내보낸다. 그러나 위급한 상황이 되면 그 이전이라도 덜 성숙한 새끼를 급하게 내보내어 최악의 위기를 모면한다. 이러한 망상어의 습관 때문에 상어라는 이름이 붙었을 법도 하다. 망성어가 드넓은 바다에 새끼들을 놓아 보내고 그리움을 안은 채 멀리 떨어져 하염없이 바라보는 모습은, 가없는 우주에서 서로를 바라보면서도 가까이 다가가지 못하는 반짝이는 별들과 같다고 여겨진다.

그러나 망성어라는 이름은 입 주변에 가는 가시, 수수 까끄라기 같은 것이 있으므로 진해 사람들이 이 물고기를 망어芒魚, 즉 까끄라기 물고기라는 데서 온 것으로 보인다. 『현산어보』에는 망상어를 "큰 놈은 한 자 정도이고 모양은 도미를 닮았으나 높이는 더 높고 입이 작으며 빛깔이 희다. 태胎에서 새끼를 낳으나 살이 찌고 연하며 맛이 달다"며 그 이름을 망치어望峙魚, 소구어小口魚라 했다. 그러나 전국적으로 분포하는 이 물고기는 망사, 망상어(부산), 망씨이(가덕도), 망싱이(통영), 맹이(주문진), 망치어(흑산도), 망성어 등의 다양한 이름이 있으며 워낙 흔하게 볼 수 있는 물고기이므로 '바다의 붕어'라고도 한다.

『우해이어보』에는 이 망성어를 잡는 법을 상세하게 설명하고 있는데 그 방법이 매우 독특하다.

이곳 사람들이 망성어를 잡을 때 바다에 물이 휘돌아 감기는 자리에 통박을 설치하여 잡는데 긴 기둥이나 대나무 발을 사용하지는 않는다. 어뢰와 달리 물속에 잔 나뭇가지나 꼴풀, 줄풀, 짚 등을 가라앉혀 빙 둘러 방과 같이 만들어 놓고 이것을 통박桶箔, 즉 통발이라고 한다. 통발이 있는 곳에 가는 대나무를 사이사이에 세워 표시를 한다. 밀물이 들 때를 기다렸다가 물고기가 밀물을 따라서 여울로 들어와 통발 안에 숨으면 썰물이 나갈 때도 따라가지 않고 남아 있다. 이때에 통발 바깥에 그물을 두르고 배를 타고 안으로 들어간다. 일렁이는 물결을 따라 오가면서 나무망치로 배의 바닥판을 두드린다. 혹은 대여섯 명 혹은 일고여덟 명이 한꺼번에 소리를 지르며 바닥을

망성어잡이 상상도.

친다. 그 소리는 마치 다듬잇돌을 어지럽게 두드리는 것과 같다. 물고기들이 모두 놀라서 흩어지며 통발 바깥에 걸어둔 그물로 튀어 나간다.

<우산잡곡>에서는 "밤알은 불그스레하고 귤껍질이 노랗게 될 때 / 망성어가 처음 풀 통발 집 물여울에 들어오네 / 노련한 뱃사공은 어뢰 안으로 들어가 / 사정없이 바닥판 두드리니 온통 정신없네"라고 했다. 여기서는 망성어가 여울로 들어오는 계절을 늦가을로 표현했는데 망성어는 보통 11월경에 짝짓기를 한다. 이때 몸이 핑크빛으로 짙어지면서 서로 몸을 부비며 밀월을 준비한다. 그들의 짝짓기 장소로는 주로 물가의 바위틈에서 이루어지는데 위의 설명과 같이 물풀이 가라앉아 주변을 감싸는 통발도 그러한 장소로 선택됨을 알 수 있다. 망상어가 줄풀더미 통발로 들어가는 것은 신혼방을 차리는 것이다. 달콤한 신혼의 밀월을 꿈꾸며 물속 풀숲으로 찾아든 물고기를 놀라게 하여 그물로 잡는다는 것이 가슴 한편에 껄끄러움으로 남는다.

최고급 횟감으로 치는 황색 물고기

노랑가자미 황화

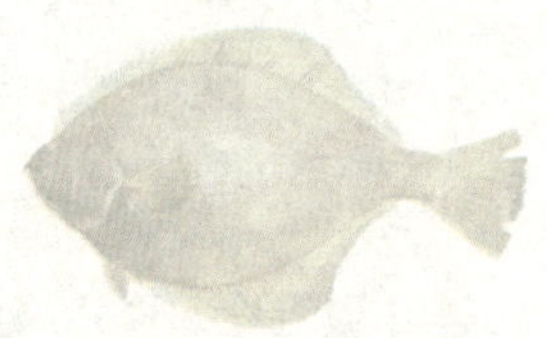

노랑가자미를 낚으러 떠난 『우해이어보』 현장 탐사일은 세월호 2주기가 되는 2016년 4월 16일 토요일이었다. 비가 내린다는 예보에 출조를 망설이다 솔섬(송도松島)에 닿은 것은 아침 8시가 조금 지난 때였다. 솔섬은 고현선착장에서 보면 양섬의 동쪽에 있고, 양섬과 규모가 엇비슷하다. 하지만 조선 시대에는 지금의 양섬인 범의도(대범의도)와 더불어 소범의도로 불렸다. 당시에는 사람이 살지 않았고 육지에서 사람이 오가면서 농사를 지었다고 한다. 그러나 언제부턴가 솔섬이라 불리기 시작했는데, 고현면 홈페이지에는 예부터 소나무가 무성하여 마치 바다 위에 소나무 덤불이 큰 산처럼 떠 있는 듯해서 솔섬이라 부르게 됐다고 한다.

솔섬에 마을이 본격적으로 형성되기 시작한 것은 일제강점기 때부터인 것으로 보인다. 이날 마을에서 만난 77세 되는 노인의 말로는 해방 이전에는 일본인이 거주했다고 한다. 당시 섬의 주요 경제원은 멸치잡이였는데, 지금은 근해 어업과 양식으로 생활을 유지해 간다. 한창일 때 섬의 가구가 23호까지 팽창했었고, 작은 분교를 둘 정도로 좋은 시절도 있었지만 지금 35세가 된 사람이 마지막으로 졸업하면서 학교는 문을 닫았다. 지금 거주하는 가구는 16호에 지나지 않고 젊은이들은 도시로 나가고 노인들만 남은 한적한 섬이 되고 말았다.

이번 『우해이어보』 낚시 여행에서 만날 녀석은 봄에 횟집에서 제철 횟감으로 내놓는 가자미다. 가자미는 한자로 비목어比目魚 또는 접鰈이라 하는데, 이는 몸통의 특징에서 비롯한 이름이다. 비목어란 이름은 눈이 등에 나란히 붙어 있어서 그렇고, 접은 몸통의 생김새가 나뭇잎처럼 유선형이면서 납작하기 때문이다.

『전어지』에 가자미의 다른 이름들이 많이 소개되어 있는데, 대개 생김새에서 비롯한 것들이다. 혜저어鞋底魚, 노갹어奴屩魚, 비사어婢屣魚 등은 그 모양이 신발 바닥처럼 생겼기 때문이고, 판어版魚라는 이름은 영어식 이름인 flat fish와 같은 뜻이다. 산지는 "동해에서 나는데, 서남해에도 간혹 있긴 하지만 동해의 많음만 못하다"고 했다. 비목에 대해서도 "양쪽 눈은 몹시 가까우면서 위쪽을 향해 있으며 서로 나란하기 때문에 이를 일러 비목어라 한다"고 했고, 중국 기록에 나타난 것과 같이 외눈박이 물고기가 아니라 "실제로 눈이 두 개이고, 또 반드시 두 마리가 합쳐야만 다니는 것이 아니다"고 논증했다. 채지홍의 『동정기』(1740)에도 "광어와 판어板魚를 다 가자미라고 부른다. 이것은 중국에는 없다"고 했으니 옛사람들도 가자미의 특징에 대해 잘 알고 있었던 모양이다.

『우해이어보』에는 황화鱑穌와 더불어 근연종으로 청화靑穌, 반화班穌, 목면화木綿穌라는 이름도 나온다. 뒤에 공통적으로 붙은 화는 가자미를 이르는 말이고, 앞에 붙은 글자는 등이나 지느러미 색이 누렇거나 푸르고, 얼룩이 있다든지 솜꽃이 열매를 맺을 때(가을)가 제철임을 드러내고 있다. 담정은 "노랑가자미(황화鱑穌)는 가자미와 비슷한데 짙은 황색이고, 조금 크다. 가자미와 넙치는 비목어比目魚다. 이곳 사람들은 가자미를 화어穌魚라고 한다. 맛은 담백하고 회로 먹거나 구이를 해도 모두 맛있다"고 했다.

노랑가자미는 뒤쪽 꼬리자루와 지느러미에 노란 띠가 있어 그리 불리는데, 범가자미, 줄가자미와 더불어 최고급 횟감으로 쳐준다. 가끔 어시장이나 횟집에서 배 가장자리에 노란 띠가 있는 참가자미를 노랑가자미라 하는 것은 잘못 알고 있는 것이며, 부러 그런다면 소비자를 속이는 짓이다. 담정도 이 고기를 맛본 듯, 이 고기를 회로 먹거나 구워 먹어도 맛있다고 했다. 옛사람들도 즐겨 먹은 이 고기는 조개더미 유적에서도 그 유체가 더러 출토된다.

이어서 "비슷한 종이 있는데 청가자미인 청화靑穌다. 노랑가자미와 비슷하나 연푸른색이고 맛이 떨어진다. 또 비슷한 종으로 점가자미인 반화班穌가 있다. 온몸이 황색이고 등에 황색 무늬가 있다. 원만하고 단정해서 마치 건괘乾卦(태극기의 왼쪽 위에 그려져 있는 괘)를 그려놓은 것 같다. 독이 있다"고 했다. 어떤 책에는 청화를 갈가자미라 옮기기도 했는데, 그것은 한자로 장접長鰈이라 하므로 청화는 청가자미로 보는 것이 옳다.

담정은 계속해서 "또 비슷한 종인 목면화木綿穌는 일명 돌가자미(석린화石鱗穌)라고도 한다. 몸길이가 매우 길어서 어떤 것은 서너 자나 된다. 껍질의 비늘이 찬란하고 씻은 듯 깨끗하여 서해에서 나는 가는 돌비늘과 같다.

이 물고기는 목화나무에 열매가 달릴 때 많이 잡히기 때문에 목면화라는 이름이 붙었다. 그 맛이 매우 좋아서 여러 가자미 중에 제일이다"고 했다. 담정의 이 설명은 매우 구체적이고 자세하다. 지금의 『우리바다 어류도감』에서도 "매끈한 피부에는 비늘이 없으며 옆줄 아래위와 등, 배 쪽에 타원형의 단단한 골질판(담정은 이를 돌비늘이라 했다)이 줄지어 발달해 있는 것이 이 종의 특징"이라고 묘사한 것과 거의 같다.

석린화를 지금은 돌가자미라 부르지만, 위의 한자 이름을 보자면 돌비늘가자미라 해야 하는 것이 아닌가 여겨지기도 한다. 담정의 글 가운데서 비늘이 서해에서 나는 가는 돌비늘과 같다고 했고, 실제 돌가자미의 등에는 석린이라 묘사한 골질판 돌기가 3~4열 배열되어 있기 때문이다. 담정은 바로 등에 붙어 있는 이 돌비늘을 가장 큰 특징으로 본 것이며, 요즘 나온 도감에도 이것을 대표적인 특징으로 들고 이름도 여기서 비롯한 것이라 적었다.

담정의 눈에 돌비늘로 보인 이 골질판 돌기가 영어권과 일본에서는 달리 보였던 것 같다. 이 물고기를 영어로는 Stone flounder라 하고, 일본어로는 이시가레이イシガレイ라 했으니 둘 다 이 골질판을 돌로 여겼음이다. 어시장이나 횟집의 수족관에 들어 있는 가자미들의 이름이 잘못 표기되어 있는 경우가 더러 있는데, 돌가자미에 대한 오기가 대표적이다. 이번에 찾은 마산어시장의 한 횟집에서도 줄가자미를 돌가자미라 표기하고 있었다. 그것은 등에 줄을 이룬 딱딱한 돌기를 그렇게 잘못 이해한 것이다.

끝으로 "주서周書(당 태종의 명으로 위징이 총괄 편찬한 북주(556~581)의 역사서)에 '동해에서 비목어를 보내왔는데 그 이름이 겸겸鰜鰜이다'라고 했다. 선대 유학자들은 겸鰜을 접鰈이라고 했다. 이제 보니 가자미라는 어족의 종류가 매우 많다. 대개 비목어는 동해에서 생산된다고 했는데, 비단 가자미〔접어鰈魚〕만 동해에서 나는 것은 아닐 것이다. 그러나 그렇게 말한 이유는 알 수 없다"고 말을 맺었다. 여기서 말하는 동해는 중국을 기준으로 한 동쪽 바다이니 주서에서 이르는 비목어는 우리가 서해라 부르는 그 바다에서 난 것을 말하는 것이다. <우산잡곡>에는 가을날 백발의 늙은 어부가 갯머리에서 돌가자미 밤낚시를 하고 있는 모습을 서정적으로 묘사하면서 글을 맺었다.

목화꽃은 목면호에 피어나고 / 가을빛은 쓸쓸하니 외기러기 날고
백발어옹은 참으로 좋은 취미 / 물가 어귀에서 밤마다 돌가자미 낚네

필자를 당혹케 했던 여름철 고급어

병어석편자

이 고기는 김정호가 안내한 『조선의 탐식가들』에서 허균(1569~1618)의 글이 길라잡이가 되어 만나게 됐다. 우리나라 최초의 맛 칼럼리스트라 평가받고 있는 허균이 쓴 척독尺牘(짧은 편지) 하에 실린 글에서 녀석을 찾을 수 있다. 허균이 1611년 3월 용산 수령 이할이 보내온 어물을 받고 쓴 편지에서 '양강의 축항'이라 한 고기가 바로 이 병어라는 녀석이다. 축항縮項은 축항사두縮項槎頭의 준말이다. 그 한자 이름에서 볼 수 있듯이 오그라든 목에 잘린 머리라는 이름을 가진 녀석은 등이 활처럼 휘고 목이 짧으며 청색을 띤 생선으로 회 맛이 좋다고 한다. 달리 사두축경편槎頭縮頸鯿, 사두槎頭, 사두편槎頭鯿, 축항어縮項魚, 축경편縮頸鯿, 편어鯿魚라고도 하는 녀석의 우리 이름은 병어甁魚다. 모두 잘린 듯 작은 머리나 목이 움츠러든 듯한 생김새에서 이름을 취했다. 아마 그는 이할에게서 받은 녀석을 회로 쳐서 먹었나 보다. 편지에서 "실처럼 잘게 회를 쳤더니 군침이 흐르더이다. 젓가락으로 집어 입에 넣으니 국수나 먹던 창자가 깜짝 놀라 천둥소리를 냈습니다"고 격한 반응을 보이고 있다.

병어는 등이 활처럼 휘고 청색을 띠며 회 맛이 좋다고 하는데, 식생활문화연구가 김영복은 당나라 시인 맹호연(689~740)의 「현담작峴潭作」과 두보(712~770)의 「해민解悶」에 언급되면서 유명해졌다고 한다. 병어를 병치, 편어, 병단어, 벵에라고도 부른다. 『동문선』(1478)에 실린 이규보(1168~1241)의 칠언율시 「황려강범주黃驪江泛舟」에 '축경편縮頸鯿'이란 녀석이 나온다. 『현산어보』에는 편어扁魚라 쓰고 속명이 병어甁魚라고 했다. 여기서 편어라 한 것은 납작한 체형에서 비롯한 이름이다. 서유구의 『난호어목지』에는 창鯧이라 하고, 서남해에서 나는데 그것이 지금의 병어라고 하며 호서[충청도]의 도리해桃里海(전남 신안군 해제면 도리포 앞바다)에서 많이 난다고 했다. 병어는 여름철의 고급어라 했다.

한자로 된 이름에서 병어라는 녀석을 바라보는 두 시각을 읽을 수 있다. 모두 체형에서 이름을 정했는데, 중국은 머리가 잘린 듯 작고 목이 움츠러든 듯 짧은 데서 사두, 축항, 축경 등의 이름을 취했고, 우리는 몸통이 납작한 데서 이름을 취했다.

원래 난해성 어종인 병어는 6월경에 산란을 위하여 내만이나 하구를 거슬러 들어올 때 잡는다. 『신증동국여지승람』 「토산」에는 경기도와 전라도 몇몇 고을의 토산물로 병어兵魚가 실려 있다. 아마 고려 말에 이규보가 황려강(경기도 여주시 일대를 흐르는 남한강의 다른 이름. 달리 여강驪江이라고도 한다)에 배를 띄워서 그물로 잡은 녀석도 산란을 위해 하구를 거슬러 들어오는 생태를 잘 이용한 어로 방법이었던 것으로 보인다.

고기의 이름 석편자石鯿子는 작은 병어라는 의미를 담고 있다. 한자 이름 편鯿은 물고기의 체형이 납작한 모양임을 떠올리게 한다. 그래서 『현산어보』에서는 이 편어鯿魚를 편어扁魚(속명 병어)라 적기도 했다. 또한 이 책에서는 편어의 속명이 병어라 했으니 석편자에 해당하는 어종이 어린 병어임을 알 수 있다. 담정은 이 고기의 맛과 먹는 방식에 대해 "맛은 고도어古刀魚(고등어)와 비슷하지만 시큼하지 않다. 회나 구이를 해도 모두 맛있다"고 했다. 담정은 회나 구이로 먹는다고 했지만, 요즘은 대개 조림이나 찜, 찌개, 구이 등 익혀서 조리해 먹는다.

음식만큼 지역성이 분명한 것도 없는 듯하다. 강화도에서 처음 병어회를 먹었을 때 문득 그런 생각이 들었다. 탄력 없는 육질이 주는 그 어색한 식감이라니…. 동행한 이는 그곳 특산이라고 자꾸 권하는데, 그이 마음 상하지 않게 사양하느라 식은땀을 꽤나 흘렸었다. 지금도 병어회는 서해나 서남해에서 즐겨 먹는 음식이다. 늘 활어 회를 먹던 남녘 물가 사람인 필자에게 선어라고는 하지만 이미 죽은 지 오래된 고기를 회로 먹는다는 거부감 때문인지 그리 좋은 기억으로 남아 있지 않다.

가숭어

숭어와 비슷하나 몸빛이 약간 노랗고, 눈가에 노란 테가 있으며, 꼬리지느러미가 덜 파인 것이 다른 점이다. 숭어와 가숭어는 생김새와 맛이 비슷하기 때문에 보통 구분하지 않고 숭어라 부른다. 최근에 가숭어 양식이 가능해지고 맛까지 뛰어나서 상인들은 돈벌이가 되는 이 녀석을 숭어라 부르기도 한다. 겨울이 제철이며 회로 즐겨 먹는다.

청어

청어목 청어과에 속하며, 겨울에서 봄 사이에 산란한다. 등은 암청색이고 배는 은백색으로 다 자라면 몸길이가 45cm가 넘는다. 냉수대를 따라 회유하는 어종이라 『우해이어보』에서 "청어는 대구를 잡을 때 더러 잡힌다"고 했다. 청어는 과메기를 만들어 먹던 고기인데, 『여지도서』에 진해와 창원의 진공품으로 과메기[관목貫目, 관목청어貫目靑魚]가 실려 있어 이 지역에서 과메기를 만들어 진상했음을 알 수 있다.

뱅어

뱅어는 백어, 사백어라고도 한다. 몸길이가 약 10cm 가량으로 매우 가늘고 작다. 몸빛이 살아 있을 때는 투명하나 죽으면 하얗게 변하기 때문에 백어라는 이름이 붙었다. 동해로 흐르는 하천 하구와 남해 일부에 많이 분포했지만 지금은 거의 사라지고 없다. 현재 서해안에서 축제를 하는 뱅어 축제의 주인공은 실치로 베도라치의 치어이다. 생긴 것이 거의 비슷하여 일반인은 구분하지 못한다. 김려가 비옥이라고 한 것은 뱅어로 추정된다.

망상어

망상어는 망상어과의 바닷물고기이다. 망성어, 망치, 망싱이 등으로도 불리며 입 주변에 가시와 같은 까끄라기가 있어서 망어芒魚라고도 한다. 다른 물고기와 달리 뱃속에서 알을 부화한 후 5~6개월을 길러 새끼를 낳는다.

가자미

가자미목 가자미과에 속하며, 겨울철에 산란한다. 전 세계적으로 520여 종이 분포한다. 망둑어류 다음으로 많으며, 우리나라에도 30여 종이 알려져 있다. 몸통 생김새가 납작하여 한자로 접, 혜저어, 노갹어, 비사어, 판어 등의 이름을 가졌다. 『우해이어보』에도 여러 종의 가자미가 나오는데, 몸빛에 따라 황화, 청화로, 몸통의 얼룩 때문에 반화로, 솜꽃이 맺을 때가 제철이라 목면화로 불리는 종이 있다.

병어

농어목 병어과로 난해성이라 5~8월에 산란한다. 몸빛은 푸르스름한 은색을 띠며 등은 청회색이고 배는 희며 전체적으로 반질거린다. 잘린 머리에 오그라든 목을 가진 녀석은 등이 활처럼 휜 납작한 몸통이다. 옛사람들은 여름철에 산란을 위해 내만이나 하구로 거슬러 올라온 녀석을 잡아 회로 즐겼다. 담정은 "회나 구이를 해도 모두 맛있다"고 했다.

말의 음경을 닮은 강장제

개불해음경

다시 겨울을 맞았다. 이 책에 실린 72종의 어개류를 제철에 맞춰 신문에 소개하면서 지금껏 알지 못했던 많은 사실을 알게 됐다. 와각탕과 같은 음식을 재현하거나 감성돔식해처럼 오늘에 되살려도 좋을 만한 참신한 소재를 발견했을 때는 짜릿한 전율을 느끼기도 했다. 여기에서는 겨울철이 제철인 개불을 소개하니 잘 섭생하시기 바란다.

요즘이야 사람들이 개불을 흔히 먹곤 하지만, 수산시장에서 손쉽게 구해서 먹기 시작한 것은 그리 오래지 않은 일이다. 필자도 갯내를 쉽게 맡을 수 있는 곳에서 살고 있지만, 소싯적에는 알지 못했던 녀석이다.

『우해이어보』에는 해음경海陰莖이라 했으니 이는 바다에 사는 음경처럼 생긴 녀석이란 뜻이다. 담정은 녀석의 이름의 유래와 생김새를 "해음경은 모양이 말의 음경과 같다. 머리와 꼬리가 없고 입 하나만 있다"고 했다. 그의 말대로라면 해음경은 바다에 사는 말의 음경과 같이 생긴 생물이라는 뜻인데, 어디 그것이 말의 그것이기만 하겠는가. 말에 갖다 댔으니 크기가 만만찮

았으리라. 실제로 다 자란 녀석은 30㎝에 이르고, 심지어는 50㎝ 정도 되는 것도 있다 하니 말의 음경이라 했음직하다.

담정이 말한 해음경에 해당하는 생물을 도감에서 찾아보면 녀석은 개불과 가장 닮았다. 담정이 묘사한 대로 생김새가 그러한 바다 생물은 이 녀석뿐이다. 개불이란 녀석의 이름은 하나같이 생김새가 개의 불알처럼 생긴 데서 비롯됐다고 한다. 하지만 그것은 음낭인 고환보다는 담정의 말마따나 음경처럼 생겼다고 하는 것이 더 정확한 표현이다.

그렇다면 해음경이란 한자 이름과 개불이란 한글 이름은 그 의미가 등치될 수 있을까. 둘은 각각 해와 음경, 개와 불로 구성되어 있으므로 각각 해=개, 음경=불[음낭, 고환]과 등치되어야 한다. 이 관계에 대해 『우해이어보』에 실린 고기 이름을 연구한 이정용 박사와 이야기를 나누면서 두 이름이 등치 관계에 있음을 알게 됐다. 여기서 바다와 대응하는 개가 동물이 아니라 바닷물이 드나드는 곳을 이르는 개[개흙 또는 갯벌]라면 해음경과 개불은 서로 통한다고 할 수 있으며, 실제 개불의 서식지가 조간대의 갯벌인 점도 그렇다. 음경과 대응하는 불도 생식기로 해석한다면 개불은 바닷속 갯벌에서 사는 그렇게 생긴 녀석을 이르는 것이라 할 수 있다. 그러니 해음경과 개불은 같은 녀석을 이르는 한자 이름과 한글 이름임을 알 수 있다.

이름은 이렇게 정의됐지만, 뒤에 나오는 서식 환경은 어떻게 봐야 할까. 담정은 "바다 밑 바위에 붙어 서 있으면서 꿈틀대는데, 자르면 피가 난다"고 했다. 그러나 개불은 바위에 착생할 수 있는 신체 구조가 아니므로 이는 실제와 다른 기술이다. 손암 정약전이 지은 『현산어보』를 보면, 개불과 비슷한 서식 환경을 가진 바다 생물이 소개되어 있다. 이 책에 음충淫蟲이라 소개한 녀석의 속명은 오만동五萬童이다(여기서의 오만동은 미더덕으로 뒤에 나오는 오만둥이와는 다르다).손암은 음충을 일러 "모양은 남자의 성기를 닮았다. 입이 없고 별다른 구멍도 없다. (…) 머리 쪽이 크고 꼬리 쪽이 뾰족한데, 꼬리로 돌 위에 달라붙을 수 있다"고 했다. 눈치 빠른 독자는 벌써 알아챘겠지만 오만동이라는 속명을 가진 이 녀석의 정체는 미더덕이다. 음충이라 한 것은 녀석의 생김새가 남자의 성기를 닮아서 그런 이름을 붙인 걸로 보인다. 이를 음란하다고 한 것을 지금으로서는 이해하기 어렵지만, 유교적 가치관에 사로잡힌 당시 사람들의 시각으로는 그리 여겨졌나 보다. 담정이 자르면 피가 난다고 한 것은 개불을 이른 것이 맞고, 바위에 붙어 서 있다고 한 것은 미더덕의 습성을 개불과 혼동한 것으로 보인다.

이 개불이란 녀석은 당시 사람들의 비아그라였던 모양이다. 담정은 그 효능에 대해 "해음경을 깨끗이 말려 가늘게 갈아서 젖을 섞어 음위陰痿(남자의 생식기가 위축되는 병)에 바르면 바로 발기한다고 한다"고 적었다. 과연 그러한지 직접적인 효능은 알기 어렵지만, 말의 음경처럼 생긴 녀석을 간 가루를 젖에 섞어 위축된 생식기에 바른다는 그 생각과 행위가 몸의 변화를 이끌어낼 것이라고 기대한 것으로 보인다. 이런 이류보류以類補類(비슷한 것으로 비슷한 것을 보강한다)할 수 있다는 기대 효과 때문인지 예전부터 한방에서는 개불을 강장제로 처방해 왔다고 한다. 실제 당뇨에도 효과가 있고, 혈전을 분해하는 성분이 있으니 어느 정도 그런 효과가 있다고 볼 수도 있을 것이다. 결국 그것은 사용자의 마음가짐에 달린 문제겠지만, 이런 믿음을 가지고 있다면 위약僞藥[Placebo] 효과처럼 긍정적인 결과도 이끌어낼 수 있을 것이다.

보리 숭어를 아시나요
숭어패어

담정은 패어에 대해 "일명 패수어貝秀魚다. 숭어와 비슷하지만 비늘 색깔이 조개(자개)와 같아서 어두운 밤에도 밝게 비쳐 옥구슬처럼 빛이 난다. 맛은 숭어와 비슷하다"고 했다. 생김새와 맛이 숭어와 비슷하다고 한 것으로 보아 담정은 패어를 숭어로 여기지 않은 듯하다. 그러나 숭어와 가장 닮은 점은 패어라는 이름에 담겨 있는 것처럼 그 비늘이 자개 빛을 닮아 밤에도 번쩍거린다는 것이다.

숭어는 한자 수어秀魚에서 비롯한 이름이다. 요즘으로 치면 날씬한 건강미인을 떠올리게 하는 미끈한 몸통 생김새와 회청색과 순백색이 잘 어우러진 색감이 빼어나서 그런 이름이 붙었다. 달리 치鯔라고도 하는데 『임원경제지』에는 몸통 색깔이 치흑색이라 그리 부른다고 하니 스님의 옷 색깔인 치緇(잿빛)를 연상케 하는 색이라 그런 이름이 붙은 것으로 보인다. 이런 특징은 숭어를 잘 표상하고 있는데, 가끔 녀석의 사촌 격인 가숭어와 종종 헷갈릴 때가 있다. 이 둘의 가장 두드러진 차이는 동공의 색깔과 꼬리지느러미의 형태와 몸빛 등이다. 숭어는 동공이 검고 꼬리지느러미가 제비꼬리처럼 생긴 데 비해, 가숭어는 동공이 누렇고 꼬리지느러미가 밋밋한 점이 다르다.

특히 『임원경제지』에서 묘사한 바와 같이 숭어는 몸빛깔이 스님의 겉옷처럼 거무죽죽한 데 비해 가숭어는 전체적으로 누르스름한 빛이 도는 것이 서로 다른 점이다. 요즘 창원 일대 횟집에서 많이 접할 수 있는 녀석은 성어인 참숭어와 가숭어가 대부분이고 어린 녀석은 양식산 가숭어의 새끼인 밀치다. 모치든 밀치든 숭엇과에 속하는 녀석들은 추운 겨울이 제철이고 산란기인 보리 필 무렵까지 맛있다. 특히 사오월에 잡히는 숭어를 보리 숭어라 하는데 성어인 숭어(참숭어)의 맛은 이때를 최고로 치기도 하니 철에 맞춰 꼭 맛보시길 권한다.

얼마 전까지 우해와 가까운 가덕도에서는 숭어가 회유하는 철이면 숭어들이가 행해졌다. 근해를 회유하는 숭어의 습성을 오랫동안 관찰해 온 전통 어로인데, 이제는 주변 해역의 환경이 급변하여 잊혀 가는 어법이 되어 봄철 지역축제 소재로만 재현되고 있을 뿐이다. 요즘 봄철 보리 숭어 잡이는 전남 진도의 울돌목(명량鳴梁)에서나 볼 수 있는 진풍경이다. 이곳은 해협을 이루고 있어서 물살이 세기로 유명한데, 물살을 거슬러 회유하는 녀석들이 센 물살을 피해 바위 해안 쪽으로 지날 때를 기다렸다가 뜰채로 낚아채서 잡는다. 아마 김홍도의 그림에서 오른쪽 바위섬에 잔뜩 몸을 도사리고 있는 두 어부도 좁은 물길을 지나는 물고기를 기다리는 모양이다.

필자는 숭어 떼를 2000년대 초에 처음 만났다. 진해 해양공원 조성에 앞서 그곳 음지도와 주변 바닷속 문화재 분포를 조사할 때였다. 아직 바닷바

김홍도, 「해암타어」, 『행려풍속도병』, 지본담채, 100.6×34.8㎝, 국립중앙박물관.

람이 찰 때였는데, 당시 나는 잠수부가 수중 카메라로 바닷속을 촬영하면 배 위에서 그 영상을 모니터링하면서 수중 지표 조사를 하고 있었다. 그때 우리 바로 옆으로 숭어란 녀석들이 배에 부딪힐 정도로 많이 지나는 것을 보고 크게 놀랐다. 하지만 그곳 바다에서 일상적으로 조업을 하던 이들은 그 정도는 많은 것도 아니라고 했다. 어쨌든 당시 필자는 녀석들의 진격에 위협을 느꼈을 정도로 강렬한 인상을 받았다.

담정 김려가 몰랐던 어린 전갱이
매가리매갈

담정은 매가리의 형태와 크기에 대해 "매갈은 작은 고기로 길이는 4~5촌에 지나지 않는다. 모습은 조기와 비슷하지만 조금 작고 옅은 황색이다"고 했다. 먹는 방식과 이름에 대해서는 "맛은 담백하고 달며 젓갈을 담기에 가장 좋다. 이곳 사람들은 매갈이라 부른다"고 했다. 이에 해당하는 녀석은 어린 전갱이를 이르는 매가리가 분명하다.

녀석의 조리와 유통에 대해 "해마다 고성의 어촌 아낙이 작은 배를 타고 매가리젓갈을 싣고 와서 시장거리에서 판다"고 했다. 매가리를 조리해서 먹는 방법도 여러 방식이 있었겠지만 여기서는 젓갈을 담가서 먹는 것이 가장 좋다고 했다. 이곳 우해 앞바다에서도 매가리가 적잖이 잡혔겠지만 가까운 고성에서 매가리젓갈을 담가 이곳 진해현의 시장에서 내다 팔았다고 했으니 주산지는 우해에서 조금 더 바깥 바다에 형성됐던 것으로 보인다. 이어서 담정은 당시 민초들의 고단하지만 활달한 삶을 <우산잡곡>에 다음과 같이 노래했다.

김홍도, 『단원풍속도첩』, 「행상」, 수묵담채, 27.7×22.4㎝, 국립중앙박물관.

고성의 어촌 아낙〔漁婦〕은 배도 잘 부려서 / 키를 돌려 뱃머리 열자 제비처럼 날아간다 / 매가리젓갈 서른 항아리면 / 당연히 이천 냥은 불러야지

위의 시에서도 그렇지만, 담정은 책의 곳곳에서 억세게 살아가는 바닷가 여인네들의 삶을 들여다보고 있다. 억센 그녀들도 결국 여인일 수밖에 없음을 조개 편에서 단옷날 부전조개(조개로 된 노리개)를 만들어 달거나 전갱이〔원앙어〕의 눈알을 사서 간직하는 모습에서 여성성을 살폈다. 또한 담정은 이 시에 나오는 고성의 어촌 아낙과, 정어리 젓갈을 이고 반성장까지 팔러가는 양도羊島의 젊은 아낙에서 강인한 생활력을 눈여겨본 것이다. 이 시에서 보듯, 당시 어촌에는 사내뿐만 아니라 아낙들도 고기잡이에 나서기도 했음을 알 수 있다. 바로 이 시의 어부漁婦를 앞서 『우해이어보』를 번역했던 박준원과 김명년은 어촌 아낙이라 했지만, 필자의 생각에는 고기 잡는 아낙으로도 볼 수 있을 것으로 여겨진다.

매가리는 아직 다 자라지 못한 어린 전갱이로 낚시에 잘 걸려든다. 오죽하면 나처럼 눈 어두운 신참 낚시꾼에게도 쉽게 낚여 육지 구경하러 나오기를 마다하지 않겠는가. 가끔 지인들과 낚시하러 갔을 때 부둣가에서 심심파적으로 던진 주낙에도 전갱이가 곧장 걸려 올라왔던 걸로 기억한다. 10년 전쯤, 거제 칠천량에서 '거북선을 찾아라' 프로젝트를 수행할 때, 교각 옆에서 낚시하던 이들이 가장 쉽게 잡아 올리던 녀석들도 바로 이 매가리였다.

『우해이어보』에서 원앙이라는 예쁜 이름으로 나오는 녀석은 전갱이고, 매갈이라 따로 나오는 이 녀석은 덜 자란 전갱이니 같은 어종을 성어냐 아니냐에 따라 이름이 다른 줄 담정은 몰랐던 것 같다. 이런 혼동은 이 책 곳곳에서 찾아볼 수 있다. 숭어를 소개하면서도 덜 자란 모치〔어희魚鱚〕를 소개하는가 하면, 덜 자란 농어인 가달마기〔까지매기〕도 따로 소개하고 있다. 이 책에서 매가리의 크기가 네댓 치라고 한 것으로만 보자면 이는 매가리를 이르는 것이 분명한데, 원앙과 매갈의 관계에 대해서는 따로 언급이 없다. 치어와 성어와의 언급도 없는 것으로 봐서 그가 덜 치밀했거나 그에게 정보를 준 이들이 이를 간과한 것은 아닌지 모르겠다.

숭어 중에서 가장 어린

모치어희

담정은 어희魚鱚를 숭어의 한 종으로 봤다. 그는 『우해이어보』에서 "숭어는 여러 종류가 있다. 이 중에 어희라는 종류가 있는데, 민간에서는 이것을 '숭어 사촌'이라 부른다. 또 '모장'이라는 근연종도 있다. 모두 숭어와 비슷하지만, 숭어보다 조금 작다. 그중에 가장 작고 색깔이 흰 것을 '아지 모장'이라고 한다"고 했다. 이 글에서 보듯 담정은 숭어보다 조금 작아 숭어 사촌이라 불리는 어희와 그 가운데서 가장 작은 몸집을 가진 하얀 녀석을 아지 모장이라고 했다. 말 그대로 작으니 아지阿只다. 송아지, 망아지, 강아지 등에서 보듯 아지 또는 아기는 어린 것을 이르는 우리 옛말이니 그렇다. 이렇듯 같은 어족에 대해 이런 다른 이름을 가진 숭어는 농어, 방어, 전갱이 등과 더불어 대표적인 출세어出世魚다.

숭어는 염도가 낮은 바닷물을 좋아해 연안이나 기수역에서 쉽게 만날 수 있다. 이런 생태적 견지에서 보자면, 담정이 본 어희나 아지 모장도 아마 우해 연안에서 포획한 녀석일 것이다. 숭어의 치어는 하천을 거슬러 올라가 살다가 한 자가 채 못 되게(8~9치 정도; 25~28㎝ 안팎) 자라면 바다로 내려간다. 아마 이 정도가 모장이라 할 만한 크기일 것이다. 겨울이 제철인데, 겨울부터 봄에 잡힌 것이 맛이 좋다. 숭어는 먼바다에 나가서 산란을 하고 3월이 되면 연안으로 돌아온다. 이렇듯 산란장이 파악되지 않아서 양식이 되지 않는 숭어의 치어가 모치다. 숭어는 회유성 어종이고, 치어는 2~3월경에 연안에 많이 나타나므로 담정이 녀석을 만났던 때도 그즈음이라 여겨진다.

『우해이어보』에서 숭어 가운데 어린 녀석을 아지 모장이라 했는데 그것은 모치를 이르는 것이다. 『현산어보』에서 작은 숭어를 등기리登其里[댕기리], 가장 어린 것을 모치毛峙(모당毛當 또는 모장毛將[모쟁이, 모랭이])라 한다고 한 바로 그 모치다. 내가 녀석을 처음 만난 것은 고향의 남쪽 물녘이 아니라 그 힘든 군 복무 시절이었다. 1985년 1월 한겨울 삭풍이 몰아치는 강화도 서쪽 볼음도인가 하는 어느 섬에서였다. 당시 그곳 중학교에 수학 교사로 재직 중이던 학군사관 출신 예비역 중위의 중매로 모치와 처음 만났다. 녀석은 회를 쳤다기보다는 투박하게 이미 토막 난 채로 접시에 실려 우리 일행 앞으로 왔다. 그 몸통에 통마늘을 끼워 넣고 된장에 찍어 먹으며 밤새 소주 됫병을 기울였던 기억이 지금도 새롭다. 그때의 첫 만남은 지금껏 강렬하게 나의 뇌리와 혀끝에 각인되어 있다.

푸른 바다안개를 뿜어내는 이무기
드렁허리용서

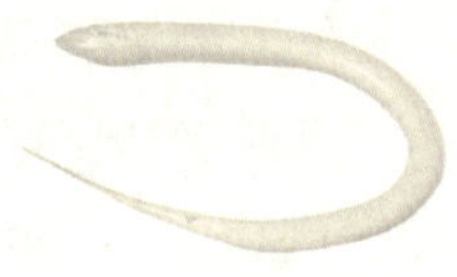

김려의 『우해이어보』에는 '용서'라는 물고기가 등장한다. 용서는 드렁허리, 드렁이, 드랭이, 뚜랭이, 음지, 웅어熊魚, 선어鱔魚 등 다양한 이름이 있다. 원래 드렁허리는 미꾸라지나 민물장어처럼 민물 습지에서 살면서 논두렁을 파 헤집는 물고기로 알려져 있다. 여름철 논두렁에 구멍을 뚫어 장마 때 논두렁을 무너뜨리는 반갑지만은 않은 물고기다. 드렁허리는 미꾸라지처럼 야행성이다. 낮에는 진흙 속과 돌 틈에 숨어 있다가 밤에 나와서 작은 동물과 물고기를 잡아먹기 때문에 쉽게 눈에 띄지 않는다.

사전에서는 "드렁허릿과에 속하는 민물고기. 한자어로는 선鱓 혹은 선鱔이라 한다. 『향약집성방』에서는 "선을 우리말로 동을람허리冬乙藍虛里라 한다"고 했고, 『훈몽자회』에서는 "드렁허리 선鱓이라 하고 선鱔으로 쓰기도 한다"고 했다. 경상도에서는 두렁허리라 한다. 그런데 『우해이어보』에서는 바다에 사는 물고기의 한 종류로 소개하고 있다.

용서는 선이라 부르는 드렁허리와 비슷하다. 드렁허리는 민간에서는 선어鱔魚라고 하고 경기 지방에서는 웅어熊魚라고 한다. 그리고 호남의 서남해안에서 농요어壟腰魚라 한다. 드렁허리는 도마뱀과 같이 안개를 뿜어낼 줄 안다. 그래서 이곳 사람들은 용서龍壻 즉 '용의 사위'라고도 하고 혹은 해석척海蜥蜴, 즉 '바다도마뱀'이라고도 하고 혹은 해선海鱔 '바다드렁허리'라고도 한다. 매일 해가 뜰 때에 한 줄기 파란 안개가 바다에서 생겨나 하늘하늘 위로 곧게 올라가는데 이것은 바다드렁허리가 안개를 뿜어낸 것이다. 바다드렁허리는 드렁허리에 비하면 옅은 금색이 있다. 어부들이 매번 배를 띄울 때 드렁허리의 안개 줄기를 보면 길조吉兆라 여겼는데 대개 이무기의 종류라고 여기기 때문이다.

『우해이어보』의 이러한 설명으로 보면 바다에 사는 드렁허리가 따로 있고 일종의 이무기와 같이 안개를 뿜어내는 능력을 가졌다는 것이다. 이무기는 전설 속 상상의 동물이다. 사람들은 이무기가 지상에서 천 년을 보내면 용으로 변하여 하늘로 올라간다고 생각했다. 그러나 대부분의 용이 되지 못한 이무기는 심술궂어 홍수나 가뭄이 들게 하는 동물이라고 여겼다. 경상도 합천, 양산, 창원 등지의 기우제 민속을 보자.

이곳 사람들은 구름이 산꼭대기에 있는 바위굴에서 나온다고 여긴다. 이무기가 그 굴을 막으면 구름이 생기지 않아서 가뭄이 든다. 가뭄이 들면 사람들은 시끄러운 소리를 내는 각종 도구를 들고 산꼭대기로 올라가서 바위굴을 막은 이무기를 쫓아내고 연기를 피워 굴 안으로 불어 넣는다. 한참 뒤 그 연기가 다시 밖으로 나오게 되면 마중물처럼 그 연기를 따라서 비를 내리는 구름이 따라 나온다. 얼마 지나지 않아 비가 내린다. 바위굴을 막은 심술궂은 이무기의 이름을 깡철이라고 부른다.

한편 이무기는 용이 되지 못한 원한 때문에 심술을 부리다가 전설적 인물에 의하여 쫓겨나거나 죽임을 당하는 불행한 동물이기도 했다.

그런데 진해(진동)의 드렁허리는 이무기와 같은 종류이지만 파란 바다안개를 뿜어내는 존재이며 이 안개를 어부들은 길조로 여기니 심술 난 이무기와는 전혀 다른 이미지이다. 또한 드렁허리를 해석척海蜥蜴(바다도마뱀) 혹은 용서龍壻(용의 사위)라고도 한다는 기록이 있다.

예전 민간에서는 도마뱀이 비를 내리는 동물이라고 믿었다. 조선 세종 때에는 가뭄으로 인한 흉년이 끊이지 않았다. 세종은 이를 극복하기 위하여 세금 감면, 금주령, 죄수 사면, 궁궐 의례 간소화 등 온갖 노력을 하고 한강, 삼각산, 천제단 등에서 기우제를 지냈다. 또 호랑이 머리를 폭포나 강에 넣어 나쁜 용과 싸우게 했다. 그중 특이한 것은 경회루 못가에서 석척기우제蜥蜴祈雨祭를 지냈다는 것이다. 아이들에게 푸른 옷을 입히고 빈 물동이 안에 도마뱀을 가두어 두고 버드나무가지로 물동이를 두드리면서 "도마뱀아 도마뱀아, 구름을 일으키고 안개를 토하여 비를 주룩주룩 오게 하면 너를 놓아주겠다"라는 노래를 부르게 한 것이다. 도마뱀이 구름을 일으키고 안개를 토하고 비를 내리게 한다는 것은 상상 속 심상이었다.

일종의 용어사전인 『설문說文』에서 허신許愼은 "석척蜥蜴은 용龍과 그 기氣가 서로 통하므로 비를 빌 수도 있고, 올챙이와 같이 생겼으므로 우박을 토해 낼 수도 있다. 몸의 빛깔은 고정됨이 없이 하루에 열두 번씩 변하여 바뀐다 하니, '역易'이란 그 변하는 것을 취한 것이다"라고 하여 주역周易의 역易을 도마뱀 척蜴에서 그 어원을 찾기도 했다. 원래 역은 해와 달이 밤낮으로 번갈아 뜨는 것을 설명한 것이다.

한편 사람들은 드렁허리가 뱀과 비슷하여 싫어했다. 『난호어목지蘭湖漁牧志』에서는 『본초강목本草綱目』을 인용하여 "드렁허리의 일종은 뱀이 변한 것으로 이름이 사선蛇鱓인데 독이 있어 사람을 해친다"고 했으며, 『오주연문장전산고』에서도 드렁허리는 독이 있는 것으로 알려져 있어 먹기를 꺼렸고 먹으면 해를 입는다고 기록되어 있다. 그러나 『동의보감』에서 소개하는 드렁허리는 "성性이 대온大溫하고, 미감味甘 무독無毒하여, 습비濕痺를 다스리고, 허손虛損을 보하며, 번진藩唇을 다스리고, 부인이 산후에 임력淋瀝하여 혈기가 고르지 못한 것을 다스린다"고 했다. 우리와 이웃한 중국이나 동남아시아 여러 나라에서는 고급 요리 재료로 쓰이고 있으며 우리나라에서는 조혈제와 같은 약용으로 쓰이거나 일부에서는 정력제로 알려져 있기도 하다.

얼마 전까지만 해도 드렁허리는 환경오염 때문에 보기 힘든 물고기였다. 그러나 최근 들어 다시 환경이 좋아지자 영산강 유역과 낙동강 유역에서 드렁허리가 그 모습을 드러내기 시작했다. 신문에 농부들이 논두렁에 구멍을 곧잘 뚫어 물을 새게 하는 드렁허리 때문에 플라스틱 필름으로 논두렁을 막는다는 기사가 실리기도 했으니 일견 반가운 일이다. 김려는 바닷가에 아침 물안개가 피어나는 풍경을 <우산잡곡>에 그렸다.

아침햇살 영롱히 곱게 일렁일 때 / 만이랑 붉은 물결 자줏빛 유리 같네 / 홀연 그중에 핀 몇 줄기 푸른 안개는 / 아마도 드렁허리가 뿜어내었나 보다

이른 아침 피어오르는 물안개를 헤치고 노를 저어 가는 어부의 모습이 그림처럼 떠오른다.

옛날에는 봄도다리가 아니라 가을도다리였다

도다리도달어

삼월 하순, 우해 속의 양섬[양도羊島]으로 떠났다. 나무에 한창 물 올리느라 봄바람이 산들산들 불던 그런 날이었다. 고현리 선창에서 8시에 출발하는 배에 오르니, 송도로 가는 할머니 한 분과 중년의 아주머니 외에는 모두 우리 일행 일곱뿐이다. 송도에서 두 분이 내리자 뱃머리를 남쪽으로 돌려 얼마지 않아 양도 선착장에 닿았다.

양도는 진동면 고현리에 딸린 작은 섬으로 하늘에서 본 모습은 북서쪽을 꼭짓점으로 한 세모꼴이다. 마을은 섬의 동북쪽에 자리하고, 남쪽 황무실이라는 골짜기에도 몇 집이 더 있다. 우리는 선착장에서 그곳에 있던 손수레에 짐을 나눠 싣고 섬의 동쪽 방파제에 짐을 부렸다. 짐만 보면, 그날 양섬 주변에 있는 고기는 다 낚아 올릴 태세였지만, 실은 두어 분만 낚시를 했고, 다른 이들은 초춘의 양광을 맞으러 나온 상춘객이라 해야지 옳을 성싶다. 우리가 양섬에서 낚시를 시작했을 즈음이 음력으로 2월 4일 오전 9시가 채 못 된 때였는데, 바닷물이 거세게 밀고 들어와 해안도로 아래 바위 해안을 거의 다 삼키고 있었다. 두 명은 섬 동쪽 방파제를 포인트로 삼아 낚시를 드리운 채 어신을 기다렸고, 동행한 두 여성은 도다리쑥국을 기대하며 근처 볕 좋은 곳에 돋아난 쑥을 캤다. 모처럼 이 낯선 섬에서 남성과 여성으로서의 인류학적 역할에 충실하면서.

도다리는 『우해이어보』에 도달어鯱達魚라고 나온다. 담정은 "도다리 역시 가자미 종류다"고 했다. 그의 말대로 도다리는 가자밋과에 속하는데, 비슷하게 생긴 녀석들이 많아 늘 논란이 된다. 여기에 넙치까지 끼어들면 이들을 구분하기가 여간 어려운 게 아니다. 물고기를 좀 안다는 축에 드는 사람들이라면 좌광우도니, 삼삼둘둘이니, 이빨이 있느니 없느니 하면서 아는 체를 하겠지만 말이다. 그러나 이 글을 준비하면서 그게 그렇게 만만하게 분류될 만한 것이 아니라는 걸 알게 됐다. 우선 도다리라는 것조차 제 이름을 문치가자미에게 내주고 있으니 말이다.

지금 우리가 알고 있는 도다리는 꽤나 귀한 어종이 되어 자연산을 구하기 어렵다고 한다. 지난해 가을 끝자락에 고현 앞바다에서 꼬시락과 함께 낚은 녀석도 여러 자료를 비교해 봤더니 도다리가 아니라 문치가자미였던 것으로 확인됐다. 하지만 사람들은 대부분 이 녀석을 도다리라 부르고 횟집에서도 그렇게 팔고 있다. 봄에 한창 제철을 맞아 도다리쑥국에 들어가는 녀석이 바로 이 녀석이니 도다리 행세하는 문치가자미가 도다리 철을 봄으로 만들어 버린 셈이다. 이태원의 『현산어보를 찾아서』에는 문치가자미 말고도 흑산도 현지인들이 해풍대기[수접瘦鰈, 속명 해풍대]라 하는 돌가자미가 서해안에서는 도다리로 불린다고 했다. 그래도 이 녀석들은 자연산이니 봐 줄 만하다. 이 두 녀석과 더불어 도다리 행세를 하는 대표 어종이 가두리에 가

양섬 전경.

두어 키운 강도다리다. 봄철 횟집에서 도다리 횟감으로 내놓는 게 대부분 이 녀석인데, 도다리와 비슷하게 마름모꼴에 가깝게 생긴 몸통에 지느러미에 검은 띠가 있는 것이 특징이다.

도다리를 포함한 가자미목 가자밋과와 넙칫과의 가장 중요한 특징 가운데 하나가 바로 비목比目이라 한 눈의 위치이다. 『우해이어보』에서는 "눈이 나란히 붙었고, 등은 매우 검다"고 했다. 이것만으로는 가자밋과의 어느 것을 말하는지 알 수 없다. 비목이라 한 것은 변태 이후 눈이 한쪽으로 쏠리고, 배를 바다 바닥에 붙이고 생활하는 습성 때문에 눈이 등에 붙어 있기 때문이다. 그래서 예전부터 중국에서는 이 고기를 몸의 한쪽에만 눈이 있다고 여겨 비목어比目魚라 했던 것이다. 바로 이것이 전설 속의 외눈박이 물고기로 암수 두 마리가 함께 있을 때만 제대로 하나가 된다고 하여 비익조比翼鳥와 더불어 연인과 부부의 금슬을 상징했다. 종종 류시화 시인의 『외눈박이 물고기의 사랑』에서처럼 사랑 시의 소재가 되기도 했다.

담정은 이어서 "맛은 감미롭고 구워서 먹으면 더욱 맛있다. 이 물고기는 가을이 지나면서 비로소 살이 찌고 커진다. 큰 것은 3~4척이나 된다. 그래서 이곳 사람들은 가을도다리 혹은 서리도다리라고 한다"고 조리법과 크기, 제철 등에 대해 적었다. 그는 도다리를 구워서 먹는 것이 더욱 맛있으며, 요즘 우리가 도다리를 봄에 즐겨 먹는 것과는 달리 당시에는 서리가 내리기 시작하는 늦가을에 즐겨 먹었다고 말한다. 그것은 이 고기가 가을이 지나면서 비로소 살이 찌고 커지기 때문인데, 이즈음이 도다리의 산란철이라서 그렇다. 요즘이야 어족 자원을 보호하기 위해 알을 낳는 겨울에는 어로를 금하지만, 그때야 그럴 필요가 없었으니 살찌고 알찬 늦가을이 제철이었을 터이다.

최근 통영 주변 해역에 서식하는 도다리와 문치가자미에 대한 흥미로운 생물학적 연구 결과가 나왔다. 남가문은 이 연구에서 두 어종 모두 저서육식성어류底棲肉食性魚類로 도다리는 갯지렁이류, 단각류, 모래말미잘을 잡아먹고, 문치가자미는 단각류, 이매패류, 갯지렁이류를 주요 먹이 생물로 삼는다는 것이 거듭 밝혀졌다. 도다리의 산란기는 9~11월, 문치가자미는 11월~1월로 나타났다. 도다리의 최고 연령은 암컷 5세, 수컷 4세로 조사됐고, 최대 몸길이는 암컷 24.6㎝, 수컷은 그보다 1cm가 더 작았다. 이것은 담정의 기록과는 차이가 있다. 가장 다른 것은 몸길이로, 담정이 서너 자라고 한 것은 넙치(광어)에게서나 가능한 크기다.

국립수산과학원 수산생명자원정보센터에서 낸 자료에 의하면, 도다리와 문치가자미는 가자밋과에 속한다. 두 어종은 우리나라 전 연안과 일본 동중국해 등지의 모래와 갯벌로 이루어진 연안에 서식하며, 먹이 활동과 산란을 위해 얕은 연안에서 깊은 근해로 회유한다고 한다. 두 어종 모두 겨울

전후로 산란하고, 부화 후 1년에 10㎝, 2년에 17㎝, 3년에 21㎝까지 성장하며, 다 자란 성어는 30㎝ 정도인 것으로 알려져 있다.

몸통은 가자밋과의 생선이 다 그러하듯 납작하며, 가자미류에 비해 몸통의 평면이 마름모꼴에 가까운 것이 특징이다. 눈이 달린 쪽이 등인데, 마주 보는 방향에서 오른쪽에 몰려 있다. 등의 색은 흑갈색 반점이 흩어져 있어서 담정의 지적처럼 거뭇하거나 짙은 갈색이고, 배는 저서 생활을 하는 탓에 하얗다.

• 사진으로 보는 어류 해설 6

개불

개불목 개불과의 의충동물로 12월과 3~4월에 산란한다. 연안의 모래가 섞인 펄 속에 구멍을 파고 산다. 날것으로 먹으면 씹는 맛이 쫀득하고 단맛을 느낄 수 있어 주로 회로 먹는다. 11월부터 이듬해 2월까지가 제철이다. 수컷의 생식기를 닮은 모습 때문에 옛사람들은 강장제로 인식했고, 『우해이어보』에서도 음위에 효과가 있다고 했다.

숭어

숭어목 숭어과로 10~2월에 산란한다. 머리는 약간 납작하지만 몸 뒤쪽으로 가면서 옆이 납작해진다. 큰 눈은 잘 발달된 기름 눈까풀로 덮여 있다. 몸은 비교적 큰 둥근 비늘로 덮여 있는데, 여기서 패수어라는 이름이 비롯한 것으로 보인다. 턱의 양쪽에는 1줄의 융모치가 나 있다. 등은 암청색이고 배는 은백색을 띤다. 이 암청색이 승복인 치緇와 같아 치鯔란 이름이 붙은 것으로 보인다. 꼬리지느러미는 가숭어와 달리 제비 꼬리처럼 '<' 형이다. 우리나라 모든 연안에 서식한다.

매가리

매가리는 전갱이 새끼를 이른다. 성어는 농어목 전갱이과로 4~7월에 산란한다. 눈 주위로 기름 눈까풀이 발달해 있고, 측선에 모비늘이 발달해 있는 것이 두드러진 특징이다. 꼬리지느러미는 제비꼬리처럼 잘 발달된 '<' 형이며 꼬리자루는 잘록하다. 몸통의 등에는 벗겨지기 쉬운 둥근 비늘로 덮여 있다. 이곳 사람들은 주로 젓을 담아서 먹었는데, 담정은 "맛은 담백하고 달며, 젓을 담기에 가장 좋다"고 했다.

모치

모치는 숭어 새끼를 이른다. 『현산어보』에서 댕기리[등기리登其里] 보다 작은 녀석이 모치다. 숭어는 먼 바다에 나가서 산란하고 3월이 되면 연안으로 돌아온다. 산란 후 부화한 치어는 여름을 지나면서 몸길이가 20㎝를 넘게 되는데, 이 정도 자란 녀석이 모치나 모장이라 할 만한 것일 게다.

드렁허리

드렁허리과로 서해안의 강 인근 충적 평야에 주로 서식한다. 뱀이나 장어와 비슷하게 생겼지만 가슴지느러미와 배지느러미는 없고, 아가미는 공기 호흡이 가능한 구조로 변했다. 등 쪽은 황갈색이고 배 쪽은 주황색이다. 논이나 하천 등 진흙에서 살면서 논두렁에 구멍을 잘 뚫어 농부들이 좋아하지 않는다.

도다리

가자미목 가자미과로 가을에서 겨울 사이에 여러 차례 산란한다. 우리나라 전 연안의 수심 100m 미만의 모래나 개펄 바닥에 붙어서 헤엄쳐 다니며 작은 연체류와 갑각류, 갯지렁이 등을 먹고 산다. 흔히 봄철에 도다리라 알고 먹는 종은 문치가자미나 양식산 강도다리가 대부분이다. 옛날에는 도다리 하면 가을에 먹던 대표 어종이었다.

물에서 나는 더덕

미더덕

2013년 3월 27일 수요일

날씨 맑고 햇살 좋음

기온은 쌀쌀하나 바람은 잔잔함

이날은 김려의 『우해이어보』 배경이 되는 진동으로 첫 현장 답사를 다녀온 날이다. 아침 10시경 진동면 고현 부두에 도착했다. 오가는 사람은 보이지 않았다. 다만 부두 한쪽에 정박한 검은 차광막으로 덮인 몇 척의 바지선에선 숨구멍으로 보이는 굴뚝으로 파란 연기가 몽글몽글 피어나고 있었다. 아무도 없는 바닷가에 혼자 섰으니 머리 위 하늘에 하염없이 흘러가는 흰 구름처럼 막막했다. 어디에서부터 어떻게 시작해야 좋을까. 일단은 누구든 붙잡고 매달려야겠다는 생각에 이리저리 사람을 찾아다니다가 마침 배에 기름을 채우고 있는 한 어부를 만났다. 그는 드럼통 기름을 호스로 연결하더니 이내 입으로 호스를 빨아 기름을 배의 저유조로 당겨 넣고 있었다. 너무 바쁜 것 같아 걸 인사만 하고 한참동안 말없이 바라만 보고 있으니 오히려 배 주인이 궁금했던지 먼저 말을 걸어왔다.

> "뭐하는 사람이요?" "아예, 이 동네에서 나는 고기가 어떤 게 있는지 좀 물어보려고 왔습니다." 주인은 퉁명스럽게 대답한다. "고기는 무슨 고기요, 지금은 미더덕만 나지 고기는 거의 씨가 말라서 없소." "근데 미더덕 하는 사람은 안 보이네요." "저기 연기 나는 데가 전부 미더덕 깐다고 저라고 있는 기라. 그래서 안 보이지." "아, 그렇습니까! 미더덕은 옛날부터 여기 있었습니까?" "있기는 있었지 뭐. 여기 갯바닥에 많이 있었는데 잘 안 먹었어. 작고 먹을 게 없어서 그것도 지금처럼 먹는 것도 아니고 껍데기째로 잘라서 먹응께 질기고 먹을 것도 없지 뭐 (…) 먹을 줄도 몰랐고…." "그러면 미더덕 양식은 언제부터 했습니까?" "한 30년 넘게 됐나? 일찍 한 사람은 그보다 몇 년은 더 됐고 (…) 지금은 전신에 미더덕한다고 난리다. 저기 영어조합 있제 저기 미더덕 조합이라. 전부 저리 가지고 가서 공동으로 출하하는 기라." "아 예…."

이 대화를 정리하면 "예부터 진동 갯벌에는 미더덕이 많았다. 그렇지만 지금처럼 까서 먹는 방법을 몰라서 껍질째 4등분으로 잘라서 된장국에 넣어 먹는 것이 전부였으나 질겨서 그것도 잘 먹지 않았다. 그러다 1970년대 후반에 미더덕 뿌리 쪽의 껍질을 까서 먹는 방법이 개발되면서 미더덕의 수요가 급증하게 됐고 비로소 양식을 하게 됐다. 지금은 진동 일대에 미더덕 양식을 많이 하고 다른 양식업 등으로 바다가 황폐화되면서 다른 물고기도 많이 없다"는 것이다.

필자가 어릴 때, 즉 미더덕 양식을 갓 시작했을 때 미더덕의 가격은 쌀값과 비교할 수 없을 정도로 낮았다. 어느 날 마산어시장에 다녀온 할아버지가 쌀 한 되 가격으로 미더덕 한 가마니를 사 오신 적도 있었다. 창원 분지 안에 있었던 고향집과 마산어시장은 불과 20리 거리였지만 걸어서 다녀야 했기에 반찬용 물고기를 사기 위해서 어시장까지 직접 나가는 일은 드물었다. 다만 함지에 생선을 담아서 머리에 이고 다니면서 파는 생선장수 아주머니에게 몇 마리씩 사서 반찬을 하곤 했다. 그러나 보리타작, 모내기, 가을걷이를 할 즈음에는 품앗이꾼들을 위한 반찬거리를 마련하기 위해 직접 어시장으로 나가서 생선을 한 상자씩 사오곤 했다.

이때도 아마 봄 농사철이었을 것이다. 할아버지가 사 온 미더덕을 일단 마당에 풀어놓았는데 아무도 껍질 까는 방법을 몰랐다. 모두 망연자실하고 있을 때 마침 생선 장수가 들렀다. 생선 장수 등에는 햇살에 까매진 어린 젖먹이가 더위에 지쳐 포대기 너머로 곧 빠져나올 듯이 허리를 젖히고 위태롭게 잠자고 있었다. 생선 장수는 여린 새댁이었다. 그녀는 생선 값으로 돈을 주면 제일 좋아했고 쌀이나 보리로 줘도 받았고 외상을 했다가 추수 때 곡식으로 셈하기도 했다. 지금 생각하면 앳되고 여린 새댁이 하루 종일 아기를 업고 생선함지를 이고 곡식 보따리를 어깨에 걸고 어떻게 그리 온종일 걸어 다녔는지 애처롭기만 하다. 그래서인지 할머니는 늘 넉넉하게 생선 값을 쳐줬고 그 생선 장수는 자주 집에 들렀다.

집으로 들어선 생선 장수는 미더덕을 보고 놀라며 뭐 하러 이렇게 많이 사왔느냐고 핀잔 아닌 핀잔을 줬다. 미더덕 까는 방법을 묻자 작은 칼을 잘 갈아 오라고 한 뒤, 앉아서 미더덕 뿌리 쪽을 뱅글뱅글 돌리면서 과일 껍질

까듯이 깎기 시작했다. 할머니와 어머니도 금방 따라 하긴 했지만 속껍질을 터뜨려 물이 튀어나오기 일쑤였다. 그날 이웃 사람들까지 모이는 바람에 고향집은 미더덕 까기 경연 대회장이 됐다. 다음 날 이웃 아침 반찬은 집집이 미더덕 된장국이었다. 그날 낮에 만난 이웃들마다 미더덕을 맛나게 잘 먹었다며 인사했고 급하게 먹다 입을 죄다 데었다는 말들도 했다.

미더덕이라는 이름은 물+더덕으로 알려져 있다. 물은 여러 음으로 변형되는데 미나리, 무지게, 몰밤, 말밤 등에서 앞에 붙은 'ㅁ+모음'은 모두 '물'이다. 즉 물에서 나는 더덕 모양의 생물, 즉 물더덕이라는 의미이다. 현재 창원시 진동 미더덕은 전국 미더덕 생산량의 70%를 차지한다. 남해안 진동만의 청정 해역에서 자연의 혜택을 물씬 받으면서 자라 향이 독특하면서 입안으로 퍼지는 맛이 일품이다. 게다가 '미더덕'은 노화 예방 성분과 항암 효과, 성인병 예방에 탁월하고 동맥경화, 고혈압 및 뇌출혈의 예방에도 아주 좋다는 학자들의 논문이 발표되면서 미더덕은 전국적으로 인기를 누리게 됐다.

미더덕은 불과 2000년대 이전까지만 하더라도 다른 지방에는 잘 알려지지 않았던 바다 생물이었다. 반면 창원 일대에서는 봄철이면 미더덕 찜, 미더덕 무침, 냉이 미더덕 된장찌개 등으로 요리되어 애용됐다. 최근에 미더덕이 전국적으로 보급되고 인기가 폭발적으로 높아지자 미더덕 요리도 다양해졌다. 미더덕 영어조합營漁組合에서는 미더덕 젓갈 및 미더덕 내장을 가공한 덮밥을 특허를 내면서 요리법이 더욱 다양해진 것이다. 진동에서는 해마다 미더덕 축제를 개최한다. 행사 내용 중 전통놀이를 계승한 낙화놀이가 일품이다.

한편 미더덕과 비슷한 모양으로 생긴 것으로 돌미더덕 혹은 오만둥이라는 생물도 있다. 미더덕처럼 속에 물이 많지 않고 껍질이 두꺼우면서 부드러워 미더덕보다 오만둥이를 선호하는 사람도 더러 있다. 오만둥이는 아무 데나 들어붙는다는 뜻으로 경상도 말로 '오만 데에 다 붙는다'고 한다. 돌미더덕, 주름미더덕, 오만디, 오만득이, 만득이 등으로도 불린다. 요리는 미더덕과 같으며 맛도 엇비슷하지만 식감이 훨씬 두텁고 부드럽다.

미더덕

망미더덕과로 무척추동물이다. 황갈색의 울퉁불퉁하고 딱딱한 외피가 있고 긴 자루가 있어 바위나 돌에 들어붙는다. 우리나라 전역에 분포하는 것으로 알려져 있으나 지금은 대부분 남해안 마산 일대에서 양식으로 생산된다. 딱딱한 외피를 벗기면 머리 부분에 돌기가 달린 외피와 아랫부분의 붉은색을 띠는 내피만 남는다. 주로 회나 찜, 된장찌개 등으로 요리한다.

蟹
蛤
螺

갑각류와 패류

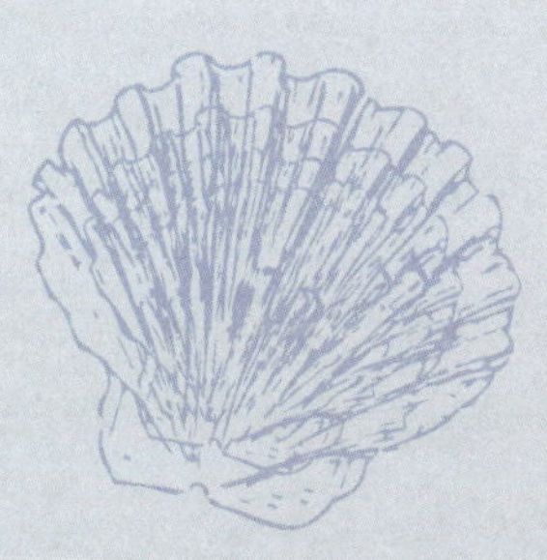

게 해

옛 문헌에서는 게를 해蟹 자로 쓰기도 했지만 『현산어보』 같은 책에는 해蟹 자와 함께 궤跪 자로도 적었다. 바로 참게를 한자의 뜻과 소리를 빌려 진궤眞跪라 한 것이 그런 사례다. 게를 궤라 한 것은 남송南宋 사람 나원(1136~1184)이 쓴 『이아익爾雅翼』에 "게는 다리가 여덟 개에 집게발이 두 개다. 여덟 개의 다리가 굽어져 무릎을 꿇은 형태를 하고 있으므로 궤라 한다"고 밝혔다. 우리나라에서는 개介라고 적기도 했는데, 『현산어보』에서 갑각류와 패류를 개류介類로 분류한 데서 그런 사례를 볼 수 있다.

옛 문헌에는 게의 특징으로 갑甲으로 묘사된 단단한 껍질과 옆으로 가는 것을 주로 묘사했다. 이런 특이한 보행법은 일찍이 『주례』의 고공기에 "옆으로 가는 것이 게의 한 습성이다"라고 한 것이 시초였다. 이와 같은 게의 보행 특성에 빗대어 옆 방旁 자를 써서 방해旁蟹라거나 횡행개사橫行介士라 의인화해서 부르기도 했다. 또한 후위後魏의 장읍張揖(220~265)이 쓴 『광아廣雅』 같은 책에는 암수를 구분하는 방법을 소개하면서 "대개 배꼽[배마디]이 날카로운 놈이 수놈이고, 배꼽이 둥근 놈이 암놈이다"고 적었다. 이렇듯

안중식,「어해도」, 수묵담채, 30×31㎝, 개인.

위의 자료들만 보더라도 게의 이름이 비롯한 바와 생태적 특성을 파악할 수 있다. 게를 이르는 한자어 해蟹는 게의 생태를 잘 드러내고 있는 글자다. 게가 초가을쯤에 허물을 벗기에 벌레 충虫 자에 풀 해解 자를 조합한 회의문자를 만들었다.

『우해이어보』를 저술할 당시 사람들은 게를 구워서 먹기도 했다는데, 서유구(1764~1845)의 『임원경제지』「정조지鼎俎志」에 그 요리법이 실려 있다. 게 굽는 방법을 소개한 「자해방炙蟹方」에 "해황蟹黃(게 배 속의 누런 내장)을 기름장과 재료들로 잘 섞는다. (살펴보니, 『증보산림경제』에는 생강, 파, 후춧가루, 계란 노른자를 고루 섞어서 녹두가루를 조금 넣거나 밀가루를 고루 섞는다고 했다.) 이를 잘 자란 대나무 통에 담고 삶아 내어 조각으로 썰어 구워 먹는데, 계란이나 오리알 굽는 법과 같다"고 했다. 이 조리법에 따르면 게딱지에서 긁어낸 해황을 갖가지 재료와 기름장으로 고루 섞어서 대나무 통에 넣어 쪄낸 다음, 조각내어 다시 구워서 먹었다는 이야기니 재현해 보고 싶을 만큼 썩 괜찮은 음식이지 싶다.

대게 자해

대게는 담정이 『우해이어보』를 쓴 19세기 초반만 하더라도 우해를 비롯한 남해안에서도 두루 잡히던 수산자원이었다. 하지만 지금은 함경북도 연안의 냉수대에서부터 울릉도와 독도 근해, 울진(죽변, 후포), 영덕(강구, 축산), 포항(구룡포), 울산(정자) 등에서 주로 잡힌다. 이런 사실은 당시와 지금의 해양 환경에 큰 차이가 있음을 가리키고 있는 하나의 지표로서 『우해이어보』에 실린 대게와 청어가 잡히던 시기에는 그즈음의 해양 환경이 소빙기小氷期였음을 일러 주고 있다.

『우해이어보』에는 대게를 붉은 게, 자해紫蟹라는 이름으로 소개하고 있다. 자해는 『조선왕조실록』과 『신증동국여지승람』에도 같은 이름으로 나오는데, 그 까닭은 몸빛이 붉기 때문이다. 달리 대게를 죽해竹蟹나 죽촌竹寸으로 불렀고, 다리의 마디가 여섯이라 죽육촌竹六寸이라고도 불렀다. 그러나 실제 다리를 떼어 보면, 네 마디뿐인데 짧은 두 마디는 몸통에 붙어 있다. 달리 몸집이 커서 대해大蟹, 발〔다리〕을 강조하여 발게라 부르고 발해拔蟹로 적기도 했다.

담정은 게를 갑충甲蟲이라 했는데 갑옷처럼 단단한 껍질로 무장하고 있는 모습이 그리 보인다. 그래서 지금도 게들을 갑각류甲殼類라 하는 것이다. 그는 "대게는 갑각류〔갑충〕 중에서 가장 크다. 큰 것은 그 껍질에 수십 곡〔斛, 10말〕을 담을 수 있다. 이런 게는 낚시나 그물로 잡을 수 없다. 이곳 사람들 말로는 거대한 게는 천 년마다 껍질을 벗는데 그 껍질이 왕왕 바닷가로 떠올 때가 있다. 뱃사람들은 그것을 주워서 지붕에 덮는다고 한다. 그러나 내가 바닷가의 갑각류들을 살펴보니 모두 일 년에 한 차례 껍질을 벗는다. 게도 역시 그러할 것이다. 그러므로 천 년에 한 번 껍질을 벗는다는 말은 신비롭게 여겨 꾸며 낸 말일 것이다"고 했다.

살찐 게 구하는 법

게는 그믐사리에 잡은 녀석이 살집이 많아 맛있다. 그것은 밤에 먹이 활동을 하는 녀석의 습성 때문이다. 달이 밝은 보름이면 녀석을 노리는 천적을 피하기 위해 며칠 동안 굶으면서 활동을 하지 않는다. 그래서 이즈음 잡은 게는 살이 없다. 흔히 실속 없는 사람을 일러 "보름게 잡고 있네"라 하며 빈정대기도 한다. 대저 모든 게의 습성이 그러하니 게를 구할 때는 보름 무렵을 피할 진저.

담정의 말대로 대게의 크기나 탈피 횟수는 과장된 것이 분명하다. 게와 같은 갑각류는 껍데기가 신축성이 없기 때문에 등딱지를 벗어야 성장하게 되는데, 성체가 된 대형 종은 담정이 관찰한 바와 같이 한 해에 한 번 껍질을 벗는다고 한다. 그렇지만 그 크기는 아무래도 과장이 심하다. 실제 어시장에서 관찰한 대게 가운데서 크다는 러시아산도 등딱지가 어른 주먹보다 큰 것은 거의 찾아볼 수 없었다.

이어서 "그렇지만 그 껍질이 바닷가로 떠온다는 것은 분명하다. 지금 영남의 바닷가 집들은 섬에서 주운 게 껍질로 소금 집과 밭의 잡卡이나 주점의 임시 집을 덮는다. 돔과 같은 지붕은 마치 기와집과 같은데, 그 안에 오륙 명이 들어갈 수 있다. 잡은 이곳 사람들이 시렁을 걸어서 만든 집을 부르는 이름이다"고 대게의 등딱지를 지붕을 덮는 건축재로 이용한 특이한 사례를 소개하고 있다.

계속해서 재밌는 이야기를 전하는데, "또 다른 한 종류로 자해紫蟹가 있는데 온몸이 붉은 자주색이며 크기는 장독만 하다. 배 속에 창자는 없고 온통 물고기와 새우, 소라, 다슬기, 모래와 돌뿐이다. 게 껍질에는 거의 일고여덟 말을 담을 수 있다. 그 넓적다리와 집게발은 살이 찌고 맛있어서 이곳 사람들은 포脯를 만든다. 색깔도 선홍빛으로 예쁘고 맛은 달고 연하니 참으로 진품이다. 이곳 사람들 말로는 큰 게 한 마리에서 포를 만들면 수십 쪽을 얻는다고 한다"고 했다. 크기와 배 속에 든 포식의 증거 등은 믿기 어렵지만, 게 다리와 발에 든 살로 포를 만들어 먹었다는 말이 매우 흥미롭다. 게살을 발라 포로 만들어 요즘의 게맛살처럼 안주로 즐겨 먹었던 듯한데, 지금에라도 되살리고 싶은 음식이다.

<우산잡곡>에는 진남문鎭南門(당시 진해현의 남문) 밖 주점에서 옻칠소반에 게살로 만든 포를 담아 안주로 내오는 모습을 그리고 있다.

진해 남문 밖에 있는 두 군데 화류 거리 / 거리 입구 초가집엔 집집마다 술집 간판 / 새로 온 예쁜 아가씨 고운 흰 손으로 / 검은 소반에 대게 살 담아 내온다

지금 그곳은 진동시장이 들어선 자리로 예나 지금이나 그 쓰임은 비슷하건만, 주패를 내건 술집도, 소반 가득 포를 담아 술상 내오던 손 하얀 처녀도 이제는 없다.

참게 거등해

이 녀석은 간장을 넣고 게장을 담가 먹는 대표 종이다. 담정은 『우해이어보』에서 당시 "이곳 사람들이 게장을 담글 수 있는 게를 참게[진해眞蟹]라 한다"고 했다. 거등해苣藤蟹라는 표기에서 거등은 참깨의 한자말이고 해는 게를 이른다. 거등해는 참게를 적기 위해 한자의 뜻을 빌려 적다 보니 '역전앞'처럼 표기되고 말았다. 담정은 "참게는 동서남북 모든 바다에 있다. 이 가운데 집게발에 털이 없고, 맛이 더욱 좋은 것이 참게다"고 했다. 그러니 이는 민물에서 사는 집게발에 털이 달린 그 참게와는 다른 녀석임을 분명히 했다. 『현산어보』에도 참게가 나온다. 거기 나오는 녀석은 민물에 사는 놈인데, 실제 이름도 천해川蟹라 했을 정도로 서식 장소를 그대로 드러내고 있다. 이 책에서 천해의 속명이 진궤眞跪라 했는데, 이는 참게를 한자의 뜻과 소리를 빌려 그리 적은 것이다.

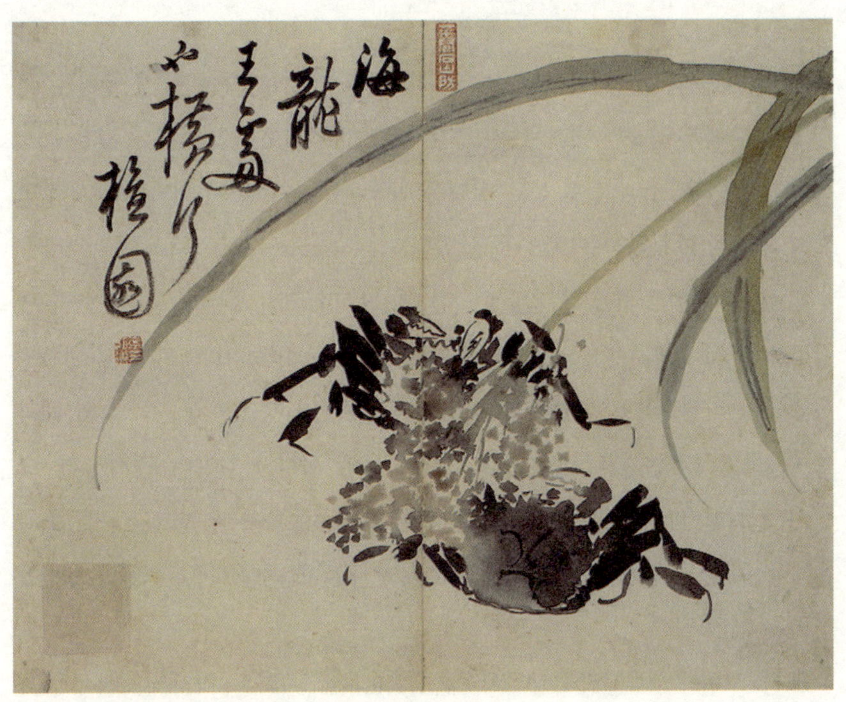

김홍도, 「해탐노화도」, 지본담채, 23.1×27.5㎝, 간송미술관.

『전어지』에 참게 잡는 법으로 두 가지를 소개했다. 하나는 낚시로 잡는 구해법이고, 다른 하나는 굵은 끈에 수수이삭을 매달아 잡는 현촉서포해법이다. 참게의 효능에 대해 『동의보감』에 "참게는 가슴속에 맺힌 열을 주로 다스리고, 위의 작용을 다스려 먹은 것을 소화하고, 옻독으로 생기는 급성 피부병을 치료하며, 산후에 배 아플 때와 피가 내리지 않는 증세를 다스린다"고 했다.

단원 김홍도(1745~?)의 <해탐노화도蟹貪蘆花圖>에 나오는 게가 참게다. 제목은 그림처럼 '게가 갈대꽃을 탐하는 그림'으로, 게 두 마리가 갈대꽃을 붙들고 매달려 있는 모습을 그린 것이다. 으레 이런 그림에는 재밌는 사연이 있기 마련이다. 그림에 나오는 갈대의 한자는 노蘆 자인데, 이 글자는 과거 급제자에게 임금이 내려 주는 고기인 려臚 자와 중국어 발음이 같은 데서 착안한 것이다. 소리 값이 같은 갈대를 악착같이 붙들고 늘어지는 게처럼 반드시 과거에 합격하라는 축원을 담았다.

오주석의 『한국의 美 특강』에 실린 해설에 따르면, 게는 딱딱한 게딱지인 갑甲을 가진 갑각류이니 합격의 순서에서도 갑을병정甲乙丙丁의 첫 번째인 장원을 하라는 의미를 담았고, 나아가 게를 두 마리 그린 것은 소과와 대과에 다 합격하라는 의미라고 한다. 옛사람들의 정서가 얼마나 근사한가. 요즘은 입시철이면 엿에다 집게 등을 건네며 입시생들을 성원한다. 이것조차 시대정신이라면 어쩔 수 없지만, 새로운 방향을 모색하고 있다면 이 그림을 전하는 건 어떨까.

또한 그림에 "해룡왕처야횡행海龍王處也橫行"이라는 화제가 있는데, 그 뜻은 "바다 용왕이 계신 곳에서도 게걸음 포기하지 말고 소신껏 횡행橫行하라"는 의미를 담았다. 비록 용왕이 있는 자리라 하더라도 눈치 보지 말고 소신껏 행동하라는 뜻이다. 불현듯 이 그림 속의 게가 공천 때문에 이 눈치 저 눈치 보는 요즈음 정치인들에게 "나처럼 소신 행보하라고 전하라"고 일갈하는 듯하다.

돌방게 석팽

『우해이어보』에서 "진해현 사람들은 게 가운데서 가장 작은 것을 방게[팽해蟛蟹]라 한다"고 했다. 그 이름에 들어 있는 '돌'이 작다는 뜻이니 그리 볼

김익주, 「메기」, 『초충영모어해산수첩』, 견본채색, 30.9×27.0㎝, 국립중앙박물관.
민화에서 메기는 입신출세立身出世, 게는 출처지의出處之義의 상징이었다.

수 있겠다. 우리말에서 돌복숭, 돌배, 돌콩 등에서 보듯 돌은 작다거나 가치가 떨어진다는 의미로 쓰인다. 마지막의 돌콩은 오죽했으면 그렇잖아도 작은 콩에 돌을 붙였겠는가. 어릴 때 작은 아이가 대들 때, "돌콩만 한 게 까분다"고 면박을 주곤 했다. 담정은 이 녀석을 "맛이 좋지 않아서 젓을 담가도 맛이 없다"고 했다. 그렇지만 지금은 주로 조림이나 튀김 또는 게장으로 담가서 먹는다.

『한국해양무척추동물도감』에는 녀석에 대해 "우리나라 전 해역에 분포하며, 보통 하구에서 기수역의 상한까지 제한적으로 서식하며, 제방이나 갈대숲 또는 습지에 구멍을 파고 산다. 많은 경우 수천 마리의 개체가 무리를 이루지만 사람의 기척이 있으면 곧바로 구멍으로 숨어 버린다. 갑각과 걷는 다리는 암갈색이고 집게 다리의 손바닥은 옅은 황색이다"고 했다.

왕밤송이게 마분해

녀석의 이름을 한자의 뜻으로만 풀면 말똥게가 된다. 그래서 한문학자인 박준원은 『우해이어보』 번역본에서 글자의 뜻에 충실해서 녀석을 말똥게라 풀었다. 그런데 말똥게는 몸통에 털이 없고, 서식 환경도 하구 근처의 풀숲이나 둑에 큰 구멍을 뚫고 살며, 종종 논둑에 구멍을 뚫어 피해를 주기도 하는 다른 녀석이다. 담정은 녀석의 이름이 "배 속에는 말똥과 같은 살이 있다"고 한 데서 비롯한 것으로 봤다. 이어서 "맛은 있지만 조금 써서 이곳 사람들은 모두 익혀 먹는다[자식煮食]"고 했다.

녀석은 몸에 털이 많아 남해안 일원에서는 털게라고도 하는데, 털겟과에 속하기 때문에 전문가가 아니라면 가려서 말하기 어렵다. 정식 명칭은 왕밤송이게이고, 사실 털게라는 녀석은 동해의 고성 앞바다에서 많이 잡히는 게이니, 서로 다르지만 요즘 사람들은 엄밀하게 구분하여 말하지는 않는다. 당시야 지금보다 사정이 좋았겠지만 지금은 이 녀석도 무척 귀한 몸이 됐다. 먹는 법은 담정이 일러준 대로 요즘도 쪄서 먹지만, 남해 사람들은 된장찌개로 끓여 별미로 즐긴다고 한다.

『한국해양무척추동물도감』에는 녀석의 생태적 특성을 "남해 동부와 동해 남부 해역에 분포하며, 조하대에서 수심 50m까지의 모래 또는 돌이 많은 모래 바닥이나 해조 밭에 서식한다. 살아 있을 때는 황갈색 바탕에 자갈색의 점무늬가 흩어져 있다"고 했다. 실제 다 자란 녀석의 몸통은 사각형의 갑각이고, 등은 짧은 강모와 잔가시로 덮여 있는 것이 특징이다. 이러한 특징은 털겟과에서 공통적인 것이며, 그 때문에 털게와 왕밤송이게를 제대로 구분하지 않은 채 부르고 있는 것이다.

하지만 두 녀석은 엄연히 다르다. 몸통 색깔과 게딱지 모양도 다르고, 서식 환경도 판이하다. 왕밤송이게는 대마 난류의 영향을 받는 남해 동부에서 동해 남부 해역에 주로 살고, 털게는 물이 찬 동해에 산다. 이런 서식 환경의 차이에 따라 체형과 체색이 다른 것으로 보이는데, 왕밤송이게는 게딱지가 오각형이고, 털게는 가운데가 넓은 말각방형이다. 체색 또한 왕밤송이게는 황갈색 바탕에 붉은 기가 도는 갈색 또는 보라색 돌기가 돋아 있고, 털게는 몸 색깔이 분홍색이고 털 색깔은 갈색 기미를 띠는 점이 다르다. 왕밤송이게라는 이름은 털게처럼 몸통 전체에 털이 빼곡하게 나 있고, 게딱지가 커다란 밤송이처럼 생겼기 때문이다.

『우해이어보』에는 실렸지만, 지금은 우해와 그 근처 바다에서는 나지 않는다. 아마 녀석의 서식 환경이 망가졌기 때문일 것이다. 지난봄 소포에서 만난 늙은 어부는 우해 앞바다에 양식장이 들어서고 나서부터 해조가 사라지기 시작하더니 바닷속 환경이 급격하게 바뀌기 시작했다고 한다. 그전까지 그렇게 많던 해조류가 사라졌으니 녀석들의 먹잇감인 모자반 등속도 없어졌을 터이다. 이곳 남녘 물가에서는 녀석들의 먹이 습성 때문에 이 왕밤송이게를 달리 몰게 또는 몰자반게라고도 부른다. 그 정도로 모자반 같은 해조를 즐겼다는 말이니 바다 환경의 악화로 먹을거리가 사라진 곳에서는 그들도 더 살 수가 없었을 것이다. 지금 우해와 가까운 바다에서 녀석이 포획되는 곳은 그나마 바다 환경이 나은 사천, 통영, 남해 정도뿐이다. 녀석을 제대로 먹을 수 있는 때는 게딱지가 제대로 여물지 않은 3월 중순에서 4월 중순까지인데, 이때가 가장 달고 맛있다고 한다.

내가 녀석을 안 건 얼마 되지 않는다. 지지난해(2015)이던가, 평소 잘 알고 지내던 기자들과 마산어시장에 있는 어느 횟집에서 가진 저녁 모임에서였다. 남해가 고향인 동갑내기 기자가 추천한 곳이었는데, 거기서 바로 쪄 내온 녀석을 처음 맛볼 수 있었다. 생긴 것과 달리 뼈도 그리 딱딱하지 않아서 게딱지를 빼고는 모두 씹어 먹었는데, 지금까지 먹어 본 꽃게나 대게, 홍게 등과는 또 다른 식감이라 좋은 기억으로 남았다. 그러다 올봄에 또 그분들과 다른 횟집을 찾은 적이 있는데, 주인은 미리 사서 수족관에서 해조를 먹여 키운 녀석을 내놓았다.

달랑게 백월

담정은 녀석의 특징을 "게와 비슷하지만 색은 온통 희다. 크기는 참게와 같다. 흙냄새가 난다. 이곳 사람들은 흰게라고 부른다"고 했다. 크기가 참게와 같고 몸이 흰색인 게라면 달랑게를 부르는 것으로 보인다. 여기서 몸빛이 희다고 한 것은 모래 색과 비슷한 밝은 미색을 그리 본 것일 게다.

달랑게는 갑각의 크기가 2㎝ 정도밖에 되지 않는 작은 녀석이다. 주로 서식하는 장소는 조간대 위쪽 모래 바닥이다. 그 이름에서 느껴지듯 사람이

다가가면 재빨리 구멍 속으로 숨는다. 녀석은 먹이 활동 흔적을 서식지 근처에 남기는 것으로 유명하다. 모래 위에 사는 규조류를 섭취하기 위해 작은 집게다리로 모래를 입에 넣어 걸러 내고, 남은 모래를 작은 경단 덩어리로 만들어 내뱉기 때문이다. 이런 습성 때문에 영어로는 Sand crab이라고 한다. 그런데 이 작은 모래 경단이 자연계의 기적을 만들어 내기도 한다. 규조를 흡입하고 내뱉은 정제된 모래가 바람에 날려 사구砂丘[모래 언덕]를 만들기 때문이다. 남해에는 이런 사구의 발달이 현저하지 않지만 동해와 서해에서는 쉽게 관찰되곤 한다. 이 가운데 강원도 양양 오산리 바닷가의 사구에는 먼 신석기 시대 사람들의 마을이 발굴되어 사구를 취락으로 이용한 사례가 오래됐음을 알 수 있다.

꽃게 거치해

담정은 녀석의 특징을 "껍질은 얇고 붉은 색이다. 몸은 둥글고 양쪽 모서리는 약간 날카롭다. 껍질의 네 모퉁이에 뾰족한 부분이 있어서 마치 톱니 같기 때문에 이런[거치鋸齒라는] 이름이 붙었고, 이곳 사람들은 맛이 좋다고 한다"고 했다. 여기서 제시된 특징 가운데 몸통 양쪽 모서리가 날카롭고, 몸통 가를 둘러싼 톱니와 같은 날카로운 가시, 좋은 맛 등의 특징을 잘 갖춘 게라면 누구라도 꽃게를 떠올릴 수밖에 없을 것이다. 녀석의 이름 거치해는 몸통을 둘러싸고 있는 톱니처럼 돌기한 가시에서 비롯한 것이다.

그러나 담정의 기록과는 달리 몸빛은 익히지 않은 상태에서는 갈색 또는 녹색을 띤 갈색이다. 아마 그가 붉다고 한 것은 익힌 상태의 색을 표현한 것 같다. 한자로는 꽃 화花 자에 게 해蟹 자를 써서 화해花蟹라고도 한다. 박수현은 『바다 생물 이름 풀이사전』에서 꽃게는 다른 게에 비해 껍데기가 윤이 나고 예쁘게 보여서 그런 이름이 붙었다고 한다. 그러나 녀석의 게딱지 양쪽으로 꼬지를 꽂듯 튀어나온 돌기를 특징으로 삼아 곶 곶串 자와 게 해蟹 자를 써서 곶해串蟹라고도 썼으니 박수현의 이 이야기는 달리 생각해 볼 여지가 있어 보인다. 서식지는 서해와 남해에 걸쳐 있지만 지금은 주로 서해에서 많이 잡힌다. 지난 소포리 취재에서 예전에는 우해 지역에서도 많이 났는데 지금은 나지 않는다는 이야기를 들었다.

꽃게는 대개와 더불어 각각 봄과 가을에 미식가들을 유혹하는 대표적인 바다 생물이다. 둘 다 크기와 맛에서 다른 게들을 압도하는데, 수입산 게들이 들어오기 전에는 단연 우리 바다를 주름잡던 대표 종이었다. 늦은 가을에 동해에서 나는 대게와 홍게는 대개 쪄서 먹지만, 봄철 서해에서 나는 꽃게는 갖은 양념에 다른 해물과 함께 탕을 끓여 먹거나 콩나물을 아삭하게 익혀 맵싸하게 간을 해서 찜으로 먹기도 한다. 그러나 궁극의 미식가들은 대게처럼 쪄서 먹길 좋아하는데, 그것은 오로지 군더더기 없는 꽃게 그대로의 맛을 추구하기 때문이다. 이렇듯 많은 이들이 좋아하는 음식이다 보니, 얼마 전까지만 하더라도 봄철 서해에서는 한중 어부들의 꽃게 전쟁이 벌어지는 것이 일상처럼 되어 버렸는데, 올봄부터는 정부의 강경 대응으로 중국 어선들이 눈에 띄게 줄었다는 반가운 소식이다. 최

※ 갑각류는 모두 8종이 수록되어 있으나 그 가운데 이름을 알 수 있는 변편과 평상해를 제외한 6종에 대해 살펴봤고, 기존 번역에서 말똥게라 한 마분해는 왕밤송이게임을 밝혔다.

대게

『우해이어보』에서는 몸빛이 붉어 자해라 했고, 갑각류 가운데 가장 크다고 했다. 또한 게의 껍질로 지붕을 덮은 독특한 잡卡이라는 건축물을 소개했다. 넓적다리와 집게발은 살이 찌고 맛있어서 포를 만들어 먹는다고 했으니 지금 먹는 게맛살의 원조라 할 수 있다.

참게

당시 사람들이 간장게장을 담가 먹는 대표 종이라 참 진眞 자에 게 해蟹 자를 써서 참게라 했다. 그런데 집게발에 털 달린 민물 참게와는 다른 것임을 분명히 했고, 맛이 더욱 좋다고 했다. 또한 『동의보감』을 인용하여 가슴에 맺힌 열을 내리거나 위의 기운을 다스린다고 전한다.

돌방게

이곳 사람들이 가장 작은 게를 방게라 한다고 했고, 맛이 좋지 않아서 젓을 담가도 맛이 없다고도 했다. 그런데 요즘 사람들은 게의 껍질에 들어 있는 기틴이나 키토산 섭취를 위해 일부러 이렇게 작은 녀석만 골라서 튀기거나 조려서 통째로 먹기도 한다.

왕밤송이게

담정은 녀석의 배속에 든 말똥과 같은 살 때문에 마분해馬糞蟹라 했던 것 같으나, 말똥게는 생김새나 서식 환경이 다른 녀석이다. 몸통에 털이 많아 털게라고 잘못 알고 있는 경우도 많으며, 정식 명칭은 왕밤송이게다. 이 책에도 나와 있듯이 맛은 있지만 약간 써서 익혀 먹는다.

달랑게

『우해이어보』에서 몸통이 흰색이고 흙냄새가 난다고 했다. 사실 흰색이라 한 몸빛은 밝은 모래 색을 이른 것이고, 흙냄새를 이른 것은 모래 속의 규조류를 섭취하는 섭식 습관 때문이다. 달랑게가 먹이 활동을 하면서 뱉어낸 모래는 바람에 날려 사구를 만들기도 한다.

꽃게

등딱지 양 모서리와 몸통 외연의 톱니 같은 가시 때문에 거치해鋸齒蟹라 표기됐는데 주로 봄철에 먹는 꽃게를 이른다. 이 책에서 몸빛을 붉은색이라 했는데, 실은 갈색이나 녹색을 띤 갈색이다. 붉은빛은 이것을 익혔을 때 색소 단백질이 분해되어 비로소 나타나게 된다.

조개합, 백합

담정은 조개 편에서 "바닷가에서 잡히는 조개를 보면 그 수가 셀 수 없을 정도로 많다. 백합白蛤이라고 부르는 것이 제일 많은데 껍질 색깔이 모두 다르다"고 했다. 그의 말마따나 조개는 그 종류도 색깔도 다양하다. 그러나 당시로서는 백합이 가장 많다고 했으나 지금의 사정은 그러하지 못하다. 그가 말한 백합이 지금 우리가 특정해서 말하는 그 녀석인지 아니면 대체로 흰색을 띠는 조개를 포괄적으로 말하고 있는 것인지는 좀 더 살펴봐야 할 문제지만 말이다. 그가 말한 백합이 지금의 그 백합이라면 사정은 많이 달라졌다. 남해안에서도 사천 등 몇몇 특정 지역의 특산품으로 인식될 정도로 서식 환경이 제한되고 열악해졌으니 말이다. 이런 백합은 부산의 동삼동이나 통영의 상노대도 등의 신석기 시대 조개더미에서 그 유체가 출토됐을 정도로 아주 오래전부터 포획되어 식용됐다.

신석기 시대 이래로 조개더미에서 출토되는 조개는 굴, 백합, 바지락, 개조개, 꼬막, 피조개 등이며, 이른 시기보다 늦은 시기의 유적에서 그 종이 더 다양해진다. 연구자들의 견해로는 이런 조개들의 채집은 주로 겨울과 먹을거리가 부족했던 봄철에 집중된 것이라 한다. 지금으로부터 먼 선사 시대에 바닷가에서 이동성이 적은 조개와 같은 연체동물을 포획하는 일은 농부가 텃밭에서 찬거리를 구하는 것보다 더 쉬웠을 것이다. 포획이라기보다는 채집이라고 해야 할 만큼 먹기에 좋은 패류가 가까운 바닷가에 지천으로 널려 있었으니 그 가운데 큰 녀석들만 골라 오면 그만이었다. 성장의 극한까지 자랄 수 있었던 선사 시대에 채집된 조개들은 지금의 관점에서 보면 지나치다 싶을 정도로 크다. 『우해이어보』에는 소개되지 않았지만, 그 가운데도 굴이 대표적이고 소라류도 그러하다.

『우해이어보』가 저술되던 즈음의 사람들도 조개구이를 즐겨 먹었는데, 지금과는 다른 방식이 전해진다. 서유구(1764~1845)의 『임원경제지』「정조지」에 실린 조개구이 만드는 법[자합방炙蛤方]에는 "깨끗한 조갯살을 잘 찧어 기름장, 파채, 생강채, 계란 노른자와 흰자를 섞은 뒤 구워서" 먹는다고 했다. 또한 『음식디미방』(1670년경)에도 국에 넣어도 좋고 초간장에 회로 먹어도 좋다고 했다. 이어서 "잘 씻어서 제 껍질에 가득 담아서 간장기름을 치고 파를 송송 썰어 넣고, 숯불에 적쇠〔석쇠〕를 놓고 노랗게 지지면 아주 맛이 좋다"고 했으니, 요즘 먹는 조개 양념구이가 예서 유래했음을 알 수 있다.

명주조개 사합, 모시조개 와각탕

『우해이어보』에는 모시조개를 이용한 와각탕이 실려 있다. 조개는 오래전부터 우리가 즐겨 먹던 단백질원이다. 조개를 비롯한 바다 생물은 추운 빙하기를 떨쳐 내고 지금처럼 바닷물이 다시 차오른 신석기 시대부터 즐겨 먹던 먹거리였다. 우리 삶터에서 가까운 섬과 바닷가 곳곳에는 이 조개를 잡아먹었다는 증거들이 조개더미의 주요 구성물로 남아 있는데, 당시 명주조개와 모시조개도 당연히 포식 대상이었다. 조개더미에서 출토된 양을 보면 명주조개는 그 양이 많지 않지만, 모시조개는 굴, 백합, 개조개, 바지락 등과 더불어 많은 개체가 출토되고 있어 예전부터 즐겨 먹었던 종임을 알 수 있다.

서울 샌님 담정의 눈에 비친 조개는 그야말로 그 수를 알 수 없을 정도로 많았겠지만, 『우해이어보』에서는 특별히 명주조개와 모시조개, 전복 등을 구체적으로 살피고 있다. 그는 "합蛤은 조개(합개蛤蚧)다. 조개의 종류는 매우 많다. 신蜃(무명조개), 방蚌(씹조개, 펄조개), 정蟶(맛조개), 현蜆(바지락, 가막조개)이라 부르는 것과 사투리로 해월海月(키조개), 방제方諸, 마도馬刀(말씹조개), 담치淡菜(섭조개), 전복全鰒, 백합白蛤, 홍합紅蛤이라고 부르는 것이 모두 조개다. 양쪽 모두 껍질이 있는 것도 있고, 한쪽만 껍질이 있는 것도 있다. 우리나라 사투리로 이들을 통틀어 조개雕介라고 부르는데, 이 조개들은 모두 곳곳에 살고 있어 이루 다 기록할 수 없을 정도다"고 했다.

양쪽 모두 껍질이 있는 것은 이매패강二枚貝綱, 전복이나 굴처럼 한쪽에만 껍질이 있는 것은 배를 발처럼 쓴다 하여 복족강腹足綱으로 분류한다. 민망한 말이긴 하나 유독 조개의 이름 가운데 암컷의 생식기에 빗댄 이름이 많다. 대표적인 것이 방이라든가 마도를 비롯하여 담치를 이르는 속명 섭조개나 홍합의 다른 이름 열합도 점잖게 적었을 뿐, 모두 암컷의 생식기에서 비롯한 이름이다. 그것은 이런 조개들의 생김새가 그렇기 때문인데, 방이란 조개는 우리가 잘 아는 어부지리漁夫之利 고사에 나오는 바로 그놈이다.

또한 『우해이어보』에는 『예기』를 인용하여 조개가 생겨나는 바를 설명하고 있는데, 이는 『전어지』에서도 마찬가지다. 바닷가에서 잡을 수 있는 조개 중 백합이 가장 많다고 했다. 하지만 지금은 백합뿐만 아니라 명주조개나 모시조개, 전복도 우해에서는 잘 나지 않는다. 이런 조개를 찾기 위해 진동 현지 시장과 마산어시장을 뒤지고 다녔으나 명주조개와 모시조개는 아예 찾을 수 없었고, 전복과 백합은 외지에서 가져와 파는 것뿐이었다. 그만큼 우해 일원의 조간대 환경이 예전 같지 않다는 말이다.

비단조개(일명 명주조개)에 대해 "조개 가운데 명주조개(사합絲蛤)가 있다. 모시(저紵)와 명주(사絲)는 그 뜻이 가깝지만, 모시조개는 껍질이 매우 작고 가벼우면서도 예뻐서 좋아할 만하다. 그러나 명주조개는 모시조개에 비해 매우 크다. 큰 것은 거의 주먹만 하다"고 했다. 그러나 실제 모시조개와 명주조개는 그 이름이 서로 비슷하다는 것이지 크기와 형태는 판이하게 다르다. 두 조개 모두 일찍부터 잡아먹었던 것이지만, 지금은 명주조개를 구하기 어렵다. 그만큼 생태 환경이 악화됐기 때문이다.

그럼에도 가까운 부산 강서구 명지에는 이 조개로 다양한 요리를 내놓는 음식점이 많다. 이곳 조개는 근처의 다대포나 가덕도 연안에서 잡아 오는 것이라 한다. 그런데 어찌된 영문인지 마산어시장에서는 서해 제부도에서 조개를 내려받는다고 했다. 요즈음은 이조차 구하기 어려워서 생물을 잘 내려받을 수 없다고 했다. 결국 근처에서 이 조개를 구할 만한 곳을 찾다가 명지까지 발길이 닿았던 것이다. 한때 이곳에서 나는 명주조개가 하도 유명하여 경북 쪽의 바닷가에서는 명지조개라 불렀지만, 지금은 그런 이름은 없어지고 갈미조개로만 불리고 있다. 그 이름은 껍질 속에 품은 발이 갈미, 즉 갈매기를 닮았기 때문이다. 이것이 바로 새조개인데, 부산과 창원에서 갈미조개 또는 갈매조개라 불리고 있는 것이다. 『현산어보』에서는 작합雀蛤이라 했고, 속명이 새조개璽雕開이니 앞은 훈차, 뒤는 음차한 것이다. 껍데기 색깔 때문에 노랑조개라고도 한다. 모래 바닥에 서식하기 때문에 해감을 제대로 하지 않으면 먹기 어렵다. 그래서 시장에서는 알만 솎아 내서 팔고 있다.

이어 담정은 고향 서울에서의 풍속을 떠올렸는지 모시조개로 끓인 단오 절식을 소개하고 있다. 그는 "일찍이 서울의 풍속을 보면 단옷날에 새 모시 조개를 사서 껍질째 끓여 탕을 만드는데, 이를 와각탕瓦殼湯이라고 한다. 와각이라는 것은 방언으로 조개인데, 소리가 와각와각瓦殼瓦殼하므로 그렇게 이름 붙인 것이다"고 했다. 이 조개는 내만의 갯벌에 살며 바지락과 서식 환경이 비슷하다. 그 이름을 달리 가무락조개 또는 가막조개라 하는 것은 조개껍질이 검기 때문이다. 조리방식은 『우해이어보』에서처럼 주로 탕을 끓여 먹는데, 물만 넣고 우려내어도 그 국물이 시원하고 깔끔하다. 이 조개로 끓인 와각탕은 가장 오래된 한글 요리책인 『음식디미방』에도 나오는데 요리법이 매우 간결하다.

> 껍질째 씻어 맹물에 삶아서 벌어진 채 그 물까지 함께 떠 드린다. 이름은 와각탕이라고 한다.

이게 요리의 전 과정이다. 이어 "여자 아이들이 오색비단 조각에 그 껍질을 붙여 채색된 실끈으로 꿰매어 5개나 3개를 한 줄에 차고 다니는데 이를 조개부전雕介附鈿이라고 한다. 지금 포구의 여자들도 색색 비단에 조개껍질을 붙여서 차고 다닌다. 그러나 조개가 크고 비단이 거칠어서 무조건 따라 하는 효빈效顰과 같으니 우스운 일이다"고 적고 있다. 이 글에서 갯마을 아이들의 서울 여자아이 따라 하기를 '효빈'이라 빗댄 것은 '서시효빈'이란 고사에서 비롯한 것이다. 월나라의 서시는 얼굴을 찡그려도 예뻤을 정도의 미인이었는데, 당시 여성들이 무조건 서시를 따라 한 것을 풍자한 것이다.

그러나 지금 우해 일원에서는 더 이상 명주조개나 모시조개가 나지 않는다. 그 까닭은 창원시 진전면 시락리 속개마을에서 만난 어른들을 통해서 알게 됐다. 이분들은 이삼십 년 이상의 잠수 경력을 가졌는데, 30여 년 전까지 만해도 명주조개와 모시조개가 났었다고 말했다. 이 녀석들뿐만 아니라 백합, 개조개, 벚굴(벙굴, 강굴), 가리비 등도 잡혔다고 했으나 지금 우리 눈으로 확인할 수 있는 종은 바지락, 굴, 홍합, 가리비 정도에 지나지 않는다. 마을 사람들은 상황이 악화된 것이 주변 해역에 양식장이 들어서기 시작하면서부터라고 믿고 있다. 그 이후로 곳곳에 자리한 크고 작은 간석지가 매립되면서 바다는 서서히 정화 능력을 잃어 갔고, 해안도로 건설이 시작되면서 더욱 악화됐다. 지금도 해안 곳곳에 펜션과 모텔 등 각종 상업시설과 전원주택이 들어서면서 생태계는 개선될 여지가 없어 보인다.

할미조개 노고합

담정은 "할미조개는 살이 백합과 비슷하지만, 온몸이 둥글고 색깔은 매우 희다. 크기는 사발만 하다. 백발의 할머니와 비슷하기 때문에 이렇게 이름을 붙였다"고 했다. 원만한 체형과 주발만 한 크기, 백발의 할머니와 같이 매우 흰 체색 등의 특징만으로 볼 때는 떡조개와 많이 닮았다.

유종생의 『한국패류도감』에는 태안, 화성 등의 서해안에서는 함박조개라 부르기도 한다는데, 다른 자료에는 함박조개는 서식 환경이 기수역이고 학명도 다른 것으로 파악된다. 유종생의 같은 책에는 패각은 얇은 계란형이고, 서해 조간대의 수심 20m의 갯벌에 산다고 한다. 성장선이 불규칙하여 겉껍질이 매우 거친 것도 할미조개가 가진 주요한 특징의 하나다. 곳에 따라서는 떡조개를 할미조개라 부르기도 한다지만, 할미조개와 떡조개는 껍데기와 그 안에 품고 있는 살[연체부]의 생김새와 색이 다르다. 우선 껍질을 비교해 보면, 할미조개는 얇은 계란형에 옅은 갈색이고 떡조개는 원형에 가까운 백색이다. 나이테[성장윤맥成長輪脈]도 할미조개는 뚜렷하지만 불규칙하기 때문에 표면이 거칠고, 떡조개는 나이테가 뚜렷하면서 규칙적이고 섬세한 점이 서로 다르다. 요즘 나오는 자료에는 거의 모두 서해안의 조간대 갯벌에서 산다고 하는 것으로 보아 남해안에서는 거의 사라진 모양이다.

창원에서 목포로 이어지는 남해안에서는 할미조개와 떡조개를 분명하게 구분하여 부르고 있고, 할미조개를 떡조개라 부르는 곳은 서해의 서산과 태안 쪽이다. 그러니 『우해이어보』에 나오는 한자 이름 노고합老姑蛤은 할미조개를 이르는 것이 분명하다.

키조개 장합

담정은 녀석에 대해 "장합은 모양이 말씹조개[마도馬刀]와 비슷하지만 길이가 매우 길다. 길이는 두 자에 이르고, 너비는 세 치를 넘지 않는다. 회를 만들면 맛있다"고 했다. 여기서 말하는 마도는 돌조갯과에 딸린 큰 조개로 민물에서 살며, 이름이 그런 것은 실제 암말의 거시기처럼 생겼기 때문이라고 하는데, 상스럽다 하여 지금은 말조개라 부른다.

하지만 그 이름이 꼭 암말의 생식기에서 비롯했다는 것은 재고의 여지가 있어 보인다. 사실 조개라는 것은 그것이 일매패이든 이매패이든 암컷의 생식기와 닮았기에 은어로 여성의 대체어로 불리기도 한다. 그러니 그것이 굳이 말의 그것에만 한정될 까닭이 달리 있을까. 앞에 말이 붙어 마도라는 조개가 말의 거시기를 닮아 그렇다 하지만, 어쩌면 민물에 있는 조개 가운데 가장 크기 때문에 큰 조개라는 의미가 말의 거시기를 닮은 조개로 와전되거나 과장된 것은 아닌지 모르겠다. 마치 남성의 대물을 '말좆'이라 말하는 것처럼 말이다. 하지만 장합의 생김새가 말조개와 비슷하다고 한 것은 키조개와 연결 지을 수 있는 주요한 특징이라 할 수 있을 것이다. 나아가 말조개와 비슷하게 생긴 녀석의 크기가 두 자에 이르고 너비가 세 치라 한 것은 잘 자란 키조개의 크기를 잘 드러내고 있다.

그런데 손암이 본 녀석은 크기가 조금 작았던 듯하다. 『현산어보』「개류」'홍합' 편에서 키를 닮은 기홍합箕紅蛤에 대해 "큰 놈은 지름이 대여섯 치 정도이고, 모양이 키와 같아서 편평하고 넓으며 두껍지 않다. (…) 껍질 표면에는 실처럼 가늘고 긴 세로무늬가 있다. 빛깔은 붉다. 털이 있어서 돌에 붙을 수 있다. 또한 돌에서 떨어져 나와 헤엄쳐 다니기도 한다. (…) 맛이 달고 개운하다"고 했다. 아주 세밀한 관찰이지만 아무래도 다 자란 녀석을 보지 못했는지 아니면 다른 어떤 까닭이 더 있는지 비슷한 시기에 남해와 서해에서 관찰한 동종의 조개에 대한 크기가 지나치게 큰 차이를 보이고 있다. 그러고 보면 손암은 『현산어보』에서 키홍합의 서식 환경에 대해서도 녀석은 "털〔족사足絲〕이 있어 돌에 붙을 수 있고, 돌에서 떨어져 나와 헤엄쳐 다니기도 한다"고 묘사했다. 아마 이것은 손암이 유배 간 흑산도黑山島라 했던 현산玆山의 바위섬에서는 그렇게 관찰됐을 것이다.

키조개의 서식지는 주로 조간대부터 수심 20m의 모래펄에서 산다. 실제 5~6년 이상 잘 자란 녀석은 길이가 30㎝를 넘기 때문에 장합長蛤이란 이름이 붙은 것으로 보인다. 아마 근해에서 잡히는 조개 가운데 가장 몸길이가 길어 그런 이름이 붙었을 것이고, 우리말 이름인 키조개는 그 생김새에서 비롯한 것이다. 『우해이어보』에서야 장합이라 했지만 대부분의 방언은 도끼, 가래, 쳉이, 칭이, 치 등 연상되는 형태로 이름을 지어 부르고 있다. 우해 근처에서는 챙이조개라 부른다.

산업사회 이전 사회를 경험했거나 시골서 자란 사람이라면 알지 모르겠으되, 이제는 키(기箕)를 모르는 이도 많을 듯하다. 예전 농경시대에 곡물을 수확하여 까불러서 껍데기를 날려 보내고 알맹이만 추려 내는 도구를 키라 한다. 키는 표준어이고, 우해를 끼고 있는 창원 일원에서는 '챙이', 부산에서는 '채이', 서해에서는 '치'라 한다. 이런 키조개도 최근에는 오염과 남획으로 자원이 크게 감소하여 양식으로 수요를 충당하고 있다.

녀석은 다른 조개와 달리 언제 먹어도 맛있지만, 그래도 11월에서 2월까지의 겨울이 제철이라 할 만하다. 원래 몸집이 커서 살도 많지만, 그 가운데서도 관자 또는 패주貝柱로 불리는 패각근을 주로 먹는다. 패주는 단백질이 풍부하고 정혈精血 효과가 있어서 임산부의 산후조리에 좋으며, 간장 보호와 정력 증강에도 효과가 좋다고 한다.

전복 복, 꼬막 와농자

전복은 지금이야 양식산의 보급으로 쉽게 맛볼 수 있는 식재료지만, 얼마 전까지만 해도 노약자나 환자의 영양식 정도로만 여겼을 정도로 서민들에게

는 귀한 음식이었다. 개인적으론 전복을 맛본 때가 언제였는지 기억조차 없다. 녀석에 대한 기억은 어릴 적 부뚜막에 누룽지 긁개로 쓰던 전복 껍데기만 떠오를 뿐이다. 그렇지만 그 껍데기조차 나나 우리 가족이 먹고 남긴 녀석의 유체라고 확신할 수는 없다. 그만큼 귀했다는 이야기다. 요즘이야 수산 시장이나 대형 마트의 수산물 코너나 아니면 택배를 통해서도 무시로 싱싱한 전복을 구할 수 있지만 예전에는 그렇게 귀하신 몸이었다.

요즘 우리 식탁에 오르는 녀석들의 대부분은 완도나 강진 등지에서 미역과 다시마를 먹여 키운 것이다. 예전부터 전복은 우리나라 전 해안에서 구할 수 있었지만 지금은 환경 변화와 남획에 따른 개체 수의 급격한 감소로 자연산은 주로 울릉도나 제주도 근해에서만 잡을 수 있다고 한다. 자연산 전복은 채취가 가능한 성체가 되기까지 몇 년을 바다에서 산 녀석들이기 때문에 등껍질에 굴, 따개비와 같은 패류와 많은 해조류가 붙어 있고, 등 색깔은 자주색에 가까운 검붉은 색을 띤다. 이에 비해 양식산은 껍질이 상대적으로 매끈한 편이며 해조를 먹고 자란 탓에 색깔은 푸르스름하여 쉽게 구분할 수 있다.

전복은 『우해이어보』에는 복鰒, 『현산어보』에는 복어鰒魚, 『전어지』에는 생복生鰒으로 나온다. 담정은 『우해이어보』에서 "전복도 조개 종류다. 전복 껍질의 색깔도 조가비 색깔과 같아서 우리나라 사람들은 전복 껍질을 가짜 조개라고 한다. 전복은 큰 것도 있고 작은 것도 있어 크기가 일정하지 않다. 살아 있는 것을 생포生包라고 하고, 말린 것을 전복全鰒이라고 한다. 포는 방언으로 전복이라는 말이다. 『한서』 「왕망전」에서 '전복을 먹었다'라고 한 것이 바로 이것이다"고 했다. 이 글에서 왕망이 전복을 먹었다고 하는 고사는 전한前漢에 이어 신新을 세운 왕망(BC45~AD2)이 건국 스트레스로 입맛을 잃고 병서를 읽으며 술과 전복만을 겨우 먹었다는 이야기이다. 이와 아울러 『현산어보』는 조조(155~220)도 전복을 즐겼다고 하는데, 그에게 한 주州에서 바친 양이 겨우 100마리뿐이었다고 하니 그것이 얼마나 귀한 존재였는지 알 만하다.

전복은 아주 오래전부터 먹어 온 귀중한 식료품이다. 선사 시대 이래 조개더미에서도 그 껍데기가 출토되고 있고, 고려 시대와 조선 시대의 자료에도 전복에 대한 이야기가 여러 곳에 전한다. 하지만 그 산출량은 많지 않았던 듯하다. 그런 사실은 조개더미에서 출토되는 양을 통해서도 알 수 있는데, 부산 동삼동 조개더미 제4~5문화층(기원전 2,500~기원전 1,500년)이나 통영 연대도 조개더미 등에서도 출토된 전복 양이 그리 많지 않기 때문이다. 물론 조개더미 출토 패류에 대한 동정이 적극적으로 이루어지지 않은 시기에 작성된 보고서에서 전복이 보고된 예가 적은 것은 사실이지만, 이 분야 연구자들의 이야기로는 출토 빈도는 낮지만 거의 모든 조개더미에서 전복이 출토되고 있다고 한다. 다른 어떤 조개류보다도 먹을 수 있는 살이 많고 맛도 좋은 전복이 그리 많이 출토되지 않은 것은 무슨 까닭일까. 우리가 생각하는 것만큼 많이 잡히지 않은 것인지, 아니면 그 껍데기를 다른 자원으로 이용했기 때문에 조개더미에서 덜 출토된 것인지의 여부는 앞으로 더 따져 볼 일이다.

『여지도서』(1757~1765) 「진해현」 '물산' 편에는 이곳에서 전복이 난다고 실려 있다. 그런데 담정이 진해현에 유배 오기 직전의 상황을 전하고 있는 『정조실록』에는 창원부와 그에 딸린 웅천, 진해 등지에서는 전복이 나지 않는다고 했다. 『정조실록』 23년(1799년) 4월 19일 기사에는 공납하는 토산물을 다른 곳에서 사서 바치는 폐단에 대해 창원부사 이상도가 상소하고 경상도 관찰사 신기가 장계를 올렸는데 "(…) 전복 한 종류에 있어서는 도내에서 봉진하는 것이 대부분 제주의 장사치에게서 사 와서 사천에서 파는 것입니다. (…) 창원·김해·하동·고성·남해·웅천·진해·칠원은 원래 나는 것이 없습니다. (…)"라고 했다.

이를 통해 『여지도서』의 기록은 앞서 간행된 『신증동국여지승람』에 실린 내용을 그대로 전한 것일 가능성이 높다. 반면에 당시의 사정을 더 잘 전하고 있는 것은 창원부사의 상소를 통해 경상감사가 올린 장계라고 할 수 있다. 『우해이어보』에 전복에 대한 이야기가 실려 있고, 직전의 사정을 전하는 『정조실록』에 남해 연안에서 전복이 나지 않는다고 한 것은 어떻게 받아들여야 할까. 당시 이곳 우해를 비롯한 남해 연안에는 전복의 양이 급감하여 간혹 잡히기는 하나 공납할 물량이 절대 부족하여 제주산을 사천에서 사서 올렸다는 이야기다. 이런 사정을 전하는 시기가 조선의 부흥기라 불리는 영·정조 시대의 이야기이고 보면, 그 앞뒤로 이런 폐단에 당시의 민초들이 겪었을 고충이 어떠했을까 짐작이 간다.

담정은 이어서 기와전복을 소개한다.

전복 중에는 기와전복〔와복瓦鰒〕이 있다. 껍질이 둥글고 크기는 쟁반만 하다. 껍질의 등 쪽은 자줏빛을 띤 검은색이고, 기와지붕 같은 골이 있다. 껍질 안에는 모두 흰색이라 조가비 색깔이 나지 않는다. 맛은 전복과 비슷하지만 전복보다 더 낫다.

이름이 기와전복인 것은 담정의 설명처럼 껍질에 기와지붕 같은 골이 있기 때문인데, 이와 같은 이름을 가진 전복은 『조선왕조실록』 등 그 어디에서도 찾을 수 없다. 담정의 설명처럼 껍질이 둥글고 크며 색깔이 자흑색인 것이라면, 그것은 말전복을 이르는 것으로 보인다. 기와전복이란 등에 생긴 기왓골에서 비롯한 것이고, 지금 이름인 말전복은 그 몸집이 크기 때문이다. 말은 중심 또는 으뜸을 이르는 우리말이니 참고할 만하다. 말전복은 다 자랐을 때 몸길이가 25㎝에 이를 만큼 크다. 한자 이름이 '대야처럼 큰 전복'이란 뜻의 반대포盤大鮑인 것도 기와전복이 쟁반[반槃]만 하다고 한 것과 같은 것으로 볼 수 있다. 녀석을 식용한 증거는 통영의 바깥 바다에 있는 상노대도 조개더미에서 확인됐다.

당시 사람들은 전복을 소라와 함께 곤쟁이젓에도 넣고, 김치를 담가 먹기도 했다. 조선 시대 요리 백과라 할 수 있는 풍석 서유구(1764~1845)의 『임원경제지』「정조지」 '자하염방紫蝦鹽方' 편에서 전복과 소라 살을 손가락 한 마디 크기로 썰어 넣어 곤쟁이젓을 담는다고 소개했다. 전복김치 담그는 법을 소개한 홍만선(1643~1715)의 『산림경제』 '복저방鰒菹方' 편에선 말린 전복의 배를 도려내어 주머니처럼 만들어서 그 안에 유자와 배를 채워 넣고 싱거운 소금물에 담가 김치를 만든다고 했으니 보쌈김치의 조선 시대 버전이라 할 만하다. 요즘도 전복을 김치 재료로 이용하기도 하지만 대개 물김치를 담가 먹는다. 이보다 한창 앞서 나온 『음식디미방』(1670~1680)에는 생전복을 손질하여 간수하는 법이 나와 있는데, "싱싱하고 간이 들지 않은 전복을 참기름을 발라 단지에 가득 넣고, 또 참기름 한 잔을 부어 두면 오래되어도 살아 있는 것 같다"고 했다.

다음으로 살필 녀석은 날씨가 선선해지면서 제철을 맞는 꼬막이다. 『우해이어보』의 부록에 와농자를 변증한다는 이름으로 전복과 같이 실렸다. 요즘 꼬막은 전남 벌교에서 생산된 녀석이 전국적인 유명세를 타고 있지만, 당시에는 우해 지역에서도 적잖이 생산됐던 모양이다. 꼬막은 감蚶, 감합甘蛤, 와옥자瓦屋子, 와농자瓦壟子 등으로도 불리는데, 앞의 두 이름은 조개의 단맛에서 뒤의 둘은 조개껍데기가 기와집 또는 기왓골처럼 생긴 데서 비롯한 이름이다.

『현산어보』에는 감이라 했다. 꼬막은 한자의 조합이 충虫+감甘인 데서도 알 수 있듯이 맛이 단 조개다. 이 책에서 "감의 속명은 고막합庫莫蛤이다. 크기는 밤만 하다. (…) 고깃살은 노랗고 맛이 달다"고 했다. 이청이 『현산어보』에 보충한 이 기록을 통해 맛이 단 감이라는 조개의 속된 이름이 고막합, 즉 고막조개라 했음을 알 수 있다. 『우해이어보』에서 담정은 "의서에 꼬막은 성질이 차고 맛이 짜서, 부인의 생리가 불순해서 오랫동안 핏덩어리가 몸 안에 쌓여 있는 병을 치유해 준다"고 했다. 이어서 "허준이 말하기를 이 꼬막(와농자)을 관북 지방에서 나는 강요주江瑤珠 껍질이라고 했는데, (…) 내가 일찍이 강요주를 식초에 담가 구어서 용법대로 복용시켜 보니 부인의 생리불순에 별로 효과가 없었다"고 했다. 이 또한 앞서 본 해음경과 마찬가지의 기대 효과를 드러낸 것으로 보인다. 해음경 가루를 발라 발기부전을 치료할 수 있다고 믿은 것처럼, 꼬막의 피가 생리불순에 효과가 있다고 믿은 것이다.

황선도의 『우리가 사랑한 비린내』에 꼬막은 찬바람이 불기 시작하면 맛이 들기 시작하는데 알을 품기 시작하는 여름이 되기 전까지 가장 맛이 좋다고 했다. 꽃게와 같은 갑각류처럼 이 꼬막도 그믐사리에 살이 알차다고 하니 기억해 두시길.

명주조개, 새조개

사합紗蛤, 명주조개라는 이름은 종횡으로 촘촘한 껍데기 무늬에서 비롯한 것 같다. 『현산어보』에서 작합雀蛤이라 하고, 속명이 새조개라 한 것이 바로 이것이다. 이런 이름이 붙은 것은 껍질 속에 품은 발이 갈매기를 닮았기 때문이며, 이런 탓에 갈미조개라고도 부른다.

모시조개

명주조개[사합]는 서해에서 나는 모시조개[저합苧蛤]와 비슷하다고 했다. 이 조개는 껍질이 작고 예뻐서 서울에서는 여자아이들이 조개부전을 만들어 차고 다니기도 하고, 단오절에는 모시조개를 껍질채 넣고 간을 하여 와각탕을 만들어 먹는다고 『우해이어보』에서 소개했다.

할미조개

담정은 『우해이어보』에서 "할미조개는 살이 백합과 비슷하지만, 온몸이 둥글고 색깔은 매우 희다. 크기는 사발만 하다. (껍데기 색깔이) 백발의 할머니와 비슷하기 때문에 이렇게 이름을 붙였다"고 했다.

키조개

담정은 『우해이어보』에서 "장합은 모양이 말씹조개와 비슷하지만, 길이가 매우 길다. 길이는 두 자에 이르고, 너비는 세 치를 넘지 않는다. 회로 만들면 맛있다"고 했다. 우리 바다에서 나는 조개 가운데 이 정도로 큰 것이라면 단연 키조개를 들 수 있다.

전복

『우해이어보』에서 복鰒이라 했으니, 전복이 분명하다. 또한 "살아 있는 것을 생포生包, 죽은 것을 전복이라 한다. 포는 방언으로 전복이라는 말이다"고 했다. 신新나라를 세운 왕망이 건국 스트레스로 입맛을 잃어 전복만 먹었을 정도로 맛과 보양에 뛰어난 식품이다.

꼬막

『우해이어보』에 와농자瓦壟子라 실린 것이 꼬막인데, 이는 기왓골처럼 생긴 껍질 구조에서 비롯한 이름이다. 또한 의서를 인용하여 꼬막이 여성의 생리불순에 효과가 있다고 했다. 개불이 남성의 음위에 효과가 있다고 한 것처럼 이류보류의 관점을 보여주는 사례라 하겠다.

소라 라

담정은 "소라는 고둥으로 갑충의 한 종류다. 『자전』과 『본초강목』에서는 모두 소라를 조개 종류라고 했다. 조개와 소라는 그 종류가 크게 다른 것은 아니다"고 했다. 소라나 조개 모두 탄산칼슘이 많이 든 단단한 껍질을 가지고 있어 패류로 인식한 것 같다. 흥미로운 건 바로 이 녀석들의 껍질에 든 탄산칼슘 성분 때문에 조개더미가 지금까지 보존되고, 그 안에 섞여 있는 갖가지 유기질 자료들이 원래 모습을 그대로 지닌다는 것이다. 이 때문에 고고학자들은 조개더미를 선사 시대의 생활상을 생생하게 전해주는 타임캡슐이라 여긴다.

그 이름에 대해 "서울 사람들은 소려小蠡라고 하는데, 이 소려는 방언으로 소라[라螺]다"고 했다. 소라라는 이름은 그 생김새에서 비롯했다. 고둥의 꼭짓점에서 내려다보면 나사처럼 생겼기 때문이다. 그의 말마따나 소라의 종류도 조개처럼 매우 다양하다. 그러나 『우해이어보』에서 소개한 녀석은 대체로 몸집이 큰 것들만 가려 실은 듯, 해안 바위 가까이서 많이 보이는 맵싸리니 보말이니 하는 그런 작은 놈들은 없다.

참소라 황라, 자주소라 자라

담정은 "소라 중에는 황소라[황라黃螺]가 있다. 백소라와 비슷하지만 매우 크다. 속살 안쪽에는 마치 주먹과 같은 소라 똥이 있다. 색깔은 짙은 황색이라서 거분去糞이라고 부른다. 깨끗이 씻어 절여 먹으면 매우 맛있고 끓여 먹어도 좋다. 약간 향기가 나서 이곳 사람들은 말똥소라[마분라馬糞螺]라고도 하고, 고성 사람들은 해향海香이라고 한다"고 했다. 이와 같은 이름을 가진 소라가 무엇을 이르는지 알 수 없다. 다만, 소라 이름을 백라白螺, 황라黃螺, 자라紫螺로 이어서 소개하고 있는 것으로 보아 몸빛과 관련한 이름이 아닌가 여겨진다. 몸통의 겉 색깔은 크게 변별력이 없고, 대신 연체부가 들어 있는 속껍질 색에 주목할 필요가 있을 것 같다. 그렇게 보면 백라는 피뿔고동이라고도 불리는 뿔소라로, 황라는 참소라로 여겨진다.

담정은 근연종인 자주소라를 "또 자주소라[자라紫螺]라는 근연종도 있다. 껍질색은 붉은색이고, 빛이 나면서 매끄럽다. 이곳 사람들은 소라를 잡아 민물에 담가 둔다. 그러면 소라의 몸체가 껍질 바깥으로 나온다"고 소개했다. 이 녀석의 이름은 껍질 색깔이 붉은 데서 비롯했다고 했다. 근연종으로 표현한 자주소라나 앞서 본 백라나 황라의 특징에 대해 뚜렷이 소개하지 않은 것으로 보아 생김새나 크기는 뚜렷하게 구분되지 않는 듯하다. 그렇게 본다면 껍질 색의 차이는 동종의 소라에서도 서식 환경의 차이를 반영한 것으로 추측된다. 녀석의 껍질을 활용한 연적硯滴(벼루에 먹을 갈 때 쓰는 물을 담아 두는 그릇)과 포획 방식에 대해 "이 껍질로 기묘하게 연적을 만든다. 소라를 잡는 사람은 모두 조수가 빠져 나간 뒤에 진흙 모래밭을 파서 잡는다"고 했다.

필자는 자주소라를 1984년 서해 제부도에서 해상 침투 훈련을 하던 군 복무 시절에 더러 잡은 적이 있었다. 하루는 일과를 마치고 어부들이 쳐 놓은 그물에 모여 있는 녀석들을 잡아 취사장에서 쪄서 먹었다. 다음 날 이 사실이 부대에 알려지는 바람에 무더운 여름날 해당화 흐드러지게 핀 해안가 갯벌에서 '뺑뺑이' 돌았던 기억이 짠하게 떠오른다.

그런데 실제 위에서도 지적한 바와 같이 참소라와 피뿔고둥은 종종 헷갈릴 때가 많은데 그것은 바로 소라 껍질에 나 있는 돌기 때문이다. 이것은 종종 실수로 이어진다. 대표적으로 『한국민족문화대백과사전』에는 참소라의 특징으로 돌기가 있는 석회질 뚜껑을 언급하면서 사진을 피뿔고둥으로 실었을 정도이다.

소라와 피뿔고둥의 차이

껍질에 뿔이 있는지와 아가미 뚜껑에 따라 크게 다르다. 이름만 보면 껍질에 뿔처럼 긴 돌기가 있는 녀석이 피뿔고둥처럼 보이지만 사실은 그렇지 않다. 이미희는 국립수산과학원 남해수산연구소에서 운영하는 '바다야 사랑해海'에서 껍질에 긴 돌기가 있는 녀석이 바로 참소라이고, 석회질로 된 아가미 뚜껑의 겉은 석회질인데 소용돌이처럼 도드라져 있고, 그 위로는 자잘한 돌기가 빼곡하니 나 있다고 한다. 뿔처럼 도드라진 돌기는 소라의 생태 적응 전략에서 비롯한 것인데, 파도가 심한 바위에서 살려다 보니 이 돌기를 바위에 끼어서 파도를 견뎌 낸다고 한다.

이에 비해 피뿔고둥은 남해와 서해 연안에 많이 분포하며 수심 10m 내외의 모래나 펄이 섞여 있는 암반에 서식하고 있다. 이 소라는 주꾸미를 잡을 때 녀석들이 드는 집으로 사용하기도 한다.

앵무조개 앵무라

녀석은 소라가 아니라 두족류 연체동물이다. 『우해이어보』에는 앵무소라라 했지만, 요즘의 바다 생물 분류에서는 앵무조개라 한다. 『우해이어보』에서 '고둥' 편에 실린 앵무라는 그 형태가 암모나이트와 비슷해서 담정은 소라로 분류했으나 실은 조개다. 아마 당시 사람들의 눈에 몸통의 생김새가 둥글게 보이니 소라 종류를 이르는 라螺를 붙인 것으로 보인다. 박수현은 『바다 생물 이름 풀이사전』에서 턱이 앵무새 부리를 닮은 데서 이름이 비롯됐다고 봤다.

앵무조개는 우해 앞바다보다 바다 온도가 더 높고 수심이 더 깊은 열대 해역의 산호초에서 사는데 『우해이어보』에 실려 있다는 것이 놀랍다. 먼 열대 해역에서 사는 녀석이 이곳 우해에서 담정과 조우하게 된 까닭은 무엇일까. 아마도 죽은 앵무조개의 빈 껍데기 안에 공기가 유입되어 그 부력으로 해면에 떠올라 표류하다 이곳 우해 해안까지 밀려온 것으로 여겨진다.

녀석은 고생대에 나타나 6천5백만 년 전까지 중생대 기간에 번성했던 암모나이트와 닮은꼴이다. 암모나이트는 딱딱한 나선형 껍데기만 화석으로 남았기 때문에 그 생태를 정확히 알 수 없지만, 바다에서 수영하며 촉수를 뻗어 작은 동물을 잡아먹는 육식성 무척추 동물이었다. 이들의 후손은 두꺼운 껍데기가 있음에도 포식자들에게 잡아먹히게 되자 껍데기를 없애고 오징어나 문어 같은 두족류로 진화했다고 한다. 현재 암모나이트와 가장 비슷한 모양의 생물이 바로 앵무조개인 것이다.

녀석은 5억 년 전의 머나먼 지질 시대인 고생대부터 지금까지 생존해 왔기에 흔히 살아 있는 화석이라 부른다. 지금이야 앵무조개라 부르지만 옛적에는 나선형으로 말려들어 간 껍데기가 앵무새의 부리를 닮았기 때문에 앵무소라라 불렀던 것 같다. 그런데 녀석은 이름처럼 조개나 소라가 아니라 낙지와 같은 두족류다. 생물 분류학상 이런 종류를 두족류라 하는데 같은 무리에 드는 녀석으로 오징어와 문어 같은 연체동물이 속한다. 그들은 진화 과정에서 연체부를 보호하는 껍데기를 버렸지만, 앵무조개는 아직도 암모나이트와 닮은 껍데기를 가지고 있다.

앵무조개의 껍데기 속에는 여러 칸으로 나뉜 방을 가지고 있는데 이곳에 공기를 채워 부력을 얻을 수 있고, 이곳에 물을 채웠다가 뿜어내는 추진력으로 이동한다. 그러다가 죽고 나면 몸속을 채우고 있던 연체부가 빠져나가고 그 자리를 공기가 채우게 되면서 수면 위로 떠올라와 떠다니게 된다고 한다. 아마 이곳 우해 바다에서 앵무조개를 구한 것은 이런 과정을 거쳤을 것이다. 앵무조개의 살에는 독성이 있어 먹을 수 없기에 더욱 그랬을 거란 생각이 든다. 죽은 앵무조개의 빈 껍데기를 활용하는 방식은 동서양이 비슷했다. 우리나라에선 이 조개껍데기로 만든 잔이 있고 유럽에서도 이걸로 받침대가 있는 잔을 만들었다.

우리나라에서 앵무배에 관한 기록은 조선 후기 학자인 안경점의 시문집 『냉와문집』에 실린 「유금강산록」에서 찾을 수 있다. 이 책에는 유점사에 있던 앵무배에 관한 내용이 실려 있는데 강릉 오죽헌에는 지금도 앵무배 실물이 전시되어 있다. 하지만 강릉 오죽헌에 있는 앵무배는 앵무조개로 만든 것이 아니라 소라로 만든 것이다. 이규경의 『오주연문장전산고』 '섭생' 편에 "새로 빚은 술을 해천라에 따라"라고 한 글을 보면 앵무조개뿐만 아니라 오죽헌에서처럼 소라 껍질로도 술잔을 만들어 썼던 모양이다. 얼마 전에 제주도의 조가비박물관에서 본 앵무조개는 하나의 예술품이었다.

요즘 우리가 조개와 고둥을 요리할 때는 둘을 함께 섞어서 하는 방식과 각각을 나누어 하는 방법이 있다. 조개는 탕이나 구이로 먹는 것이 대표적이고, 고둥은 주로 탕으로 먹는 방법이 많다. 선사 시대 이래 조개더미에 녀석들을 잡아 먹은 증거들이 엄청나게 쌓여 있지만, 조리 방법을 알 수 있는 사례는 아직 충분히 연구됐다고 할 수 없을 정도로 초보적인 수준에 머물고 있다.

* 『우해이어보』에는 고둥 중에도 가장 흔히 볼 수 있는 종들조차 모두 빠져 있다. 작은 종들이야 그렇다손 치더라도 대표적인 종으로 우리가 흔히 소라라 알고 있는 녀석들마저 모두 빠져 있다. 이곳 남해안의 여러 조개더미에서 고둥이 적잖이 나오는 것과는 배치되는 결과라 의외이다. 그것은 아마 우해 해안의 바다 생태계가 소라가 살기에 적합한 환경이 아니었기 때문일 것이다.

• 사진으로 보는 갑각류와 패류 해설 3

참소라

속살 안쪽의 주먹과 같은 짙은 황색의 소라 똥에서 비롯한 황라黃螺는 참소라로 헤아려진다. 이 책에는 없지만, 껍질에 난 뿔처럼 긴 돌기가 가장 두드러진 특징이다. 또한 석회질로 된 단단한 아가미 뚜껑 위로 자잘한 돌기가 빼곡한 것도 특징이다.

피뿔고둥

『우해이어보』에서 백소라와 황소라는 비슷하지만 크기는 참소라인 황라가 매우 크다고 했다. 둘은 이렇게 비교될 정도로 비슷하게 생겼는데, 백라는 참소라와 종종 혼동을 초래하는 뿔소라라고도 하는 피뿔고둥으로 헤아려진다.

앵무조개

이 책에서는 앵무소라라 표기했지만, 요즘의 바다 생물 분류법으로는 앵무조개라 한다. 몸통이 앵무새의 부리를 닮은 데서 이름이 비롯됐다. 우리 바다보다 더 따뜻한 곳에서 사는 녀석이 이곳에서 발견된 까닭은 죽은 뒤에 물 위에 떠서 이리로 밀려 온 것으로 보인다.

에필로그

앞서 『우해이어보』에 실린 72종의 어개류 가운데 어류 36종, 갑각류 6종, 조개 8종, 소라 3 종 등 모두 53종을 소개했다. 10여 년 전 『우해이어보』 번역본을 접하면서 필자가 살고 있는 우해 지역을 무대로 펼쳐진 우리나라 최초의 어보를 널리 알려야겠다는 생각에서 비롯한 노력이 작은 열매를 맺어 가고 있어서 나름의 결실이 없지 않았지만, 아직도 갈 길은 멀다. 2015년, 2016년 두 차례에 걸쳐 『우해이어보』에 대한 학술 심포지엄이 열렸고, 그사이 『우해이어보』에 실린 어개류의 이름을 연구한 이정용의 『우해이어보의 어류 갑각류 패류 이름 연구』가 출간된 것도 이 일에서 비롯한 성과 중 하나다.

200여 년 전 진해현(창원시 마산합포구 진동 지역 일대) 바닷가에 유배 온 선배 인문학자 김려의 적소 생활과 고기잡이 기행을 추체험하는 마음으로 우해와 연안 곳곳을 찾아다니면서 그가 남긴 자취를 더듬었다. 고현 앞바다 곳곳의 바닷가와 양섬, 솔섬 등에서 제철에 맞는 어족을 잡기 위해 던진 서툰 낚시에 문절망둑, 학꽁치 등이 걸려 올라올 땐 짜릿한 손맛에 전율하기도 했다. 때로는 허탕을 치고 바라던 녀석을 만나지 못할 때는 가까운 진동시장이나 마산어시장에서 구한 녀석들로 글감을 대신했다. 어떨 때에는 모시조개와 명주조개를 구하기 위해 멀리 창원시 진해구 용원으로 가거나 더 멀리 부산 명지까지 길을 나서기도 했다. 이런 먼 여정이 필요했던 것은 그때와 지금의 바다 사정이 크게 달라졌기 때문이다.

지금도 바다를 삶의 터전으로 삼고 있는 어부들을 만나 불과 30년도 안 된 사이에 바다 환경이 급격하게 망가졌다는 증언을 들으면서 같이 분개하기도 했다. 담정의 진해현 유배 시절 우해에 바둑알처럼 설치되어 있던 그 많던 어뢰[어살]는 지금은 남김없이 사라졌고 대신 그 자리에 갖가지 양식장이 들어섰다. 바로 이것이 문제였다. 어민들은 이때부터 바다가 크게 나빠졌다고 말한다. 자연이 스스로 그러하도록 내버려두지 않아서 빚어진 일이다. 갈수록 양식장은 넓어지고 촘촘해져서 온 바다에 하얀 부표가 가득하다.

지금 그곳에는 대개 『우해이어보』에 나오지 않는 어족들을 키우고 있다. 양식장에는 진동만의 대표 어물인 미더덕과 오만둥이(주름미더덕)를 비롯하여 각종 패류와 어류를 기르고 있다. 게다가 율티 주변의 내만과 당항만 곳곳에 공장이 들어서면서 바다 환경은 더욱 빠른 속도로 나빠지고 있다. 그 뒤로 갯벌에서 조개는 급격하게 사라졌다. 그전까지 이곳 우해 일원의 갯벌에서는 바지락, 개조개, 백합, 가리비, 피조개, 가무락조개(모시조개), 명주조개 등이 잡혔으나 지금은 간간히 바지락만 캘 수 있을 뿐이다. 하지만 『우해이어보』 현장 탐사에서 시락리 소포[속개]마을 주변 해안에서 지난 20세기까지 발장이라 불리던 독살(우해이어보에는 석뢰石牢로 나온다) 어법이 행해진 것을 확인한 것은 나름의 성과였다.

이 글을 맺으면서 『우해이어보』가 우리 지역의 미래 자원으로 활용되기를 바라는 마음에서 몇 가지 활용 방안을 제시해 본다. 이 책에 담긴 내용을 미래의 문화 자원으로 이끌어내기 위해서는 먼저 담정이 유배를 살았던 장소를 잘 보존할 필요가 있다. 최초의 적소로 알려진 진전면 율티리 안밤치(염밭)마을과 그 주변에 대한 보존 대책 마련이 시급하다. 이미 바깥밤치에는 공장이 들어서서 원래의 모습을 잃었고, 안밤치도 담정이 유배를 살았던 때보다 해안 쪽이 더 매립됐다. 윤랑어의 전설과 감성돔 낚시를 하던 고저암은 해안도로가 생기면서 바다와 고저암이 서로 끊어졌고, 율티리와 이명리 사이의 간석지는 매립되어 농지로 바뀌었다. 이에 따라 안밤치마을 앞으로 진전천의 하구가 이동하면서 빠른 속도로 바다가 메워지고 있다.

『우해이어보』에 실린 다양한 어법(맨손 어법, 살상 어법, 들 어법, 낚기 어법, 함정 어법 등)의 정리는 우해 지역의 생활사 복원을 위해서도 필요한 일이지만, 향후 『우해이어보』를 문화 자원으로 활용할 때 중요한 체험 대상이 될 것이다. 대게 편에 나온 게딱지를 지붕의 마감재로 사용한 잡卡과 같은 구조물은 어디에도 없는 이곳만의 풍물거리로 살릴 필요가 있다.

<우산잡곡>으로 읊은 민초들의 삶은 당시의 풍속사를 되짚어 볼 수 있는 좋은 자료일 뿐 아니라 스토리텔링 소재로 활용할 때 무한한 확장성을 가질 수 있을 것이다.

문절망둑(꼬시락)은 1980년대까지만 해도 전어와 더불어 이곳을 대표하는 횟감의 하나였다. 이 책에 나와 있는 대로 녀석은 우울한 불면의 밤을 달래 주는 약이 되는 식품으로 활용 가치가 높다. 담정이 즐겨 먹었던 어죽을 되살려 횟집이나 음식점에서 전채 요리로 제공하면 어떨까 싶다.

또한 『우해이어보』에는 고급 어족인 감성돔으로 식해 만드는 법이 상세하게 실려 있다. 그 자체로 훌륭한 요리법이라 할 수 있을 정도로 담정이 잘 소개했다. 담정의 설명대로 이 음식을 재현해 내는 것은 오랜 전통에 뿌리를 둔 우리 지역의 대표 음식을 발굴해 내는 의미 있는 일이 될 것이다. 새로운 음식을 개발하려는 노력도 중요하지만, 오랜 역사적 전통을 가진 음식을 지역의 대표 음식으로 되살려 과거와 현재를 잇는 가교로 삼아도 좋을 듯하다. 이것은 단순히 오래전에 잊힌 음식 한두 가지를 식탁에 올려놓는 일에 그치는 것이 아니라, 지역 식문화의 한 축을 되살려 당시의 생활사를 복원하는 길로 나아가는 길잡이가 될 것이다.

참고문헌

사료

· 『慶尙道地理志』
· 『世宗實錄地理志』
· 『慶尙道續撰地理志』
· 『朝鮮王朝實錄』 世宗 13년 4월 28일, 正祖 14년 1월 27일, 23년 4월 19일.
· 『東文選』
· 『新增東國輿地勝覽』
· 『東醫寶鑑』
· 『輿地圖書』
· 『五洲衍文長箋散稿』
· 『蘭湖魚牧志』
· 『佃漁志』

단행본

· 정약전 지음, 정문기 옮김, 『玆山魚譜 –흑산도의 물고기들』, 지식산업사, 1977.
· 안휘준 책임감수, 『風俗畵』 韓國의 美 17, 중앙일보 계간미술, 1988.
· 국립진주박물관, 『欲知島』, 1989.
· 정문기, 『魚類博物誌』, 일지사, 1992.
· 권오길·박갑만·리준상, 『原色 韓國貝類圖鑑』, 아카데미서적, 1993.

· 김익수·강언종, 『原色 韓國魚類圖鑑』, 아카데미서적, 1993.
· 이성우, 『고대 한국식생활사연구』, 향문사, 1994.
· 이종례, 『韓英日 水産動植物名辭典』, 현대해양사, 1994.
· 신숙정, 『우리나라 남해안지방의 신석기문화 연구』, 학연문화사, 1994.
· 송수권, 『남도의 맛과 멋』, 창공사, 1996.
· 고철환, 『해양생물학』, 서울대학교출판부, 1997.
· 주강현, 『조기에 관한 명상』, 한겨레신문사, 1998.
· 김건수, 『한국 원시 고대의 어로문화』, 학연문화사, 1999.
· 민긍기, 『昌原都護府圈域 地名硏究』, 경인문화사, 2000.
· 국립문화재연구소, 『고고학사전』, 2001.
· 명정구, 『우리바다 어류도감』, 예조원, 2002.
· 해양수산부, 『한국의 해양문화』, 동남해역(下), 2002.
· 김무상, 『어류의 생태』, 아카데미서적, 2003
· 김려 지음, 박준원 옮김, 『우해이어보』, 도서출판 다운샘, 2004.
· 김려 지음, 오희복 옮김, 『조선 후기 김려의 시와 글 글짓기 조심하소』, 보리, 2004.
· 한복진, 『우리가 정말 알아야 할 우리 음식 백가지1』, 현암사, 2005.
· 오주석, 『오주석의 한국의 美 특강』, 솔, 2005.
· 홍성윤, 『한국해양무척추동물도감』, 아카데미서적, 2006.
· 주강현, 『관해기1』, 웅진지식하우스, 2006.
· 주강현, 『돌살, 신이 내린 황금그물』, 들녘, 2006.
· 주영하, 『그림속의 음식, 음식속의 역사』, 사계절, 2006.
· 이태원, 『현산어보를 찾아서1~5』, 청어람미디어, 2007.
· 서유거 지음, 김명년 옮김, 『佃漁志』, 한국어촌어항협회, 2007.
· 김려 지음, 강혜선 옮김, 『김려 산문선 유배객, 세상을 알다』, 태학사, 2007.

· 김홍석, 『우해이어보와 자산어보 연구』, 한국문화사, 2008.
· 김만선, 『유배』, 갤리온, 2008.
· 우무석, 『우해이어보』, 마산시, 2009.
· 김려 지음, 김명년 옮김, 『牛海異魚譜』, 한국수산경제, 2010.
· 최윤, 『망둑어』, 지성사, 2011.
· 서유구 지음, 정명현·민철기·정정기 옮김, 『임원경제지』, 씨앗을 뿌리는 사람, 2012.
· 강제윤, 『통영은 맛있다』, 생각을 담는 집, 2013.
· 이한, 『요리하는 조선 남자』, 청아출판사, 2015.
· 김만선, 『홍어』, 책읽는수요일, 2015.
· 권오길, 『권오길의 괴짜 생물 이야기』, 을유문화사, 2015
· 김수희, 『근대의 멸치, 제국의 멸치』, 아카넷, 2015.
· 김지민, 『우리 식탁 위의 수산물, 안전합니까?』, 연두 m&b, 2015.
· 김영혜, 김두남, 『맛있는 바다』, 국립수산과학원 남해수산연구소, 2015.
· 마산문화원, 『우해이어보 학술심포지엄』, 마산문화원, 2015.
· 남석형·권범철·박민국·이창언, 『맛있는 경남』, 도서출판 피플파워, 2015.
· 백두현 옮김, 『음식디미방 주해』, 글누림, 2015.
· 국립제주박물관, 『맛있는 역사. 인류의 식생활을 보다』, 서경문화사, 2016.
· 이정용, 『우해이어보의 어류 갑각류 패류 이름 연구』, 마산문화원, 2016.
· 곽미경, 『조선 셰프 서유구』, 씨앗을 뿌리는 사람, 2016.
· 박형권, 『가덕도 탕수구미 시거리 상향』, 모악, 2017.
· 윤덕노, 『종횡무진 밥상견문록』, 깊은나무, 2017.
· 한성우, 『우리 음식의 언어』, 어크로스, 2016.
· 국립수산과학원 해양생물종다양성정보시스템.
· 〈제주해양생물도감〉보고서

보고서

· 부산대학교 박물관, 『金海水佳里貝塚發掘調査報告書』, 慶尙南道, 1981.
· 손보기, 『상노대도의 선사 시대 살림』, 연세대학교 박물관 선사연구실, 1982.
· 국립진주박물관, 『욕지도』, 1989.
· 부산시립박물관, 『범방패총 1』, 1993.
· 국립진주박물관, 『연대도 1』, 1994.
· 부산시립박물관, 『범방패총 2』, 1996.
· 부산광역시립박물관, 『동삼동패총』, 1999.
· 국립김해박물관, 『飛鳳里』, 2008.
· 동삼동패총전시관, 『동삼동 패총문화』, 2008.

논문

· 金子浩昌 외, 1981, 「水佳里動物遺存體硏究槪要」, 『金海水佳里貝塚發掘調査報告書』, 경상남도.
· 곽종철, 1990, 「낙동강 하구역에 있어서 선사-고대의 어로활동」, 『가야문화3』.
· 신숙정, 1993, 「신석기 시대 조개더미 유적의 성격」, 『한국상고사학보14』.
· 김문기, 2014, 「온난화와 청어: 천 해 인의 관점에서」, 『역사와 경계』, 경남사학회.
· 김문기, 2015, 「소빙기의 성찬: 근세 동아시아의 청어어업」, 『역사와 경계』, 경남사학회.
· 이미희, 2017, 「소라를 찾아서 -소라와 피뿔고둥의 차이」, 『바다야 사랑海29』, 남해수산연구소.

우해이어보 원문과 번역문

牛海異魚譜

우해이어보 번역문

목차目次*

* 원문에는 목차가 별도로 없으나 독자들의 이해를 돕기 위해 목차를 작성했다.

牛海異魚譜우해이어보

牛海者 鎭海之別名也 余之竄于鎭 已二週歲矣 薄處島陬 門臨大海 與艄夫漁漢相爾汝 鱗彙介族相友愛

우해는 진해의 다른 이름이다. 내가 진해에 귀양 온 지 벌써 2년이 지났다. 섬 모퉁이의 내 소박한 거처에는 문 앞으로 넓은 바다가 펼쳐져 있다. 뱃사람이나 고기잡이 어부와는 서로 친구처럼 말을 트고 지내게 됐고 물고기 무리와 조개 종류들을 벗처럼 좋아하게 됐다.

僦居主人家 有小漁艇 童子年纔十一二 頗識幾字 每朝荷短笭箵 持一釣竿 令童子奉烟茶爐具 掉艇而出 常往來於鯨波鰐浪之間 近或三五七里 遠或數十百里 信宿而返 四時皆然 不以得魚爲念 只喜日聞其所不聞 日見其所不見

내가 더부살이하는 주인집에는 작은 고기잡이배가 있었고, 겨우 열한두어 살 되는 아이가 있었는데 글 몇 자를 깨친 정도였다. 매일 아침마다 작은 고기다래끼를 메고 낚싯대를 하나 들고는 아이로 하여금 담배와 차, 화로, 차 끓이는 도구를 들리고 배를 저어 나가서 거친 물결과 세찬 파도를 헤치며 왕래했다. 가까운 거리는 3, 5, 7리를 갔다 오고, 먼 거리는 수십 리나 백 리 바다로 가서 이틀 밤을 자고 올 때도 있었다. 사계절을 한결같이 그러했는데 고기를 잡자고 그런 것이 아니라 다만 날마다 못 들었던 견문을 익히고, 못 본 것을 보게 되는 것을 즐길 뿐이었다.

夫魚之詭奇靈怪可驚可愕者 不可彈數 始知海之所包 廣於陸之所包 而海蟲之多 過於陸蟲也

물고기들 중에는 기괴하고 놀라운 것들이 그 수를 헤아릴 수도 없이 많아서 비로소 바다에 서식하는 것들이 육지에 분포된 것들보다 훨씬 광범위하고, 바다의 생물들이 육지의 생물보다 훨씬 다양하다는 것을 알게 됐다.

遂於暇日 漫筆布寫 其形色性味之可記者 並加採錄 若夫鯪鯉鰽鯊魴鱮鮦鯽人所共知者 與海馬海牛海狗猪羊之與魚族不干者 及其細瑣鄙猥不可名狀且雖有方名而無意義可解 侏離難曉者 皆闕而不書

한가한 날이면 붓 가는 대로 생각나는 것들을 기록하는데 그 모양과 색깔, 습성, 맛 등을 서술해 가며 그때그때 채록한 것을 더했다. 비늘이 있는 큰 물고기인 릉(鯪), 잉어(鯉), 동자개(鰽), 상어(鯊), 방어(魴), 연어(鱮), 가물치(鮦), 붕어(鯽)와 같이 누구나 다 아는 것과 해마(海馬), 해우(海牛), 해구(海狗), 해저(海猪), 해양(海羊)과 같이 물고기 종류로 구분할 수 없는 것들과 또 아주 미세하고 작고 하찮은 것으로 여겨져서 그 이름조차 없는 것들은 모두 제외했다. 또한 지방에서만 부르는 이름이 있지만 그 의미를 알 수 없는 것과 이상한 발음으로 그 의미를 해득할 수 없는 것도 모두 제외하고 기록하지 않았다.

書凡一卷 玆加欵寫 名曰牛海異魚譜 以爲他日若蒙恩生還 當與農夫樵叟談絶域風物於灌畦耨田之暇 聊博晩暮一粲 非敢有裨乎博雅之萬一云 癸亥季秋 小晦 寒阜纍子 書于僦舍之雨篠軒

책은 한 권인데 물고기에 대한 내용 이외에 덧붙여 기록한 것을 합하여 이름을 『우해이어보(牛海異魚譜)』라고 했다. 이는 뒷날 성은을 입어 살아서 돌아가면 농부나 나무꾼들과 더불어 논에 물을 대고 밭에 김을 매는 겨를에, 이곳 먼 지방의 풍물을 한갓 늙은이들의 이야깃거리로 삼으려는 것뿐이지 감히 박물학적 지식에 만분의 일이라도 덧보태려는 것은 아니다.

계해년(癸亥年, 1803년) 9월 그믐(小晦)에 한고(寒阜)의 유배객이 우소헌(雨篠軒)에서 쓰다.

1. 文鰤魚 문절어

文鰤魚一名睡鮫 一名海鱖 狀似鱖魚而稍小 兩腮有肉 鬣如犬乳 形體表裏通明瑩徹, 如灰色曼胡 吻傍及顴 微紅而黃 背有黑點如噀墨 而甚細如撒芥

문절어는 일명 수문(睡鮫, 잠문절어) 또는 해궐(海鱖, 바다쏘가리)이라고도 한다.[1] 그 형상이 쏘가리와 비슷하지만 조금 작다. 양쪽 턱에 살집이 있고 아가미의 지느러미가 마치 개의 젖이 양쪽으로 벌어진 것 같다. 그 형체는 겉과 속이 투명하고 맑아서 마치 회색의 무늬 없는 갓끈처럼 보인다. 주둥이 주위와 광대뼈 부분이 붉은빛이 도는 황색이다. 등에는 검은 점이 있는데 먹을 입으로 뿜은 것같이 매우 미세하여 겨자를 뿌려 놓은 듯하다.[2]

在海邊水淺沙肥處 夜必成隊 纍纍如貫珠然 頭向水外 身向水內而睡 性甚愛睡 睡熟則人以手摸之而不知 故土人編竹爲大桶 桶上尖下闊 無盖底 中半爲長柄

해변의 물이 얕고 모래가 두툼한 곳에 주로 있다. 밤이면 반드시 무리를 이루어 줄줄이 연이어져 있어 마치 구슬을 꿰어 놓은 듯하다. 머리는 물 바깥쪽으로 향하고 몸은 물 안쪽에 두고 잠을 잔다. 그 습성이 잠자기를 매우 좋아하는데 깊이 잠이 들면 사람이 손으로 건드려도 모를 정도이다. 그러므로 이곳의 사람들은 대나무를 엮어서 큰 통발을 만든다. 통발은 위로 갈수록 점점 좁게 하고 아래로 갈수록 넓게 하는데 위아래의 덮개나 바닥은 뚫려 있다. 가운데에는 긴 장대 자루를 걸어서 만든다.

---

1 우해이어보가 전체 혹은 일부가 번역된 것으로는 이정용의 『우해이어보의 어류 갑각류 패류 이름 연구』, 마산문화원, 2016, 김명년의 『한국 최초의 어보 우해이어보』, 한국수산경제, 2010, 박준원의 『우해이어보』, 다운샘, 2003 등이 있다. 이후 번역의 내용에 등장하는 이정용, 김명년, 박준원은 이들의 책 내용을 말한다.

2 이정용은 '만호(曼胡)'를 형체적 특징을 나타내는 명사로 보아 '긴 턱살'로 해석했고, 김명년은 관옥 중의 하나인 '마노(瑪瑙)'라고 해석했다. 박준원은 문절어를 문절망둑이라고 했다.

夜深則持松明火 尋沙際魚所往來聚會之地 以桶揜覆之 桶半入水中 半出沙上 則魚盡在桶內 從桶上孔 以手探而獲之

밤이 깊으면 사람들은 관솔로 만든 홰를 가지고 모래펄 가장자리에 물고기가 오가다가 모여드는 곳을 찾아간다. 조금 멀찍이 서서 긴 장대에 달린 통발을 들어서 위에서 내려 덮치면 통발이 반쯤은 물속에 잠기고 나머지 반은 모래 위로 드러나게 되는데 물고기들이 모두 통발 안에 갇히게 된다. 그 후 통발 위의 뚫린 곳으로 손을 넣고 더듬어서 물고기를 잡는다.

鬻食香 輭似鱖魚 作膾尤加 土人言多食文鯽則善睡 余自遭患以來 長歲無睡 遂成燥疾 囑僦舍主人 日買文鯽 或糝食 或鱻食 頗有效 盖此魚性凉 能伏心火 且能潤肺也 余牛山雜曲曰

삶아 먹으면 향이 좋고 부드럽기가 쏘가리와 비슷하다. 회로 먹으면 더욱 맛있다. 이곳 사람들은 문절어를 많이 먹으면 잠을 잘 잔다고 한다. 내가 환란을 당하여 이곳으로 온 뒤로 오랜 기간 동안 잠을 제대로 자지 못하다가 결국 울화증이 생겼다. 더불어 사는 집주인에게 부탁하여 문절어를 사 오게 해서 혹은 쌀죽으로 끓여 먹고 혹은 날것으로 먹었는데 자못 효험이 있었다. 이 물고기가 그 성질이 차가워 마음의 화를 누르고 폐를 건강하게 하기 때문일 것이다. 나는 〈우산잡곡〉을 지어 말한다.

黲泥岸坼海門隈	검은 뻘 해안 둑 열린 강 하구 언저리에
五夜松明數點開	밤늦도록 관솔불 여러 점 켜졌더니
長柄高挑編竹桶	긴 자루 높이 대통발 어깨 걸고
村童捕得睡鮫回	어촌 아이들 문절어 잡아 돌아오는구나

2. 鮒魜松, 土鮒, 黏米鮒 감송, 토감, 점미부

鮒魜松似金鯽而小　鱗渾白如爛銀　眼微紅　口極狹小　呑餌不能吐出　故釣者百無一失鰭鬣勁利如刃　釣上時誤以手摘　必傷手

감송(鮒魜松)[3], 즉 감성돔은 금빛 붕어와 비슷하나 약간 작다. 비늘은 온통 흰색인데 은비늘처럼 반짝인다. 눈은 불그스름하며 주둥이는 매우 작아서 미끼를 삼키면 뱉을 수가 없기 때문에 낚시꾼들은 백 번에 한 번도 놓치는 경우가 없다. 등지느러미는 강하고 날카로운 칼날과 같아서 낚아서 올릴 때 잘못 손을 대면 반드시 손에 상처를 입는다.

秋後土人捕鮒魜松　刮鱗揃鬣　去頭截尾　瀉下腸脺滌洗　剖兩片　凡鮒魜松二百片炊秔米白鑿一升　候冷入鹽二勺　法麴麥芽細研各一勺拌均　用小缸內　先鋪飯次鋪魚片　層層塡滿　以竹葉厚盖堅封　放淨處　待極熟　出食甘美　爲魚醯第一

가을이 지난 뒤 이곳 사람들은 감송을 잡아 비늘을 치고 지느러미를 잘라내고 머리를 떼고 꼬리를 자른다. 또 내장과 고니 등을 긁어내고 깨끗이 씻은 뒤 두 쪽으로 가른다. 대개 감송 이백 쪽을 준비하고, 하얗게 찧은 맵쌀 한 되로 고두밥을 찐 뒤 잘 식혀서 소금 두 국자를 넣는다. 잘 뜬 누룩과 엿기름(질금)을 가늘게 갈아서 각각 한 국자씩 넣고 골고루 섞어 둔다. 작은 항아리를 이용해서 안에 먼저 고두밥을 펴고 다음으로 감성돔의 조각을 편다. 고두밥과 감성돔 조각을 층층이 놓아서 가득 채운다. 그리고 대나무 잎으로 그 위를 두텁게 덮고 항아리 입구를 단단히 봉한 뒤 깨끗한 곳에 놓아 둔다. 푹 삭기를 기다려 꺼내어서 먹는다. 그 감미로운 맛은 물고기 식혜 중에서는 제일이다.

3　감송에 대해서는 박준원, 김명년, 이정용 모두 감성돔이라고 특정했다.

有一種 名土鮒稍大 而味淡有泥氣 又有一種 名黏米鮒尤小 然味最佳 膾炙幷良 余牛山雜曲曰

감성돔과 비슷하게 생긴 근연종이 하나 있는데 토감이라는 물고기로 조금 더 크다. 맛은 담백한데 펄 냄새가 난다. 또 다른 근연종이 하나 있는데 이름은 점미감이다. 매우 작지만 맛은 최고로 뛰어난데 회나 구이로 먹어도 그 맛이 좋다. 나는 〈우산잡곡〉을 지어 말한다.

青楓葉赤露華濃	청단풍 붉은잎 이슬에 영롱한데
高翥巖頭水正春	고저암[4] 어귀 물은 정녕 봄빛이네
斜日照波魚善食	석양녘이면 고기 입질 좋은 때이니
彩竿飛上稉鮒鮄	낚싯대 끝으로 감성돔 낚아 올리네

3. 甫羅魚 보라어

甫羅魚相似湖西所産黃石魚而極小 色淡紫 土人呼以甫鮥 或稱乶犖魚 然東方方言 以淡紫色爲甫羅甫美也 甫羅者 猶言美錦也 然則甫羅之名 必昉於此

보라어(甫羅魚)[5], 즉 볼락은 호서지방에서 나는 황석어(黃石魚)와 비슷하나 매우 작고 색깔이 옅은 자주색이 비친다. 이곳 사람들은 보락(甫鮥)이라고 하거나 혹은 볼락어(乶犖魚)라고 한다. 그러나 우리나라의 말로 연한 자주색을 보라(甫羅)라고 하는데 보(甫)는 아름답다 혹은 좋다는 뜻이다. 원래 보라(甫羅)는 아름다운 비단이라는 말과 같다. 그러므로 보라(甫羅)라는 명칭은 반드시 이것에서 처음 시작됐을 것이다.

---

4 현재 고저암은 창원시 마산합포구 진동면 선두마을과 진전면 안밤티마을 사이의 돌출된 해식 절벽이다.

5 보라어에 대해서 박준원, 김명년, 이정용 모두 볼락이라고 했다.

鎭海漁人 往往網得 然不甚多 每歲 巨濟府人 捕甫鱺爲鮓 船運數百甕 來海口販賣 易生麻而去 盖巨濟多産此於 而麢枲甚貴 鮓味微醎而甘如米餳登盤粲然 色尤絶佳 鮮時煮食 畧有沙臭 余牛山雜曲曰

진해의 어부들은 종종 그물로 볼락을 잡아 오지만 매우 많은 것은 아니다. 해마다 거제도 사람들이 볼락을 잡아서 젓을 담가 수백 항아리씩 배에 실고 와서 바닷가 부두에서 그것을 판다. 그리고 생마와 바꾸어 가는데 대개 거제에서는 볼락이 많이 생산되지만 삼이나 모시가 매우 귀하기 때문이다. 젓갈의 맛은 조금 짭짤하지만 그 맛이 마치 쌀로 만든 엿과 같이 달다. 밥상에 올려놓으면 윤기가 흐르고 그 색깔은 더욱 좋다. 신선할 때는 지져서 먹는데 졸아들면 모래 냄새가 난다. 나는 〈우산잡곡〉을 지어 말한다.

月落烏嘶海色昏　　달 지고 까마귀 울고 바닷빛 컴컴한데
亥潮初漲打柴門　　한밤중 밀물이 사립문 앞에 출렁일 때
遙知甫犖商船到　　볼락 실은 상선이 부두에 왔나 보다
巨濟沙工水際喧　　거제 사공인 듯 부두가 요란하네

4. 魟鯯 蕎花魟鯯 공치, 교화공치

魟鯯[6]象鼻魚也 土人呼曰昆雉 體細而長 縹色有嘴 上嘴長如鳥喙 而勁如鍼淡黃色 至尖爲雙刺 殷紅如點朱砂 下嘴短如燕頷 頭及眼邊 皆淡綠色 渾身鱗鬣 燦爛如錦

꽁치는 상비어(象鼻魚), 즉 코끼리 코 물고기이다. 이곳 사람들은 곤치(昆雉)라고 한다. 몸은 가늘고 길며 옥빛을 띠고 부리가 있다. 윗부리는 길어 마치 새의 주둥이 같으며 단단하기가 침과 같은데 담황색이다. 부리 끝에는 두 갈래 가시가 있다. 끝이 매우 붉어 주사(朱砂)로 점을 찍어 놓은 것과 같다. 아래 부리가 짧기는 제비의 부리와 같다. 머리와 눈 주변은 모두 짙은 녹색이다.

6 공치를 김명년, 박준원, 이정용 모두 학공치의 일종으로 봤다.

自頭至嘴尖五寸 則至尾亦五寸 自頭下至尾一尺 則至嘴尖亦一尺 頭居中五分之一 大者尺餘 小者三四寸

머리에서 부리 끝까지 5촌이며 머리에서 꼬리 끝까지도 5촌이다. 그러므로 머리에서 꼬리까지가 한 자(1척)이면 머리에서 부리 끝까지도 한 자(1척)이니 머리는 몸 전체를 5등분하면 한가운데에 위치한다. 꽁치는 큰 것은 한 자를 넘고 작은 것은 3~4촌이다.

此魚喜雨 每抄秋雨來 輒成群浮水上 上下體蟠屈之 玄如鰻鱺 嘴向空如鳧鷖 鱠喫甚佳 然此魚魚品中最腥

이 물고기는 비를 좋아하여 매번 가을비가 내릴 때 문득 집단으로 몰려서 물 위에 떠올라 상하로 몸을 서로 구부려 얽히는데 꿈틀거리는 것이 마치 뱀장어가 엉키는 것과 같다. 이때 주둥이를 하늘로 향하여 세우는데 마치 오리가 부리를 드는 것 같다. 회로 먹으면 매우 맛있다. 그러나 이 고기는 물고기 회 중에서 가장 비릿하다.

有一種名 蕎花魟鰣 體稍肥 嘴尖白如蘸粉 味勝嘴紅者 余牛山雜曲曰

비슷하게 생긴 근연종(近緣種) 중에 교화공치(蕎花魟鰣), 즉 메밀꽁치가 있는데 부리 끝이 흰색으로 메밀꽃처럼 마치 분가루에 담근 것 같다.[7] 나는 〈우산잡곡〉을 지어 말한다.

樓船津上雨霏霏　다락배 선 선창에 부슬부슬 비 내리고
淡竹蕭槮護石機　낚시터 대숲에 소슬한 바람일 때
箰笠釣翁端的好　죽순잎 갓 쓴 노인 시작부터 좋았던지
蕎花昆雉荷肩歸　교화꽁치 어깨메고 출렁이며 돌아오네

7 이정용은 앞의 책에서 교화공치를 줄공치의 일종으로 봤다.

5. 馬魟鰣 말공치

形似魟鰣而大曰馬魟鰣 土人通名魟鰣 然余見此魚 上嘴長下嘴短 決非魟鰣 今場市間作鱐盛賣者

모양은 공치와 비슷한데 조금 크기 때문에 말공치라고 한다. 이곳 사람들은 모두 공치라고 한다. 그러나 내가 이 물고기를 보니 윗부리가 길고 아랫부리가 짧은 것이 결코 공치는 아니었다. 지금 시장에서 말려서 어포로 만들어 많이 팔고 있다.[8]

6. 鮰鮰 회회

鮰鮰形似蚘蟲色白 兩端皆行無頭 眼如蚯蟥細長 島人以爲鮓葅甘美

회회, 즉 돌도라치 혹은 실치는 그 모양이 회충과 비슷한데 흰색이다. 양쪽 끝으로 모두 다니는데 머리가 없다. 눈은 지렁이와 같으며 가늘고 길다. 섬사람들이 젓갈로 담가 먹는데 맛이 좋다.[9]

7. 鼠鰛 서뢰

鼠鰛鼠魚也 渾身似鼠 無耳及四足 色淡灰 皮皆腥涎 不可近手 大者一尺 常伏水中 善食釣餌 而口小不能呑 從傍囓食如鼠

8 이정용은 앞의 책에서 말공치를 크기로 보아 학공치의 일종이라고 파악했다.

9 이정용은 앞의 책에서 회회를 베도라치의 새끼를 지칭하는 돌도라치로 파악했다. 현재 돌도라치는 실치라고 하며 시중에 실치회, 실치포 등으로 팔리고 있다. 뱅엇과의 백어와는 차이가 있다.

서뢰, 즉 쥐치는 쥐고기이다. 온몸이 쥐와 비슷하나 귀와 네 발의 지느러미가 없다. 색은 옅은 회색이며 껍질은 모두 비릿한 점액으로 되어 있어 끈적이므로 손으로 만지기 어렵다. 큰 놈은 한 자 정도인데 항상 물속에 엎드려 있다. 낚시 미끼를 잘 먹는데 입이 작아 삼키지는 못한다. 다만 미끼의 옆쪽을 갈아서 먹는 것이 쥐와 같다.

此魚極難捕　釣者作釣鉤如菉豆大　爲七八短尖芒刺如蒺藜　以大麥飯一粒裏之　不用長竿　手持釣絲一二丈　絲去鉤寸許　繫小鉛丸一枚　據船頭下瞰水色直垂下去　若見水色微動　急伸手向船尾擲上　則魚隨上來　少遲則已吐去　皮腸頭眉燒食　余牛山雜曲曰

이 물고기는 낚시하여 잡기가 매우 어렵다. 낚시꾼은 낚싯바늘을 녹두 크기만큼으로 만드는데 7, 8개의 작고 뾰족한 가시를 가진 납가새 모양으로 만든 뒤 큰 보리 밥알 한 개를 그 안에 끼워 둔다. 긴 장대를 사용하지 않고 손으로 직접 낚싯줄을 잡고 1~2장 길이로 내린다. 낚싯줄에 달린 낚싯바늘에서 1촌쯤 떨어진 곳에 납덩어리 1개를 매달아 둔다. 배의 앞머리에 앉아서 아래의 물빛을 보고 수직으로 줄을 내리고 있다가 만약에 물빛이 약간만 움직이면 급하게 손을 채어 뒤쪽으로 향해 올려야 한다. 그러면 물고기가 줄을 따라 올라온다. 조금이라도 지체하면 이미 입감을 뱉고 가 버린다. 껍질과 내장, 머리와 꼬리는 버리고 불에 익혀서 먹는다. 나는 〈우산잡곡〉을 지어 말한다.

輕搖舴艋下烟灘　가벼운 쪽배 타고 안개 낀 여울목 내려가니
紅日初生碧海寒　붉은 해 솟아도 푸른 바다 싸늘한데
獨坐蓬窓何許子　홀로 봉창에 앉은 그 어떤 사람이
指端撈出鼠魚看　손가락 끝으로 쥐치 낚아 올리네

8. 石河魨, 鵲鰒 鱛, 癩河魨, 黃沙鰒鱛
석하돈, 작복증, 나하돈, 황사복증

石河豚名鰒鱛 形如河豚而少異 土人以爲河豚子 然余見鰒 鱛頷下有紫色肉疣如赤豆 以此知非河豚子 然盖與河豚同祖而異族者

석하돈의 이름은 복증(복쟁이)이다. 모양은 하돈과 비슷하나 조금 작다. 그래서 이곳 사람들은 하돈의 새끼라고 여긴다. 그러나 내가 복증을 보니 턱 아래에 자주색 사마귀 같은 것이 붉은 팥과 같이 붙어 있다. 이것을 보면 하돈의 새끼가 아님을 알 수 있다. 그러나 아마도 하돈과는 같은 조상이면서 다른 종족일 것이다.

此魚性甚悍毒 初捕出 則怒腹彭張 口中閣閣作老蛙叫 以腹傅石上磋磨之 則愈怒張如鵝卵 以巨石堅壓 齒碎眼破而張猶不銷 方劇張時 以石子急打 則殷地作霹靂聲 腹坼如刀剖中央 脊肉皆糜傷如泥 而坼腹兩邊 猶張如鼓皮 敲之則倥倥然 此魚呑釣不死 又善斷釣絲 土人捕得 往往煮食 然令人腹痛

이 물고기의 성질은 매우 사납고 표독스럽다. 처음 잡아 올리면 화를 내어 배를 부풀려 팽창시키고 입에서는 꽉꽉거리면서 늙은 개구리가 우는 소리를 낸다. 그 복부를 돌 위에 올려놓고 문지르면 더욱 성을 내어 팽창하여 마치 거위 알같이 동그랗게 된다. 이때 큰 돌로 단단히 누르면 이빨이 깨어지고 눈알이 터지는데도 배가 부풀어 오른 것은 꺼지지 않는다. 복어의 배가 최대로 부풀어 올랐을 때 돌로 그것을 세차게 때리면 온 땅에 벼락이 치는 듯한 소리가 난다. 이때 배가 갈라진 모양이 마치 칼로 중앙을 가른 것 같은데 등뼈와 살이 모두 문드러지고 상하여 진흙 펄과 같이 된다. 배가 터진 것은 양쪽으로 갈라져 있다. 오히려 팽창해 있을 때는 북의 가죽과 같아서 두드리면 통통거리는 소리가 난다. 이 물고기는 낚싯바늘을 삼켜도 죽지 않으므로 낚싯줄을 잘 끊어 먹는다. 이곳 사람들이 복쟁이를 잡으면 더러 지져서 먹기도 하지만 사람들에게 복통을 일으킨다.

有一種名鵲鰒鱠 一名蜻蜓 魚曽 魚甚小 背皆白點 眼珠突出青綠色 如蜻蜓眼 常在水邊 捎食胡蝶蜂兒蜘蛛海螘水馬諸蟲 潮至則浮水上 飮衆魚惡涎毒尿 故尤有大毒 聲如烏鴉 渾身 瘟 毀 如癩蝦蟆 人摩之 生疥癬癜瘯

비슷한 근연종이 있는데 까치복이라고 한다. 일명 청연복증(잠자리복쟁이)라고 하는데 물고기가 매우 작으며 등에는 흰색 점이 있다. 눈은 구슬처럼 돌출됐으며 청록색인데 잠자리의 눈과 같다. 항상 물가에 머물면서 나비나 벌의 애벌레, 거미, 바다개미, 해마 등 여러 가지 곤충을 잡아먹는다. 조류가 밀려들면 물 위에 떠올라서 여러 물고기들이 뱉은 나쁜 침이나 독한 오줌 등을 마시므로 더욱 독이 독하다. 소리는 까마귀와 같으며 온몸에 옴이 오른 것과 같아서 등이 울퉁불퉁한 두꺼비와 같다. 사람이 그것을 잘못 만지면 맹독이 있어 옴처럼 부스럼이 생길 수 있다.[10]

又有一種名黃沙鰒鱠 稍小而無斑點 渾身黃色 摩之則屑落如泥金細沙 染衣作梔子黃色 澣之不洗 能生瘡疥有大毒 余牛山雜曲曰

또한 비슷한 근연종이 있는데 황사복증이다. 조금 작고 몸에 반점이 없다. 온몸이 황색인데 그것을 만지면 가루가 떨어져 마치 가는 금가루처럼 묻어난다. 옷에 물들면 치자의 황색과 같이 노랗게 되며 빨아도 지지 않는다. 부스럼이나 옴을 돋아나게 하는 맹독이 있다. 나는 〈우산잡곡〉을 지어 말한다.

嵐鎖雲斂瀞潮暾　　이내기운 서리고 구름 걷혀 맑은 물결 밝아지면
嬾步攲危訪海壈　　느릿느릿 기웃거리며 바닷가 걷는데
驀地沙干流霹靂　　문득 모래밭 너머로 벼락같은 소리 들리니
漁兒撇破石河豚　　고기 잡는 아이가 석하돈 때려잡는가 보다

10 박준원은 앞의 책에서 복증을 자주복으로 봤으며, 김명년은 앞의 책에서 나하돈은 문둥복증으로 번역이 되나 실제 복어 종류 중에 어떤 복어인지 알 수 없다고 했다.

9. 沈子魚 침자어

沈子比目如鰈 渾白無鱗 其行有聲 自呼沈玆沈玆 故名沈子 子者玆之吪也 有大毒

침자어는 눈이 나란히 치우친 것이 접, 즉 넙치와 같다. 온몸이 하얗고 비늘이 없다. 돌아다닐 때 소리가 나는데 '침자 침자'하고 소리 내며 우는 것 같아서 침자라 이름했다. 자(子)는 자(玆)가 변형된 것이다. 맹독이 있다.[11]

10. 都鰋 도알

都鰋一名都卵 鰋者方言卵也 似鯽而無肉 一身都是腹 腹中都是卵 摘卵石臼淨研 和鷄蛋煮食 味似蟹卵

도알은 일명 도란(都卵)이다. 알(鰋)은 방언으로 알(卵)을 말한다. 모양이 붕어 비슷한데 살이 없다.[12] 몸 전체가 거의 모두 배로 이루어져 있고 배 속에는 거의 모두 알로 가득 차 있다. 이 알을 뽑아 돌절구에 잘 갈아서 계란과 섞어 지져 먹는데 그 맛이 게의 알과 비슷하다.

---

11 이정용의 해석에 따르면 침자어의 沈은 '가라앉다'는 의미가 있으므로 沈子魚를 훈독과 음독으로 풀면 가라자어가 된다. 그러므로 가라는 갈(갈)로 읽힐 수 있으므로 갈자어로 읽히기도 하니 아마도 가자미를 말한 것으로 생각할 수도 있겠다. 그러나 흰 점이 있다고 한 것으로 보아 낭태(양태)처럼 몸에 흰점이 있고 한가운데에 눈이 몰린 물고기일 수도 있다. 이 때문에 이정용은 가자미의 일종으로 파악했다. 김명년은 어떤 물고기인지 알 수 없다고 했다. 박준원은 물속에 가라앉아서 사는 물고기 정도로 파악했다.

12 이정용은 앞의 책에서 도알이(즉어(鯽魚)), 즉 붕어와 비슷하므로 붕어를 지칭하는 우리말 희나리=흰아리와 연관 지어 설명했으나 정확하게 어떤 물고기인지는 확정하지 않았다. 그러나 그 온몸에 알이 많다는 특성 때문에 많은 사람들은 도알을 도루묵을 도알이라는 물고기로 지목할 수도 있다고 했다. 박준원과 김명년은 물고기 종류를 특정하지 않았다.

11. 閑鯊魚 한사어

閑鯊狀如魼魚而大且長 小者三四尺 大者七八尺 其廣如長而減十分之一 脊及兩邊 從頭至尾 皆骿鬣如劒刃 廣三寸 大者倍之 三鬣植立如川字

한사어는 그 모양이 홍어(魼魚)와 비슷한데 더 크고 길다. 작은 것은 3~4척이고 큰 것은 7~8척이나 된다. 그 너비는 길이와 비슷한데 대략 십분의 일 정도 모자란다. 척추와 양옆 지느러미, 그리고 머리부터 꼬리까지 모두 통뼈로 된 지느러미가 있는데 칼날과 같다. 그 너비는 3촌인데 큰 놈은 두 배 정도이다. 세 개의 지느러미가 내 천(川) 자 모양으로 서 있다.[13]

此魚者性急而勇 能割巖石 漁子撑船至海中 往往遇此魚怒割船腰 多致渰敗 見者言此魚平行時 只植脊鬣 怒則捲起兩邊 從船底橫過則船斷

이 물고기는 성질이 급하고 용맹스러워 능히 바위도 자를 수 있다. 어부가 배를 몰고 장대질하여 바다에 이르러 종종 이 고기를 만나면 한사어가 성을 내어 배 허리를 잘라 버려서 배가 가라앉는 경우가 많다. 한사어를 본 사람들의 말로는 이 물고기가 평소에 다닐 때는 등지느러미만 세우고 있지만 화를 내면 양쪽 옆 지느러미를 세우고 배를 쫓아와 밑바닥을 횡단해 가면 배가 잘라진다.

今嶠南海邊 春夏之間 巨鯨腰折或腹破 浮至淺浦而死者 皆爲閑鯊所傷者也 漁子言鯨張口汲海水時 閑鯊從口而入 衝突腹中 從傍左右出者腰折 從下尾際出者腹裂 理或似然而未可信 要之當如劈船也

---

13 이정용은 앞의 책에서 한사어라는 이름에서 '한'을 우리말 '큰(한)'으로 '사어'를 '상어'로 지목했다. 그리고『현산어보』에서 제시한 상어 종류 중 가래상어가 그에 해당되는 것으로 파악하고 한사어를 가래상어로 지목했다. 김명년은 앞의 책에서 그 종류를 알 수 없다고 했다.

지금 영남의 해변에 봄에서 여름 사이에 큰 고래가 허리가 잘리거나 혹은 배가 찢어져 물이 얕은 포구로 떠내려와 죽는 경우가 있는데 모두 한사어가 상처를 입힌 것이다. 어부들의 말로는 고래가 입을 벌리고 바닷물을 들이킬 때 한사어가 입으로 들어가 배 안에서 좌우 옆으로 충돌하면 허리가 잘리고 꼬리 쪽으로 내리 충돌하면 배가 갈라진다고 한다. 이치는 그럴듯하지만 믿기는 힘들다. 요컨대 어선을 자른다는 것도 같은 말일 것이다.

此魚不可以釣網捕得　至八九月　胞水暴至　則魚族如潮犇山崩　驅至淺水而死　戢戢如糞壤蟲蛆　死者廇不可食　此魚亦爲胞水所逐　然性急故能跳擲旱地　土人以鐵叉長柄者　向鬣間亂刺則死　鋸去楞鬣割脊肉　可燔喫　餘肉皆脂膟不可啗　堪溶作點燈

이 물고기는 낚시나 그물로 잡는 것은 불가능하다. 8, 9월이 되어 포수(胞水)가 갑작스럽게 몰려오면 물고기 무리가 밀물처럼 몰려다니며 산이 무너진 것처럼 얕은 물가로 쫓겨 나와 죽는데, 뭉쳐져서 쌓인 것이 거름 밭의 구더기 같아서 죽은 것은 썩어서 먹을 수 없다. 한사어도 또한 포수에 쫓겨 나오는데 성질이 급하여 마른땅으로 뛰어오른다. 이곳 사람들은 긴 자루가 있는 쇠스랑으로 지느러미 사이를 마구 찔러 죽인다. 그리고 톱으로 날카로운 지느러미를 자르고 등골의 고기를 잘라내면 구워 먹을 수 있다. 나머지 살은 모두 기름덩어리이므로 먹을 수 없고 다만 녹여서 등불을 켜는 데 사용한다.

胞水者　土人言秋深則海中忽有紅紫青黑水生　漫漫布至海邊　魚食此水則死　不死者猶圉圉然　數日而霽　其言胞水者　以似婦人分娩時劈開初頭　胞中惡露故名　土人呼此魚寒沙　土人言寒沙多則歲凶　乙亥大荒時　鎭海漁村　日捕寒沙如他魚云　余牛山雜曲曰

포수(胞水)에 대해 이곳 사람들의 말로는 가을이 깊어지면 바다에서 갑자기 붉은 자주색과 검푸른 물이 생겨나서 질펀하게 번져 해변에 밀려든다고 한다. 물고기가 이 물을 먹으면 죽는데 죽지 않은 것도 흐느적거리며 맥을 못 춘다. 그러나 며칠이 지나면 맑게 갠다. 포수(胞水)라는 말은 부인이 출산을 할 때 처음 자궁의 아기 문이 열릴 때 태 속에서 쏟아지는 양수인 오로(惡露)와 같아서 붙여진 이름이다. 이곳 사람들의 말로는 한사어가 많으면 그해 흉년이 든다고 한다. 을해년(1775)[14] 대흉년에 진해 어촌에 날마다 다른 물고기와 같이 한사어가 많이 잡혔다고 한다. 나는 〈우산잡곡〉을 지어 말한다.

秋來胞水漲雲湄	가을 깊어 포수가 구름처럼 해변을 덮으면
正是寒鯊擲岸時	바로 한사어가 해안에 뛰어오를 때라네
浦漢銕叉紛似雨	갯가의 장정들 쇠스랑을 비 오듯 찔러 대고
三條椽斷血淋灕	세 가닥 지느러미를 자르니 피가 줄줄 흐르네

12. 鱛鱶, 末子魚 증얼, 말자어

鱛鱶色青頭小 如關北海上所捉飛衣鯖魚 味甘少辣澁口 捕出則炙 或作羹可茹 稍過數日則肉益辣 令人頭疼 土人謂之蒸欝 言蒸蒸欝欝然頭痛也 土人言此魚乃瘴氣所化 此魚盛捕則必有瘴癘云 土人不甚喫 捕往隣近咸安靈山漆原 魚族稀貴地方賣之

증얼, 즉 정어리는 색이 푸르고 머리가 작다. 관북 지방 바닷가에서 잡히는 비의청어와 비슷하다. 맛이 달지만 조금 매우며 쌉싸름하다. 잡아내는 즉시 굽거나 국을 끓여 먹을 수도 있다. 며칠이 지나면 육질의 매운맛이 더하여 두통을 일으킨다. 이곳 사람들은 증울(蒸欝)이라고 하는데 증증울울이란 말은 덥고 답답하여 두통을 일으킨다는 말이다. 이곳 사람들 말로는 이 물고기가 습한 풍토병인 장기와 더불어 어울려 다니므로 이 물고기가 많이 잡히면 반드시 장려병이 발병한다고 한다. 이 지방 사람들은 이 물고기를 많이 먹지는 않는다. 물고기가 잡히면 인근의 함안, 영산, 칠원 등 물고기가 희귀한 지방으로 가서 판다.

14 김려가 『우해이어보』 서문을 1803년에 쓴 것을 보면 그 이전의 을해년은 1775년이다.

有一種名末子魚 如魚烝 魚䉽而甚小 如沿海諸處及漢師所賣 䓑鮑魚名鱴兒者相似 此地亦産鱴兒 土人名曰幾 幾之言 方言鱴也 或鮮或鱐 如末子大同小異 然曾聞關東海人言 鱴兒亦瘴嵐所生 每熱日霧暗時 往潮水沸處 以畚拯之云 盖此類也 余牛山雜曲曰

비슷한 근연종(近緣種)이 있는데 말자어(末子魚)라고 한다. 정어리와 비슷하지만 매우 작다. 연해(沿海) 여러 곳과 서울에서 팔리는 말린 물고기 포인 멸아(鱴兒), 즉 멸치와 비슷하다. 이 지방에서도 멸치가 생산되는데 이곳 사람들은 그것을 멸(幾)이라고 한다. 幾(멸)이라는 말은 방언으로 멸(鱴)인데 혹은 생것으로 먹고 혹은 삶아서 먹는다. 말자어(末子魚)와 대동소이하다. 관동지방 바닷가 사람들의 말로는 멸치도 역시 덥고 습한 장려(瘴癘) 기운을 따라서 움직인다고 한다.[15] 매번 무덥고 안개가 끼어 흐릿할 때 왕왕 조수가 끓어오르는 곳에서 삼태기로 건져 올린다고 하는데 대개 이러한 종류의 이야기들이다. 나는 〈우산잡곡〉을 지어 말한다.

羊島健娥虎不如	양도(羊島)[16]의 건장한 아낙 호랑이보다 날래어서
頭兜瓦甀盛鰯魚	머리에 실그릇통이 이고 정어리 가득 담고 가네
綿裙赤脚渾忙了	무명치마 맨다리로 걸음 바삐 움직이는 것은
應向濫城趁晩虛	필시 반성장에 갔다가 저녁에 빈 동이로 오려는 제촉이겠지

13. 鱑鮀 양타

鱑鮀一名假魴魚 比魴魚口尖 色靑味稍劣 然亦魴之一族 性寒多食動風 海族之最大者 大者可全一車

15 김명년은 앞의 책에서 말자어를 멸치로 확정했다. 그러나 이정용은 앞의 책에서 멸아(鱴兒)는 멸치이지만 말자어는 멸치와 같은 종인 밴댕이, 청멸, 샛줄멸 중의 어느 한 종류라고 봤다. 박준원은 증얼은 정어리, 말자어와 멸아는 모두 멸치로 파악했다.

16 양도는 현 창원시 마산합포구 진동면에 있는 양도(羊島)를 말한다. 이곳 사람들은 염섬, 즉 염소섬이라고 한다.

양타는 일명 가방어[17], 즉 가짜 방어이다. 방어에 비하여 주둥이가 뾰족하다. 색깔은 푸르고 맛은 별로 없다. 그러나 이 또한 방어의 일족이다. 성질이 차서 많이 먹으면 풍이 들 수가 있다. 바닷물고기 중에서 가장 큰데 큰 것은 한 수레에 가득 찬다.

此魚在海中難捕　入牢中然後可捕　海上人以海水所匯　魚所聚會處曰兀　兀者方言條也　故謂之魚條　如路之有條　可蹤而尋也　土人就條　以巨木長十餘丈者　列植條傍如屋柱　兩柱之間尋丈　柱回複屈曲窿窿然　條廣則柱可百數　隨狹而減

이 물고기는 바닷속에 있을 때는 잡기 힘들고 어뢰 안으로 들어온 뒤에야 잡을 수 있다. 바닷가의 사람들은 바닷물이 휘돌아 여울지는 곳에 물고기들이 모여 있는 곳을 올이라고 한다. 올(兀)은 방언인데 조(條)이다. 그러므로 어조(魚條)라고 한다. 길이 갈래진 경로가 있어 그것을 따라가면 목적지를 찾아갈 수 있는 것과 같다. 이곳 사람들은 어조로 가서 십여 장이나 되는 큰 나무를 줄지어 어조 옆에 세우는데 집의 기둥을 세우는 것과 같다. 양 기둥 사이의 간격은 8척 정도이며 기둥은 빙 돌면서 겹치게 구부려 활처럼 휘어서 돌린다. 어조가 넓으면 기둥이 백 개가 넘고 어조가 좁아지면 기둥의 수도 줄어든다.

編巨竹爲疎箔　每潮至則乘舟入條　以箔障柱間　凡箔上頭繫柱牙　下頭至水底沙石處　以麻繩維巨碇　間間鎮之　以防魚衝突奔逸

큰 대나무를 엮어서 약간 듬성한 발 모양을 만든다. 매번 밀물이 들어오면 배를 타고 들어가 대나무 발로 기둥 사이를 막고 발 윗머리는 기둥의 뾰족한 끝에 묶고 대나무 발 아래쪽은 물 아래 모래와 자갈 바닥에 붙게 한다. 그리고 삼 동아줄에 큰 닻을 묶어서 사이사이에 눌러 놓는다. 물고기가 들이받고 도망치는 것을 막기 위해서이다.

---

17 박준원은 가방어를 방어의 일종이라고 했다. 이정용은 양타를 방어의 일종인 부시리나 잿방어의 한 종으로 추론했다. 김명년은 물고기의 어종을 지목하지 않았다.

柱以內積舖藁柴蒿菣 爲魚寢息遊敖之所 魚皆隨潮而來入條中 潮退時爲箔所攔 不得出 且水底箔高 不能踰越 豫布巨網於箔外數百步 網箔之間 可通大舟 待潮盡退 乃慢慢收箔 魚無大小 悉罣網中 土人以柱內爲牢 牢者如牢囚魚也 或謂之魚箭 以水外睇矚 柱頭矗密 如矢在箙也

기둥 안에 짚이나 잔가지, 물억새나 쑥 등을 펴서 물고기가 잠자고 쉬며 놀 수 있는 자리를 만들어 준다. 물고기들이 모두 밀물을 따라 물살을 타고 어조(魚條) 안으로 들어갔다가 물이 빠질 때면 대나무 발에 막혀 나가지 못한다. 또한 물이 낮아지면 대나무 발의 윗부분이 높아져 뛰어넘을 수 없게 된다. 대나무 발 바깥 수백 보 떨어진 곳에 미리 큰 그물을 펴놓는다. 그 그물과 대나무 발 사이는 큰 배가 오갈 수 있다. 썰물이 완전히 빠졌을 때를 기다려 천천히 대나무 발을 거두어들이면 물고기가 크고 작은 것 구분 없이 모두 그물 안에 잡힌다. 이곳 사람들은 기둥 안을 뢰(牢) 즉 '우리'라고 하는데 '우리'는 물고기를 가둔 우리이다. 혹은 이것을 어전(魚箭), 즉 어살이라고 하는데 물 밖에서 얼핏 보면 기둥 위의 뾰쪽하고 빽빽한 것이 마치 화살이 화살통에 꼽힌 것 같기 때문이다.

柱外網內爲牢庭 漁子候潮信息 朝暮撑槳往來看視 曰視條 曰視箔 曰視箭 隨時而名 然其實一也 鎭海海邊 有牢數十處如棊置 牢皆有名字標號 若曰南牢 曰北牢 曰箐牢 曰石牢 曰都內牢 曰銅盆牢 喩都內爲官魚條 餘不可盡記 牢各有主 而魚族之豊歉 亦隨歲而變云 土人呼此魚多曰囊柁 囊柁者聲之變也 余牛山雜曲曰

기둥 바깥에 있는 그물 안에 뢰정(牢庭)을 만들어 놓았다. 어부들이 물때를 관찰하고 어조로 나가야 할지 쉬어야 할지를 살피는 곳이다. 아침저녁으로 장대를 저어 배를 타고 오가면서 그것을 살피기 때문에 그 이름을 시조, 시박, 시전이라 하는데 수시로 이름이 다르다. 그러나 실제로는 한가지를 말하는 것이다. 진해의 해변에는 이러한 어뢰(魚牢)가 수십 곳에 바둑판처럼 나열되어 있다. 어뢰는 모두 각기 그 이름과 표식을 하여 부르는데 가령 남뢰(南牢), 북뢰(北牢)처럼 위치를 따라 부르는 이름과 정뢰(箐牢), 석뢰(石牢)처럼 어조를 만든 재료를 지시하는 이름과 도내뢰(都內牢), 동분뢰(銅盆牢)처럼 어뢰(魚牢)를 소유하는 주인의 지위나 관리 주체 혹은 모양에 따라 부르는 이름 등 다양한 명칭이 있다. 그중 도내뢰만 관청에서 관할하는 어조이다. 나머지는 모두 다 기록할 수 없다. 이러한 어뢰들은 각기 주인이 있다. 어뢰에서 잡히는 어족이 풍성하든지 부족하든지는 시절에 따라서 변할 뿐이라고 한다. 이곳 사람들은 이 물고기의 이름을 양타(囊柁)라고 하는데 음이 변한 것이다. 나는 〈우산잡곡〉을 지어 말한다.

燕尾亭頭集小艚	연미정[18] 뒷머리에 작은 배 모여서
辰時末站海潮高	진시가 끝날 쯤에 밀물이 높아지면
漁人布箔潛相語	어부들은 대나무 발을 어조에 두르고 가만히 말하길
囊柁今年注石牢	금년에는 양타가 돌살에 들었으면 좋을 텐데

14. 鰞鯦, 混沌幞頭 오노, 혼돈복두

鰞鯦一名烏老人 一名幞頭魚 一名烏賊奴 一名僧魚 尾以上似小鱸 有肉尾長尺餘 捲則如猪毛帚子 張則如團扇 常時捲行水中 見烏則張尾倒起 裹其身 一頭圓滿如僧頭 一頭半開凹如牢子幞頭 浮水上出沒 水鳥鶖鷺淘河鴉鳧之屬 從凹處窺見魚頭 以啄啄之 魚輒牢合凹處 牽而入水 須臾鳥死

오노[19]는 일명 오노인, 복두어, 오적노, 승어 등으로 불린다. 꼬리 위는 작은 승어와 비슷하다. 살이 많은 꼬리는 한 자쯤 된다. 꼬리를 말아 모으면 돼지털로 만든 빗자루 같고 펼치면 둥근 부채와 같다. 평소 물속을 다닐 때는 꼬리를 모으고 다닌다. 까마귀

---

18 연미정은 창원시 진동면 요장리 송도의 끝자락이 제비꼬리처럼 길쭉하게 생긴 데서 나온 이름으로 추정된다. 송도라는 명칭은 섬 전체가 소나무 숲으로 덮인 데서 비롯되며, 일반적으로 '솔섬'으로 불리고 있다.

19 이정용과 김명년, 박준원은 모두 오징어의 일종이라고 봤으나 특정하지는 않았다. 다만 근연종으로 제시된 설명을 참고하여 이정용은 근연종이 갑오징어로 추정될 가능성을 제시했다.

를 보면 꼬리를 펼쳐 거꾸로 일어나 그 몸을 보자기로 싼 것처럼 움켜쥔다. 머리 하나는 둥글넓적하여 중의 머리와 같고 머리 하나는 반쯤 요(凹) 자 모양으로 열어 마치 우리에 두건을 씌운 것 같다. 물 위에 떠서 오르내릴 때 물새인 가마우지나 갈매기, 강가의 갈가마귀나 오리 등이 요(凹) 자 모양으로 열린 곳으로 물고기 머리를 들여다보고 톡톡 쪼면, 문어는 갑작스럽게 요(凹) 자 모양으로 열린 우리와 같은 발을 모아서 새를 끌어당겨 물속으로 들어가서 순식간에 새는 죽는다.[20]

此魚體肉不佳 尾肉色淡黃 熟則爛紅 作羹味似鮏魚 然不辣甚佳 尾尖有贅肉如鳥殼 有毒須抉去 有一種混沌幞魚 天生張裹 不能捲束 食之令人拘攣云 余牛山雜曲曰

이 물고기의 살은 그렇게 맛있지 않다. 꼬릿살은 옅은 황색을 띠는데 삶으면 밝은 붉은색이 된다. 국을 끓이면 맛이 홍어와 비슷하나 쏘는 맛이 없이 매우 담백하다. 꼬리의 끝에는 빨판이 군살처럼 붙어 있으며 새알과 같이 둥근데 독이 있어 떼어 내야 한다. 비슷하게 생긴 근연종이 있는데 타고난 모양이 항상 다리를 펼치고 있고 오므리지 못한다. 그것을 먹으면 사람이 뻗정다리가 된다고 한다. 나는 〈우산잡곡〉을 지어 말한다.

耳鳴酒媼紫篁籃	귀밝이술[21] 파는 할미 자주 대바구니에
烏賊奴魚滿一罎	문어와 술병 한 가득 술 채우고
笑向爐前添炭子	화로에 숯을 넣고 웃음 지으며
銅鍋烹得色紅酣	구리솥에 붉게 맛난 문어 데치네

20 김려는 오징어로 파악되는 것을 오노어라고 기술했다. 물고기의 이름으로만 보면 이것은 분명 오징어이다. 그러나 오노어에 대한 설명 내용을 보면 이것은 틀림없는 문어이다. 문어는 새를 잡아먹는 경우가 있다. 그러나 오징어는 불가능하다. 다만 오징어가 까마귀 오(烏)를 이름으로 사용하니 이를 잘못 오인한 것으로 보인다.

21 '귀밝이술'은 정월대보름에 귀를 밝게 한다며 마시는 술일 수도 있지만, 옛날 한방에 귀울림을 풀어 주기 위해 문어를 넣고 데운 청주를 말할 수도 있다.

15. 鱸奴魚 노로어

鱸奴魚一名鱸䴀 䴀男也 男與奴其義近之 狀似鱸魚而小 長不過六七寸 巨口紅眼 鱗細如雙文交織綃紋 鰓顴及吻際 微有黃色 尾根兩鬣闇紅

노로어는 일명 노남이다. 남은 남(男), 즉 '사내'이다. 남(男) 자와 노(奴) 자는 그 의미가 유사하다. 생긴 모양은 농어와 비슷한데 좀 작다. 길이가 불과 6~7촌에 불과하다. 입은 비교적 크고 눈이 붉은 편이다. 비늘이 가늘어서 마치 쌍으로 그려진 문양을 교차하여 생명주로 무늬를 짜 넣은 것처럼 보인다. 아가미와 주둥이 언저리에는 엷은 황색이 있고 꼬리 끝의 양쪽 지느러미에는 어두운 붉은색이 있다.

此魚善跳嗜稻 每秋稻熟 則隨潮入近海通谿澗處 跳入稻田食稻 隨汐水下去 日以爲常 土人謂之麞魚 其名鱸奴之義 以善跳也 東方方言麞呼鱸奴 盧者神犬名 鱸奴之義 似亦取此歟 味似鱸魚 余牛山雜曲曰

이 물고기는 잘 뛰어오르며 벼를 즐겨 먹는다. 매년 가을 벼가 익으면 밀물을 따라 인근 바다와 통하는 계곡 하천으로 들어가 논에 뛰어올라서 벼를 먹고는 썰물 때 물살을 따라 내려간다. 이러한 일이 날마다 항상 반복됐다. 이곳 사람들은 이 물고기를 노루물고기라고 부른다. 그 이름은 노로라는 뜻인데 잘 뛰어오르기 때문이다. 우리나라의 방언으로 노루(麞)를 노로(鱸奴)라고 부른다. 노(盧)는 머리가 좋은 훌륭한 개의 이름인데 노로(鱸奴)라는 뜻과 비슷하므로 이것에서 취했을 것이다. 맛은 농어와 비슷하다. 나는 〈우산잡곡〉을 지어 말한다.

漁村搖落近谿漩	어촌에 낙엽 날리고 개울물 소용돌이치는데
茆屋蕭然亂午烟	외딴 초가집 고요히 점심연기 날리네
忽聽泥頭聲撥剌	홀연 갯가 어귀에 파닥거리는 소리 들리니
鱸男跳出碧秔田	노로어 놈 푸른 벼논에 뛰어오르나 보다

16. 石首査頓 석수사돈

石首査頓似石首而小 尾尖色微紅 煮食如石首 滊則味辣口 方言婦之父婿之父相査頓

석수사돈은 석수어,[22] 즉 조기와 비슷한데 조금 작다. 꼬리가 뾰족한 편이고 옅은 홍색을 띤다. 지져서 먹으면 조기와 맛이 비슷한데 말리면 조금 매운맛이 난다. 지방 말로 아내의 아버지와 사위의 아버지 관계를 사돈이라고 한다.[23]

17. 綠鰾, 白鰾魚 녹표, 백표어

綠鰾長鰾魚也 一名綠膘 形似鯊魚 稍廣味酸 皮沙柔輭不勁 腹中有長膘 淺綠色味甘 作膠如靑玻瓈 堅黏勝鮰魚 鰾鮰魚 俗言民魚 鰾黃色 南北通用者

녹표는 긴표어(長鰾魚)이다. 일명 녹표(綠膘)라고도 한다. 그 모양은 사어(鯊魚), 즉 상어와 비슷하지만 약간 넓적하고 맛이 시다. 껍질은 모래알 같은 점이 있으나 부드럽고 억세지 않다. 배 속에 긴 부레가 있는데 연한 녹색이고 맛이 감미롭다. 아교를 만들면 푸른 유리가 녹은 것처럼 찐득하게 된다. 견고한 점성이 있어 동어의 부레보다 낫다. 동어는 민간에서 민어라고 하는데 부레가 황색이다. 남쪽 지방과 북쪽 지방에 모두 통용되는 말이다.

---

22 석수어는 참조기, 보구치 따위를 통틀어 이르는 말이다. 모양은 붕어와 비슷하나 크기는 좀 더 크고 폭은 좀 더 좁다. 보통 은빛이 많으나 참조기는 금빛을 띤다. 우리나라 서해에 많이 산다.

23 이정용은 앞의 책에서 석수사돈을 『현산어보』에 나오는 수조기를 일컫는 반애(盤厓), 반어(班魚)나 황석어의 일종으로 봤다. 김명년은 어떤 종류인지 정확하지 않다고 했다. 박준원은 석수를 조기로 파악했다.

土人或捕綠膘 漧其鰾 潛賣東萊倭市 否則炰食 京師商賈問之 則牢諱不言 恐其有官斂也 此魚以初夏梅雨時 乘潮上來 他時不來 故土人家家另具一小舟 待立夏後時雨新晴 往捕之 有一種名白鰾魚 鰾色皓白如雪 品勝綠鰾云 余牛山雜曲曰

이곳 사람들은 간혹 녹표를 잡으면 그 부레를 말렸다가 몰래 동래의 왜인들 시장에 내다 팔거나 그렇지 않으면 그슬려 구워 먹는다. 서울의 상인들이 물어 오면 숨겨서 넣어 놓고 꺼려서 말하지 않는다. 관청에서 세금을 거두는 것을 두려워해서이다. 이 물고기는 초여름 장마철 황매비(梅雨)가 내릴 때 밀물을 따라 올라온다. 다른 때는 올라오지 않는다. 그러므로 이곳 사람들은 집집마다 따로 작은 배를 하나씩 준비했다가 입하(立夏) 후 비가 오다가 갤 때를 기다렸다가 한꺼번에 나가서 이 물고기를 잡는다. 이 물고기와 비슷한 근연종이 있는데 그 이름이 백표어이다. 그 부레의 색이 매우 희어서 눈처럼 하얀데 그 품질이 표어보다 낫다고 한다. 나는 〈우산잡곡〉을 지어 말한다.[24]

黃梅雨霽麥齊腰	황매비 갤 때 보리는 허리까지 자라고[25]
馬莧初芽野雉嬌	말비름 싹 돋고 꿩들이 짝을 지을 때
舴艋沙堤飛到泊	작은 배들 모래 언덕에 날 듯이 오더니
一時舖曬綠長鰾	모두 녹표어 부레를 펼쳐 말리네

24 이정용은 앞의 책에서 녹표가 사어(沙魚), 즉 상어와 비슷하고 길고, 큰 부레가 있고, 껍질에 돌기가 있는 점과 부레풀을 만든다는 것을 기준으로 일종의 전어(鱣魚), 즉 철갑상어의 일종으로 봤다. 박준원은 동어를 민어라고 했으나 녹표를 특정하지 않았고, 김명년은 알 수 없다고 했다.

25 황매우는 매실나무의 열매가 누렇게 익을 무렵에 내리는 비라는 뜻으로 '장마'를 이르는 말이다. 그러나 아래의 말비름, 즉 쇠비름이 처음 싹트고 꿩이 짝을 지을 때를 모두 감안한다면 4월 중순에서 5월 초이다. 철갑상어도 봄이면 산란을 위해 기수역으로 올라오기 때문에 이 시기로 추정된다.

18. 豹魚 표어

豹魚鱓鱅也 一名文彪魚 形與鮎魚酷肖 大者丈餘 渾身白點 如三錢錦豹子皮 皮厚而堅 臍下一寸許 有芒如鯊魚沙 此魚性猛而慾 食魚 魚皆畏之

표어, 즉 꼼치(물메기)는 선표(鱓鱅)이다. 일명 문표어라고 한다. 그 모습이 점어, 즉 메기와 매우 닮았다. 큰 것은 1장(丈)이 조금 넘는다. 온몸에 흰 점이 있다. 삼전금(좋은 비단)이나 새끼 표범과 비슷하다. 그 가죽이 두텁고 질기다. 배꼽 아래 한 뼘 정도에 까끄라기와 같은 돌기가 있는데 상어의 돌기와 같은 것이다. 이 물고기는 성질이 사납고 탐욕스러워 다른 물고기를 잡아먹으므로 물고기들이 모두 두려워한다.

土人以繩貫諸雜魚鰤子 列掛船邊 使魚頭沈水 至海中立定 豹魚必來銜魚頭 迺徐徐回船 至淺水立定 頭向海中 尾向淺水 從頭持小銅鉦急打一下 魚輒驚跳出淺水外 以竹柄銕鎗刺而獲之

이곳 사람들은 새끼줄에 온갖 어류의 고니를 꿰어 뱃전에 길게 매달아 놓거나 물고기 머리를 물속에 넣어 바다에 곧추세운다. 그러면 표어가 반드시 다가와 물고기 머리를 문다. 이때 천천히 배를 돌려 얕은 물가로 나와 뱃머리를 바다로 향하고 배꼬리를 물이 얕은 뭍으로 둔다. 뱃머리에서 작은 징으로 강하게 한 번 치면 물고기가 깜짝 놀라며 얕은 물 밖으로 튀어나간다. 이때 대나무 자루로 된 쇠창으로 찔러서 잡는다.

此魚極難得 肉亦不好喫 然倭商每求其皮 故漁人往往捕之 解皮滯淅 潛賣萊人云 然亦不知其所用也 余牛山雜曲曰

이 물고기를 잡는 것은 매우 어렵다. 또한 살도 먹을 만하지 않다. 그러나 왜국의 상인들이 매번 그 껍질을 구하므로 어부들이 더러 이 물고기를 잡아서 껍질을 벗겨 깨끗하게 말려서 몰래 동래의 왜인들에게 판다고 한다. 그러나 그 사용처는 잘 모른다. 나는 〈우산잡곡〉을 지어 말한다.[26]

麻皮魚貫匝船頭　삼 껍질에 물고기 꿰어 뱃머리에 두르고

催渡南瀧立淺流　급히 앞 여울 건너 얕은 곳에 배를 대고

苦竹鋼鎗光似雪　참대자루 끝 쇠창은 눈처럼 빛을 내며

一聲亮處刺文鯱　한 번 기합 소리치며 문표어 찌르네

19. 鰺鮺 삼치

鰺鮺音參差 亦魴類 色微靑 口小 味似魴魚而尤醶 故土人以酸爲醶 呼以醶魚 土人以爲珍味

삼치의 음은 삼치(參差)인데 방어의 한 종류이다. 색깔은 옅은 푸른색이며 입은 작다. 그 맛은 방어와 비슷한데 약간 더 시다. 이곳 사람들은 신맛을 삼(醶)이라고 한다. 그래서 삼어(醶魚), 즉 신고기라고 부르며 이곳 사람들은 최고의 진미라 여긴다.

然聞海估言春夏之交 此魚多至水邊 與蛇蟒相風 至秋生卵 和包吐出 䕯之淺水肥沙 至明春化生云 然則性與鱶魚相類 必有毒

그러나 바닷가의 상인들이 말하기를 봄에서 여름으로 바뀔 즈음에 이 물고기가 물가에 많이 몰려와 구렁이와 서로 교미를 하고 가을이 되면 알을 낳는다. 알을 입에 품었다가 얕은 물가에 모래가 많은 곳에 구멍을 파고 묻어 두는데 다음 해 봄이 되면 부화되어 새끼로 태어난다고 한다. 그리고 그 성격이 가물치와 비슷하고 반드시 독이 있다.

---

26 이정용은 앞의 책에서 표어를 '표범과 같이 얼룩무늬를 가진 물고기'라고만 파악했다. 그러나 김명년은 이 물고기의 특징으로 볼 때 곰칫과의 알락곰치라고 봤다. 그러나 남해안에서 잡히는 곰치와 유사한 물고기는 물메기다. 이 둘 중 어느 물고기를 지칭하는 것인지는 불분명하다. 박준원은 선표의 선이 드렁허리라고만 했다.

土人以其卵爲龍卵 每霜後 土人男女以銕鍬頭掘沙得之 爲鮓甚美 瀠喫亦佳 有一種名 鰺鱃四寸 相似鰺鱃 然甚小味劣 土人亦不嗜啗 余牛山雜曲曰

이곳 사람들은 그 알을 용알, 즉 용란(龍卵)이라 한다. 매년 서리가 내린 뒤에 이곳의 남녀들은 쇠갈고리 끝으로 모래를 긁어서 그 알을 찾아내어 캔다. 젓갈을 담으면 매우 맛있고 말려서 먹어도 맛이 일품이다. 비슷한 근연종이 있는데 삼치사촌이다. 맛은 삼치와 비슷하나 매우 작고 맛도 떨어지므로 이곳 사람들이 즐겨 먹지는 않는다. 나는 〈우산잡곡〉을 지어 말한다.

花樣浦娃玉樣眸	화양포 계집아이 옥 같은 눈동자
紫紬三尺好纏頭	자주 명주 세 척으로 머리를 잘도 묶었네
爲尋龍卵摸沙穴	용알[27]을 찾아 모래 구멍 뒤지다가
誤捉彭蜞笑不休	잘못 방개를 잡고는 까르르 배를 잡네[28]

20. 鴛鴦 원앙

鴛鴦一名鴛鴦魚 一名海鴛鴦 相似鰤魚 口小錦鱗 紅頰尾長 而中短如燕子 此魚雌雄必相隨 雄行則雌銜雄尾 至死不落 故釣者必得雙

27 용알은 정월 첫 용날(辰日) 첫새벽에 우물에서 물을 처음 떠서 마시면 아기를 갖는다는 속신에서 비롯된 말로 용알뜨기라고 한다. 그러나 여기서는 전혀 다른 뜻이다. 삼치가 구렁이와 교미하고 모래밭에 낳은 알을 용알이라고 했다. 이는 지역의 전설이나 풍습에 따른 것으로 보인다.

28 방게는 바위겟과에 속하는 게로 등이 둥글넓적하다. 하천이나 강 하구의 기수역 윗부분에서 중앙부분 사이의 모래 바닥에 굴을 파고 살아가는 종이다. 등껍질과 집게발이 딱딱하여 잘 먹지 않는다. 비슷한 지역에 살아가는 달랑게나 엽낭게에 비해 그리 흔치 않은 종류이다. 서식굴 주변 바닥에 쌓인 찌꺼기나 미생물들을 주로 먹이로 한다.

원앙은 원앙어라고도 하고 해원앙이라고도 하는데 절어, 즉 납자루와 비슷하다. 입은 작고 비단빛 비늘이며 아가미 옆 뺨은 붉고 꼬리는 길다. 꼬리의 가운데 부분이 짧아서 제비꼬리와 같다. 이 물고기는 암수가 반드시 같이 다닌다. 수컷이 헤엄쳐 가면 암컷이 수컷의 꼬리를 물고 간다. 죽더라도 떨어지지 않으니 낚시를 하는 사람들은 반드시 한 쌍을 낚게 된다.

土人言得此魚 抉眼瀞漧 男佩雌眼 女佩雄眼 能令夫婦相愛 此魚不常有 余僦舍有隣居李生 嘗往釣巨濟洋曲中 得之而歸示余 魚已半漧而猶銜尾不落 余牛山雜曲曰

이곳 사람들의 말로는 이 물고기를 잡으면 눈알을 뽑아 깨끗하게 말려서 남자는 암컷의 눈알을 차고 여자는 수컷의 눈알을 차고 다니는데 그러면 부부의 금슬이 좋아진다고 한다. 그러나 이 물고기가 항상 있는 것은 아니다. 내가 세 들어 있는 집의 이웃에 이생이라는 사람이 사는데 일찍이 거제도 양곡에 낚시를 갔다가 이 물고기를 낚아서 가지고 와서 나에게 보여 주었다. 물고기가 이미 반쯤 말랐는데도 꼬리를 물고 떨어지지 않았다. 나는 〈우산잡곡〉을 지어 말한다.[29]

浦家少婦淡紅粧	갯가의 새댁은 연분홍 화장하고
白苧單衫縹苧裳	흰 모시 홑적삼에 옥색모시 치마
密地携釵漁艇去	몰래 비녀 들고 고깃배로 가서
先頭擲賣海鴛鴦	맨 먼저 비녀 건네고 해원앙 사네

29 이정용은 앞의 책에서 원앙(鴛鴦)을 우리말 고어인 증경이, 징경이로 읽고 이것이 정광어〉정강이〉정갱이로 변한 것으로 봤다. 전갱이는 매가리라고도 한다.

21. 鉾鱝 모질

鉾鱝似秀魚 一身嘴鬣皆利如矛戟 人誤觸則傷 土人言鉾 魚入鯨腹 蹂躪必死云

모질, 즉 모찌는 수어(秀魚), 즉 숭어와 비슷하다. 온몸의 주둥이와 지느러미가 예리하여 마치 창날과 같다. 사람들이 잘못 건드리면 상처를 입는다. 이곳 사람들의 말로는 모어(鉾魚)가 고래 배 속으로 들어가면 헤집고 다녀서 반드시 고래가 죽는다고 한다.[30]

22. 青家鰞鯉 청가오리

青家鰞鯉鱃之最大者 長一尺半 廣二丈 可馱一馬 背甚青色 味極佳 家鰞鯉者 方言鱃魚也

청가오리(青家鰞鯉)는 가오리 중에서 가장 큰 것이다. 길이가 1척(尺) 반이고 넓이가 2장(丈)으로 말 한 마리에 실을 만하다. 등은 짙은 청색으로 맛은 지극히 좋다. 가오리라는 말은 방언으로 홍어(鱃魚)이다.[31]

23. 鬼鱃 귀홍

鬼鱃一名假鱃 酷似鱃魚 色黃 大者可全車 然有腥臭 且有毒不可食

---

30 이정용은 이 물고기가 모극(矛戟), 즉 창과 같고, 숭어의 새끼인 모찌를 다른 항목에서 '모장'으로 다룬 것으로 보아 이 물고기는 창쑤기미에 해당된다고 했다.

31 김명년은 앞의 책에서 청가오리를 청달래가오리로 특정했다. 이정용은 청가오리의 일종으로 파악했다. 박준원은 가오리의 일종으로 파악했다.

귀홍, 즉 노랑가오리는 일명 가홍(假魟), 즉 가짜가오리인데 가오리와 매우 비슷하다. 큰 놈은 수레 하나에 가득 찰 정도이다. 그러나 비린내가 심하고 또한 독이 있어 먹을 수 없다.[32]

24. 鮈鰐, 紅都鰐, 白都鰐 도골

鮈鰐骨魚 形似鯔魚而小 不過五六寸 渾身皆骨 無一點肉 鱗皮紫黑 如場市所賣石肝陶甗 但服中有腸 服中有血 如馬蝗蜞 故名鮈鰐 鮈者陶也 土人謂之都骨亦通

도골은 골어(骨魚), 즉 뼈고기인데 그 모양은 치어(鯔魚)라고 부르는 숭어와 비슷하면서도 작다. 그 크기는 불과 5, 6촌(寸)이며 온몸이 뼈로 이루어져 있고 한 점의 살도 없다. 비늘로 덮힌 껍질은 짙은 검자줏빛인데 시장에서 파는 붉은 진사를 뿌린 석간도강(石肝陶甗)과도 같다. 다만 배 속에 창자가 있고 피가 있을 뿐이므로 마황기(馬蝗蜞), 즉 말황충과 같다. 그런 까닭에 이름을 도골이라고 하는데 도는 질그릇, 즉 도자기를 말한다. 이곳 사람들이 질그릇을 도골(都骨)이라고 하니 그 뜻이 통한다.[33]

康熙間 一漁父捉石首往海曲 不得石首 只得都骨數百枚 棄之而歸 秋又捉夻魚往海曲 又不得夻魚 只得都骨如前 將棄之 有一行脚僧見之 以百錢買之 去皮腸 只以骨負去 漁父怪而問之 僧言 醋淬燒灰存性糁 小兒牙疳神效 且療人牙齒 宣蛀百病云

---

32 박준원과 김명년은 앞의 책에서 귀홍을 노랑가오리로 특정했다. 이정용은 오늘날의 노랑가오리로 추정되나 언어학적 근거가 없다고 했다.

33 도골은 현재 어떤 물고기인지 알 수 없다.

강희(康熙)[34] 연간에 한 어부가 조기를 잡으려고 해곡(海曲)으로 갔다가 조기는 잡지 못하고 단지 도골(都骨)만 수백 마리 잡아서 버리고 돌아왔다. 가을이 되어 이번에는 대구를 잡으려고 해곡(海曲)으로 갔다가 전처럼 대구는 잡지 못하고 도골만 잡게 됐다. 이에 그것을 버리려고 하는데 한 행각승(行脚僧)이 백전(百錢)에 그것을 샀다. 그리고는 껍질과 내장은 모두 버리고 뼈만 지고 갔다. 어부가 괴이하게 여겨 그 까닭을 물으니 그 승려가 말하기를 식초에 담갔다가 태워서 재로 만들면 끈적한 점성이 있는 죽같이 되는데 어린아이의 아감(牙疳), 즉 잇몸병에 신이한 효험이 있다. 또한 사람들의 어금니와 이빨을 치료하고 온갖 다른 질병을 낫게 한다고 했다.

是後漁父捕夻魚時 往往得之 如法治疳甚妙云 余以意推之 是骨能료 牙病則其腸血和人乳 調鹽少許 滴人眼病 似有效而未得試之爾 有一種名紅都骨又一種名白都骨 以其骨色有靑白紅三者故名 余牛山雜曲曰

이 뒤로부터 어부가 대구를 잡을 때에 더러 도골(都骨)을 잡는데 배운 대로 감창(疳瘡)을 치료하니 매우 신묘한 효험이 있었다고 한다. 나는 좀 더 생각하고 추정해 봤다. 이 도골의 뼈가 아병(牙病)을 치료할 수 있다면 그 내장의 피를 사람 젖에 섞고 소금을 조금 쳐서 사람의 눈병에 떨어뜨리면 아마도 효과가 있을 것 같았다. 그러나 시험해 보지는 못했다. 비슷한 근연종(近緣種)이 있는데 이름을 홍도골(紅都骨)이라고 부른다. 또 한 종류가 있는데 그 이름은 백도골(白都骨)이다. 나는 〈우산잡곡〉을 지어 말한다.

杉船移繫橘籬南　　삼나무배 귤울타리 남쪽에 옮겨 매고
暗聽巴陵賈客談　　파릉(巴陵)[35] 상인들 대화를 가만히 들으니
都骨今秋都不得　　올 가을엔 도골(都骨)이 도무지 안 잡히니
醫生無計療牙疳　　의원들 아감(牙疳) 치료는 걸렀나 보다

34 강희는 청나라의 제4대 황제(재위 1661~1722년) 강희제의 연호이다.

35 파릉(巴陵)은 중국 호남성 악양의 옛 지명이지만 우리나라 경상남도 함안군의 별칭이기도 하다.

25. 閏良魚 윤랑어

閏良魚盲魚也 相似銀魚而無目 有大毒 食之令人燥渴發狂 銀魚木魚也 土人謂之尹娘魚 言古有尹娘者 夫死守節 父母欲奪其志 娘燒水銀熏眼 兩目皆盲 父母愈欲嫁之 娘不勝悲痛 赴海死之 化而爲魚云 語甚荒誕

윤랑어는 맹어(盲魚), 즉 장님고기이다. 생긴 것은 은어(銀魚)와 비슷한데 눈이 없다. 맹독이 있어서 사람들이 이 물고기를 먹으면 조갈증이 생겨 발광하게 된다. 은어(銀魚)는 목어(木魚)이다. 이곳 사람들은 이 물고기를 윤랑어(尹娘魚)라고 한다. 옛이야기에 이르기를 "옛날에 윤랑(尹娘)이라는 사람이 있었는데 남편이 죽어 수절을 했다. 부모가 수절할 뜻을 꺾으려 하자 윤랑(尹娘)은 수은(水銀)을 태워 눈에 쐬어 두 눈이 모두 멀게 됐다. 그래도 부모가 더 억지로 시집보내려고 하자 윤랑은 바닷가로 가서 빠져 죽었는데 그녀가 변하여 물고기가 됐다"고 한다. 이 이야기는 매우 황당하고 허탄하다.

余見其魚 驟看無目 細察則鼻梁兩傍 通小竅有物 如雄雀糞 下體細黑 上頭圓白 數數跳動 是必體魚而眼蟹者 且漁子言此魚有閏月之歲甚肥大云 然則其名閏良無疑 言得閏月而良也[36] 余牛山雜曲曰

내가 그 물고기를 보니 얼핏 보면 눈이 없다. 그러나 자세히 살피면 콧마루 양편에 조그만 구멍이 뚫려 있고 무엇인가 있는데 마치 수컷 참새의 똥과 같다. 몸 아래쪽은 가늘고 검으며 위의 머리 쪽은 둥글고 희다. 펄쩍펄쩍 뛰면서 움직인다. 이것은 필시 몸은 물고기인데 눈은 게와 같은 것이다. 또한 어부들의 말로는 이 물고기는 윤달이 드는 해에 매우 살이 찌고 크게 자라므로 그 이름을 윤량(閏良)이라고 한 것이 확실하다는 것이다. 즉 윤달에 이 물고기를 잡으면 살지고 좋다는 말이다. 나는 〈우산잡곡〉을 지어 말한다.

---

36 이정용은 앞의 책에서 윤랑어의 閏良이 輪良의 변형으로 보고 輪의 새김이 돌이고 良의 음을 'ㅏ'로 읽어서 輪良을 도라로 파악했다. 그 결과 이 물고기를 도라치(베도라치)의 일종으로 봤다. 박원준과 김명년은 그 종을 특정하지 않았다.

桃花淨盡棟花初　복사꽃 진 뒤 멀구슬나무꽃 필 때
海賈裝船發夏漁　어부들 배를 손질하고 여름 조업 나가네
穉女牽衣勒囑付　어린 계집 옷깃 잡고 억지로 하는 부탁
今行莫打尹娘魚　이번에는 윤랑어(尹娘魚) 절대 잡지 마세요

26. 鰝鯱, 單鰝鯱, 胞高蹄, 雙頭絡蹄, 六脚文魚
호사, 단호사, 포고제, 쌍두낙제, 육각문어

鰝鯱二十四梢魚也 形半折似大小八稍魚 大八稍魚者 俗名文魚 小八稍魚者 俗名絡蹄是也

호사는 24개 다리를 가진 물고기이다. 그 형상으로 반을 접으면 대팔초어(大八梢魚)와 같은데 대팔초어(大八梢魚)를 세속에서는 문어(文魚)라고 하며 소팔초어(小八稍魚)는 항간에서 낙제(絡蹄)라고 하는 것이 이것이다.

此魚凡二十四脚 左右各十有二枚 脚各有黏蹄二十四點 點前後皆內向 頭在中央 眼在頭中央兩邊 行則如八稍魚 坐則如巨蟹 立而擧頭則如白衲老僧 低頭則如田家打稻 高足平床 土人謂之高蹄 或曰高足魚 味似文魚

이 물고기는 24개의 다리를 가졌는데 좌우에 각각 12개이다. 각 다리에는 점성이 있는 빨판이 24점이 있다. 점(點), 즉 빨판의 앞뒤는 모두 안쪽으로 향한다. 머리는 중앙에 있고 눈은 머리 중앙부의 양옆에 있는데 나아가 다닐 때는 문어와 같고 가만히 앉아 있으면 큰 게와 같다. 서서 머리를 들어 올리면 마치 흰 승복을 입은 중과 같고, 선 채로 머리를 숙이면 농가에서 탈곡을 할 때 벼를 때려서 터는 다리 높은 평상, 즉 개상과 같다. 이곳 사람들은 이 물고기를 고제(高蹄)라고 한다. 어떤 사람들은 고족어(高足魚)라고도 부른다. 그 맛은 문어와 비슷하다.

漁子言此魚明月時 必出水遊行 裵回沙際石田篢林蓼叢 宛然是衲子模樣 見人則驚走 其行霅遝 以杖扴之不仆 以絆牛牽 掃之橫擊 索攔脚下際 不能立定仆地 其聲如崩屋云

어부들의 말로는 이 물고기는 달이 밝을 때 반드시 물 밖으로 나와서 놀러 다니는데 모래펄 언저리나 돌밭에 갈대숲이나 여뀌 무더기 사이를 배회하는 모습이 흡사 승복을 입은 중의 모양이다. 사람을 보면 놀라서 달리는데 그 달아나는 것이 매우 빨라 쫓기 힘들다. 막대로 그것을 긁어서 걸어도 넘어지지 않지만 소고삐로 옭아서 쓸어 당기면서 횡으로 때려 치고 밧줄로 다리 아래쪽을 속박하면 똑바로 서지 못하고 땅에 넘어지는데 그 소리가 집이 무너지는 것과 같다.

土人捕八稍魚者 夜深持松明火 遵海隩至水淺石多處照之 則魚皆坐水底石上而眠 土人言鰝鯱似佛 文魚似僧 絡蹄似闍梨 語極好笑 以銕叉刺而獲之 故捕八稍魚者 有時而得鮮食 或胞或脵 皆佳云

이곳 사람들은 팔초어(八稍魚)를 잡을 때 밤이 깊으면 관솔불을 들고 바닷가의 후미지고 물이 얕고 돌이 많은 곳으로 나아가 그곳을 비추면 이 물고기가 모두 물속 돌 위에 앉아서 잠을 잔다. 이곳 사람들의 말로는 호사(鰝鯱)는 부처 같고 문어(文魚)는 중 같고 낙지는 사리(闍梨) 같다고 하니 그 말이 매우 재미있고 우습다. 쇠갈고리로 찔러서 그것을 잡는다. 그러므로 팔초어(八稍魚)를 잡는 사람은 때때로 날것으로 먹을 수도 있고 혹은 삶은 후 포를 떠서 먹을 수도 있고 말린 포를 먹을 수도 있는데 모두 맛이 좋다고 한다.

有一種名單鰝鯱 左右皆八足 合十六稍 又有一種名 雙頭絡蹄 左右皆四脚而頭居中 小如絡蹄 又有一種名六脚文魚 似文魚而六梢 又有一種名胞高蹄頭似鰝鯱而脚短一寸 皆藏頭皮底 其行如覆椀蝡動云 皆八稍魚之類 而要之幷是水蟲 與魚族自別 余牛山雜曲曰

비슷한 한 종류가 있는데 그 이름이 단호사(單鰝鯱)이다. 좌우 모두 발이 8개로 도합 16개의 다리이다. 또 한 종류가 있는데 쌍두낙제(雙頭絡蹄)이다. 좌우 모두 4개의 다리인데 머리는 가운데 있다. 그 작기가 낙지만 하다. 또 다른 한 종류가 있는데 이름이 육각문어(六脚文魚)이다. 문어와 비슷한데 다리가 6개이다. 또 다른 한 종류가 있는데 이름이 포고제(胞高蹄)이다. 머리는 호사(鰝鯱)와 비슷한데 다리가 짧아 1촌(寸)밖에 되지 않는다. 모든 것이 머리 껍질 속 아래에 숨겨져 있어 그 다니는 모습이 엎어 놓은 사발이 꿈틀거리며 가는 것 같다고 한다. 이 모두가 팔초어(八稍魚)의 종류인데 요컨대 이들은 수충(水蟲)과 비슷한 것이므로 어족(魚族)과는 구분해야 한다.[37] 나는 〈우산잡곡〉을 지어 말한다.

夜靜谿沈月色微　　깊은 밤 시냇물가 달빛 희미한데
鰝蹄弄影鬧苔磯　　고제(鰝蹄) 노는 그림자 이끼 돌밭에 어지러우면
村丫錯認情僧到　　시골 처녀 정둔 중이 온 줄 잘못 알고
忙下空床啓竹扉　　황급히 마루를 내려가 사립문을 열어 보네

27. 安鱭魚 안반어

安鱭小魚長寸許　在浦澓泥沙中　土人謂之安鱭　言安水瀊洄處也　或謂之雁飯　每秋後　水鳥鳬鷖鴈鶩鷗鷺之屬　來萃浦漘拾食　故名雁飯　此魚腹中多沙不堪喫　余牛山雜曲曰

안반은 작은 물고기로 길이가 1촌(寸) 정도이다. 보통 갯가의 물이 돌아가는 진흙이나 모래 속에 산다. 이곳 사람들은 그것을 안반(安鱭)이라고 하는데 잔잔한 물굽이가 빙 돌아가는 곳을 말하는 것이다. 혹은 안반(雁飯), 즉 기러기밥이라고 한다. 매년 가을이 지난 뒤 물새, 오리, 갈매기, 기러기, 도요새, 백로 등의 무리가 포구의 물굽이에 모여서 이 물고기를 잡아먹으므로 그 이름을 안반(雁飯), 즉 기러기밥이라고 한다. 이 물고기는 배 속에 모래가 많으므로 먹기에는 마땅치 않다.[38] 나는 〈우산잡곡〉을 지어 말한다.

---

37 이 물고기는 어떤 물고기인지 알 수 없다. 두족류로 추정된다.

38 이 물고기의 크기나 형태로 보아 망둑엇과의 한 종으로 보인다. 망둑엇과 중에서 크기가 작고 모래를 머금고 있는 물고기는 꼬마망둑이다.

芙蓉鎖落早霜催　연꽃잎 지고 서리 재촉하여
雁帝秋巡海國廻　가을 되자 큰기러기 바닷가로 날아왔네
鶴子鳧奴頭陣罷　학들과 오리들 대열 흩고 내리는 곳에
飯魚齊奉進供來　안반어들이 줄줄이 나다니며 먹이가 되네

28. 可達鱴鮁 가달마지

可達鱴鮁巨口細鱗 似鱸魚而極小 土人以爲鱸魚子 然眼微突 味有泥氣 知非鱸魚子

가달마지(可達鱴鮁)는 입이 크고 비늘이 가늘다. 노어(鱸魚), 즉 농어와 비슷하나 지극히 작다. 이곳 사람들은 농어의 새끼라고 여긴다. 그러나 눈이 약간 돌출했고 먹으면 뻘 냄새가 나는 것을 보면 농어 새끼가 아님을 알 수 있다.[39]

29. 鱅鯠, 山林鱅鯠 영수, 산림영수

鱅鯠酷似鯔魚 但鯔魚色微黑 鱅鯠 色微黃 鯔魚善躍, 鱅鯠 不能善躍 味似鯔魚 東人以鯔魚爲秀魚 鱅鯠 之名 其以是歟

영수(鱅鯠)는 치어(鯔魚), 즉 숭어와 매우 닮았다. 다만 숭어는 몸색이 옅은 흑색인 데 비하여 영수는 옅은 황색이다. 그리고 숭어는 잘 뛰어오르는 데 반하여 영수는 잘 뛰어오르지 못한다. 그러나 고기 맛은 영수와 숭어가 비슷하다. 우리나라 사람들은 치어(鯔魚)를 수어(秀魚), 즉 숭어라고 한다. 영수라는 이름도 수어(秀魚)에서 비롯된 것이다.[40]

---

39 이정용은 앞의 책에서 가달막이, 기슬맥이로 불리는 농어새끼가 이 물고기인 것으로 파악했다.

有一種名 山林 鰽鯑 或曰山林領袖 領神聲之變也 然山林之義 未知何謂 曾見寧城江水 亦有此魚 謂之林鰽鯑 此魚在近海谿磵 雖生海中 然性喜淡水 以此謂之山林歟 味絶佳 與湖西永春丹陽江水所産錦鱗魚相似 爲海味中第一品 余牛山雜曲曰

비슷한 한 종류가 있는데 그 이름이 산림영수(山林鰽鯑) 혹은 산림영수(山林領袖)라고 한다. 령(領)은 신(神)이라는 의미를 가진 것으로 다만 소리가 변한 것이다. 그러나 산림(山林)의 의미가 무엇을 말하는 것인지는 알 수 없다. 내가 일찍이 영성강(寧城江)에서 이 물고기를 봤는데 그곳에서는 임영수(林鰽鯑)라고 했다. 이 물고기가 바다 가까운 곳 개울에 사는데 바다에서 태어났으면서도 민물을 좋아하는 성향이 있으므로 산림(山林)이라고 부르는 것이 아니겠는가. 그 맛이 더 없이 좋은데 호서지방의 영춘(永春), 단양(丹陽) 등의 강에서 잡히는 금린어(錦鱗魚)와 비슷하다. 그러나 바닷물고기 중에서는 그 맛이 가장 좋다고 할 것이다. 나는 〈우산잡곡〉을 지어 말한다.

日暖風輕浪似羅　　봄볕 실바람에 비단물결 일렁이면
山林領袖正婆娑　　산림영수 비늘을 번뜩이며 올 때라네
他時莫向南溟運　　다른 날에는 먼 남해바다로 가지 말게나
咫尺要津總險波　　가까운 나루에도 험한 파도 일터이니

30. 眞鯖 진청

眞鯖鯖魚也 長一尺五寸 味甘輭 炙食絶佳 眞珍品也 東人以海州鯖魚爲第一 漢時五侯甚豪貴 嗜鯖魚 後人以物之貴者 爲甚豪貴鯖

40 이정용은 앞의 책에서 영수라는 물고기는 가숭어(假鯔魚)와 유사하며 산림영수는 등줄숭어에 견줄 수 있다고 했다. 그러나 정확한 어종은 모른다고 했다. 김명년은 앞의 책에서 영수와 산림영수가 숭어류이나 알숭어, 등줄숭어, 가숭어 중 어느 물고기에 해당하는지는 분별하기 어렵다고 했다.

진청(眞鯖), 즉 참청어는 곧 청어(鯖魚)이다. 길이가 1척(尺) 5촌(寸) 정도이며 맛은 감미롭고 연하다. 구워 먹으면 그 맛이 더욱 좋으므로 참으로 진귀한 생선이라고 할 것이다. 우리나라 사람들은 해주(海州)에서 나는 청어를 제일로 생각한다. 한나라 때 다섯 제후들이 매우 호사스럽고 존귀한 신분이었는데 청어를 즐겨 먹었다고 한다. 후세의 사람들이 물건 중에서 귀한 것을 오후청(五侯鯖)이라고 빗대어 말했다.

先儒釋鯖魚爲炙魚 續本草魚部 有鯖魚卽魚名 東醫許浚著醫鑑載之 註言與我國鯖魚異 余常疑之 今見漁人所捕眞鯖眞鯖魚 而海州所産 迺鯖魚之類而非鯖魚

선대 유학자들은 청어(鯖魚)를 자어(炙魚), 즉 '굽는 생선'이라고 했다. 『속본초강목(續本草綱目)』의 물고기에 대한 항목인 어부(魚部)에 청어(鯖魚)가 기록되어 있는데 바로 이 물고기의 이름이다. 『동의보감(東醫寶鑑)』에 허준(許浚)이 이 물고기를 등재했는데 그 주(註)에 말한 것이 우리나라의 청어(鯖魚)와 달랐다. 나는 항상 그것을 궁금해 했는데 지금 어부가 잡은 참청어(眞鯖)를 보니 이것이 참된 청어이다. 해주에서 잡히는 청어는 청어류에 속하는 것이지만 진짜 청어는 아니다.

如關東北兩湖所捕飛衣鯖魚 尤是假鯖魚 漁人恐有官稅諱之 且此魚捕夻魚時 往往得之 非常有者 然則五侯所嗜者 迺此魚也歟 非歟 余牛山雜曲曰

관동과 관북, 호서와 호남 지방에서 잡히는 비의청어(飛衣鯖魚)는 더욱이 가짜 청어가 분명하다. 어부들이 관청에 세금을 내는 것 때문에 청어가 아니라고 말 못하고 그냥 청어라고 하는 것이다. 또한 청어는 대구를 잡을 때 더러 잡힌다. 그러나 항상 잡히는 것은 아니다. 그렇다면 한나라 때의 다섯 제후가 즐겨 먹었다는 청어는 진짜 청어인 진청어(眞鯖魚)가 맞겠는가 아니겠는가. 나는 〈우산잡곡〉을 지어 말한다.

黃胥濼前一扁舟	황씨 집 여울 앞 한 조각 배
眞鯖尺半上寒鉤	한 척 반 참청어 낚시로 올리네
漁郞莫怕津頭賣	어부여 나루에서 청어 팔기 꺼려 말게
豪貴今無漢五侯	호사스런 한나라 다섯 제후 지금은 없으니

31. 飛玉, 麪條玉魚 비옥, 면조옥어

飛玉玉魚也 土人謂之霏鳥 霏鳥者方言雨來也 此魚隨潮而上則雨來必驗 每此魚乘潮 潮頭燦然鮮白 海邊人望而知之 以此占雨候 魚似白小而稍大無鱗 蘸鷄鴨卵油煎極佳

비옥(飛玉)은 옥어(玉魚)이다. 지방 사람들은 비오(霏鳥)라고 한다. 비오(霏鳥)는 지방 말로 비가 온다는 말이다. 이 물고기가 조수를 따라 올라오면 반드시 비가 내리는 증험이 있다. 매번 이 물고기가 조수를 타고 오면 조수의 앞부분이 반짝이면서 아름답고 하얗게 빛난다. 해변에서 사람들은 이것을 바라보고 백어가 올라오는 것을 알아차리고 이것으로 비가 올 징후를 점친다. 이 물고기는 빙어와 비슷한데 조금 더 크고 비늘이 없다. 달걀과 오리 알에 담갔다가 기름에 전을 부쳐 먹으면 매우 맛있다.

此魚小而輕佻 從牢箔網隙逸去難捕 土人以鬉紉或葛布細繩 或麤麻絲織布 經緯之間 可糝米粒 以竹片爲圈 以布羃之爲柄 如編竹桶 名曰拚袋 或以兩長竹羃之 如農家舁土具 名曰輿拚袋 或以竹爲高圈如畚 名曰小高拚袋 海上方言 以畚爲小高 言頭低而尾高也 皆用之淺水

이 물고기는 작고 가늘고 미끄러워서 어살의 발과 그물의 틈 사이로 빠져나가므로 잡기가 힘들다. 이곳 사람들은 말총으로 엮은 줄이나 갈포로 엮은 가는 줄, 혹은 거친 삼실로 베를 짜는데 가로줄과 세로줄 사이는 가는 쌀가루가 걸러질 정도이다. 대나무 조각으로 테두리를 만들고 베로 그것을 덮어씌우고 자루를 만든다. 대나무 통발을 엮은 것과 같은데 그 이름을 반대(拚袋), 즉 반두라고 한다. 혹은 두 가닥의 긴 대나무에 천을 덮어씌우는데 마치 농가에서 흙을 옮기는 도구인 들것과 같아서 그 이름을 여반대(輿拚袋)라고 한다. 혹은 대나무로 한쪽이 높은 테두리를 만드는데 그 모양이 삼태기(畚)와 같아서 그 이름을 소고반대(小高拚袋)라고 한다. 바닷가의 방언으로 삼태기를 소쿠리(小高)라 한다. 머리 쪽이 낮고 꼬리 쪽이 높은 것을 말한다. 이것은 모두 얕은 물에서 사용하는 것들이다.

或爲綆繘如轆轤 名曰轆轤拚袋 或以竹爲平圈 繫長竿 如黏蜻蜓竿 名曰長竿拚袋 皆用之深水 以掬細魚 然此魚在潮頭湍急處 故非練習水性者 難掬云 有一種名麪條玉魚 似玉魚而細長如麪條 味尤佳 余牛山雜曲曰

혹은 두레박줄로 도르레나 활차처럼 만드는데 이것을 녹로반대(轆轤拚袋)라고 한다. 혹은 대나무로 평평한 테두리를 만들어 긴 장대에 매서 만드는데 그 모양이 잠자리가 장대에 붙은 것과 같아서 장간반대(長竿拚袋)라고 한다. 이러한 것들은 모두 깊은 물에서 사용하여 가느다란 물고기를 잡는다. 그러나 이 물고기는 조수의 앞머리에 여울져 급하게 휘감기는 곳에 있어서 밀물의 물살 특성에 숙련된 익숙한 사람이 아니면 잡기가 힘들다고 한다. 근연종(近緣種)으로는 면조옥어(麪條玉魚)가 있다. 옥어와 비슷하게 생겼는데 가늘고 긴 모양이 국수 가락과 비슷하며 맛은 더 좋다. 나는 〈우산잡곡〉을 지어 말한다.

漁村處女束纖腰	어촌 처녀 가는 허리 묶고
端坐明窓刺線嬌	단정히 창가에 앉아 바느질하다가
催喚阿孃收灑紵	급히 엄마를 불러 말린 모시베 걷어들고
篠籬新打玉魚潮	뱅어 떼 몰려오니 반대를 치라 하네

32. 鱖魛魚 계도어

鱖魛刀魚也 狀似鱬鱗青色 顴下兩鬣如髲刀 在近海谿間 此魚喜入䆉田 張鬣而過 則䆉皆傷損 故田家雨來谿漲 則築木石防田間水道 以斷其出入 味酸有泥臭氣 不堪喫 土人言蛔心胃痛 燒食有效云 余牛山雜曲曰

계도어(鱖魛魚)는 도어(刀魚), 즉 칼고기라고 한다. 그 모양은 영수와 비슷하고 푸른빛을 띠는데 아가미 아래 양쪽 지느러미가 머리카락을 자르는 칼과 같다. 근해의 개울이나 시냇물에서 사는데 수수밭에 들어가는 것을 좋아한다. 양쪽 지느러미를 펼쳐 세우고 지나가면 수수줄기가 모두 손상된다. 그러므로 농가에서는 비가 와서 냇물이 불어

나면 나무와 돌을 쌓아서 밭 사이의 물길을 막고 계도어가 출입하는 것을 막는다. 그 맛은 시고 뻘 냄새가 코를 찌르듯 나서 잘 먹지 못한다. 이곳 사람들은 속에 회충이 들어가 위에 통증이 생기면 이것을 태워서 먹으면 효험이 있다고 한다.[41] 나는 〈우산잡곡〉을 지어 말한다.

菁花已落土薑馡	부추꽃 지고 생강 향기 짙어지면
近海平田雉子飛	바닷가 너른 밭에 새끼 꿩 날 때이지
楗石農家防水閘	농가에는 돌 쌓아 수문을 막을 때면
前溪夜雨鮍魛肥	앞개울 밤비에 계도어 살찌겠지

33. 鰜鰑 겸장

鰜鰑牙魚也 或曰兼魺 似鯽而色黑 腹大如囊 腹中都是腸 巨口有兩牙尖利出口外 能捎擻魚蝦而啗之 土人謂之兼腸 兼如兼山之兼 言腸多也 燒食甚好 土人言多食兼腸 則能令人腸大云 有一種名曰土鰜 腸有斑點 滿腹皆泥沙不可食 余牛山雜曲曰

겸장은 아어(牙魚), 즉 송곳니고기이다. 어떤 사람들은 겸아(兼魺)라고도 한다. 붕어(鯽)와 비슷하나 색깔이 검다. 배는 커서 마치 주머니같이 불룩한데 배 속은 모두 창자로 가득 차 있다. 입은 크고 양쪽 송곳니가 날카롭게 뾰족이 입 밖으로 나와 있어 물고기나 새우 등을 베어 물어 삼킬 수 있다. 이곳 사람들은 겸장(兼腸)이라고도 부른다. 이때 겸(兼)은 산이 겹쳐 쌓였다는 겹(兼)이다. 창자가 많은 것을 말한다. 그을려 먹으면 매우 맛있다. 이곳 사람들은 많이 먹는 것을 겸장(兼腸), 즉 창자가 둘 겹쳤다고 하는데

41 이정용은 앞의 책에서 계도어를 위어(葦魚), 즉 웅어라고 봤다. 웅어의 옛 이름이 갈치(갈고기)이고 갈고기를 도어(刀魚)로 표기할 수도 있으며 웅어를 도초어(刀梢魚)라고도 하기 때문이다. 김명년은 앞의 책에서 산갈치라고 했으나 이는 갈치를 지금의 칼치로 봤기 때문에 잘못 판단한 것이다.

이 물고기를 먹으면 사람의 창자를 크게 늘려 주기 때문이라고 한다.[42] 나는 〈우산잡곡〉을 지어 말한다.

野婆栲栳兩頭丫　시골 노파 고리짝 인 머리 양 갈래로 땋고
撥着葑灰買大家　순무를 뽑아 대갓집에 팔지만
荒歲充腸全沒計　흉년에 배 채울 대책 전혀 없으니
誰教阿囝燒鰜牙　누가 아이에게 겸아(鰜牙)라도 구워 줄까

34. 鯭䱙 망성

鯭䱙鱣魚之別族 鱣魚色青 鯭魚色黃 鯭魚者 鯭䱙魚也 以口邊有細刺如稻芒 故土人謂之鯭魚 味勝鱣魚

망성(鯭䱙)은 전어(鱣魚)의 다른 종족이다. 전어(鱣魚)는 색이 푸른데 망어(鯭魚)는 황색이다. 망성어(鯭䱙魚)는 입 주변에 수수의 까끄라기 같은 가는 가시가 있으므로 이곳 사람들이 이 물고기를 까끄라기고기, 즉 망어(鯭魚)라고 부르는 것이다.

土人捕鯭䱙於海滙可設牢處 不用長柱及竹箔 多沈薪蔿茭藁之屬如房屋 名曰桶箔 立細竹之間間作標 以待潮至 魚隨潮入滙 匿桶箔中 潮退不去 迺於箔外布網 乘船入桶箔內 隨波往來 以木椎敲艙版 或五六人 或七八人 齊聲敲之 聲如亂砧 魚皆驚散 跳出箔外罣網 余牛山雜曲曰

이곳 사람들이 망성어를 잡을 때 바다에 물이 휘돌아 여울지는 자리, 어뢰(牢)를 설치할 수 있는 곳에서 잡는데 긴 기둥이나 대나무 발을 사용하지는 않는다. 어뢰와 달리 물

42 이정용은 앞의 책에서 겸장을 잉어와 유사한 물고기라고 했지만 정확한 어종을 특정하지 못했다. 박원준은 『우해이어보』(2004)에서 토겸장을 오자(誤字)라고 했다.

속에 잔 나뭇가지나 꼴풀, 줄풀, 짚[43] 등을 가라앉혀 빙 둘러 방과 같이 만들어 놓고 이것을 통박(桶箔), 즉 통발[44]이라고 한다. 가는 대나무를 사이사이에 세워 표시를 한다. 밀물이 들 때를 기다렸다가 물고기가 밀물을 따라서 여울로 들어와 통발 안에 숨으면 썰물이 나갈 때도 따라가지 않고 남아 있다. 이때에 통발 바깥에 그물을 두르고 배를 타고 통발 안으로 들어간다. 일렁이는 물결을 따라서 오가면서 나무망치로 배의 바닥판을 두드린다. 혹은 5, 6명 혹은 7, 8명이 한꺼번에 소리를 지르며 바닥을 친다. 그 소리는 마치 다듬잇돌을 어지럽게 두드리는 것과 같다. 물고기들이 모두 놀라서 흩어지며 통발 바깥에 걸어 둔 그물에 튀어서 나간다. 나는 〈우산잡곡〉을 지어 말한다.

栗頰微紅橘殼黃	밤알 붉게 익고 귤이 익어 노랄 때
鯹魚初上蔣家瀼	망성어가 처음 줄풀 어살에 들어오네
長年艄手牢中去	노련한 뱃사공은 어뢰 안으로 들어가
亂棒齊敲版底忙	사정없이 바닥판 두드리니 온통 정신없네

35. 鰉鮇, 青鮇, 班鮇, 木綿鮇 황화, 청화, 반화, 목면화

鰉鮇似鮇魚而深黃色 稍大鮇魚鰈魚比目魚 土人謂之鮇魚 味淡 膾炙俱佳

황화(鰉鮇)는 화어(鮇魚), 즉 가자미와 비슷한데 짙은 황색이 있다. 조금 큰 것으로 화어(鮇魚), 즉 가자미, 접어(鰈魚), 즉 넙치, 비목어(比目魚) 등이 있는데 이곳 사람들은 모두 그냥 가자미, 즉 화어(鮇魚)라고 한다. 맛은 담백하고 회로 먹거나 구이로 먹어도 모두 맛있다.

---

43 薪蔿茭藁(신도교고)는 각각 섶(풀), 꼴풀, 짚 등을 지칭하는 한자이다. 그러나 바닷가에서 가장 흔하게 사용하는 풀은 우마에게 먹이는 꼴풀과 갯가에 흔한 줄풀, 짚이다.

44 통발은 물고기를 잡아 가두기 위해서 가는 댓조각이나 싸리로 통처럼 엮어 만든 도구이다. 냇가에서 잔고기를 잡는 것과 바다에서 큰 고기를 잡는 것의 두 종류가 있으며 크기는 물론 형태도 매우 다르다.

有一種名青鲽 似鱑鲽而微青味劣 又有一種名班鲽 渾身黃色 而背上有黃紋 圓滿端正 如畫乾卦 有毒

비슷한 한 종류가 있는데 청화(青鲽), 즉 갈가자미라고 한다. 황가자미, 즉 황화(鱑鲽)와 비슷하나 연푸른색이고 맛이 약간 못하다. 또 비슷한 한 종류가 있는데 반화(班鲽), 즉 점가자미라고 한다. 온몸이 황색이고 등에 황색 문양이 있다. 원만하고 단정하여 마치 건괘(乾卦)를 그려 놓은 것 같다. 독이 있다.

又有一種名木綿鲽 一名石鱗鲽 甚長或三四尺 皮甲璀璨如灑 西路海邊所産細石鱗 此魚木綿結子時盛來故名 味尤甘美 爲諸鲽中第一

또 다른 비슷한 한 종이 있는데 목면화(木綿鲽)이다. 석린화(石鱗鲽), 즉 돌가자미라고도 한다. 몸길이가 매우 길어서 간혹 큰 것은 3, 4척이나 된다. 표피의 비늘이 찬란하여 씻은 듯 깨끗하다. 이는 서해안 해변에서 나는 얇은 돌비늘과 같다. 이 물고기는 목화 열매가 달릴 때 많이 잡히므로 목면(木棉)이라는 이름이 붙은 것이다. 그 맛이 매우 달콤하다. 여러 종류의 가자미 중에서는 제일 맛있다.

周書言東海致比目之魚 其名鰜鰜 先儒以鰜爲鰈 今見其族類甚多 蓋比目之魚 是東海所産 非但鰈魚爲然 然其理未可推知也 余牛山雜曲曰

『주서(周書)』에 "동해에서 비목어(比目魚)를 보내왔는데 그 이름을 겸겸(鰜鰜)이라고 한다"고 했다. 선대 유학자들은 겸(鰜)인 가자미를 넙치, 즉 엽(鰈)이라고 했다. 그런데 지금 보니 이러한 비목어라는 어족(魚族)의 종류가 매우 많다. 대개 비목어(比目魚)는 동해에서 생산된다고 했는데 비단 접어(鰈魚), 즉 넙치만 동해에서 생산된다고 말한 것도 아닐 것이다. 그러나 그렇게 말한 이유는 잘 알 수 없다. 나는 〈우산잡곡〉을 지어 말한다.

木棉花發木棉湖	목화꽃 목화 호숫가에 피어날 때
秋色蕭森雁背孤	가을이 깊어 쓸쓸한데 외기러기 날아가네
白髮漁翁眞絶趣	백발 어옹은 참으로 풍취가 좋아
潮頭夜獵石鱗鲽	밀물 드는 밤에 돌가자미 낚시하네

36. 石鯿子 석편자

鯿似魴而縮項　石鯿鯿頭有石　如石首魚　味似古刀魚而不醶　膾炙幷佳　土人謂之石魴

편(鯿), 즉 병어(兵魚)는 방어(魴魚)와 비슷한데 목 부분이 잘록하다. 석편(石鯿)은 머리에 돌이 있는 것은 석수어(石首魚)라는 조기와 비슷하다. 그 맛은 고도어(古刀魚)라는 고등어와 같으나 신맛이 없다. 회나 구이 모두 맛있다. 이곳 사람들은 돌방어, 즉 석방(石魴)이라고 한다.

37. 吐鱋 토묵

吐鱋墨色　似鮎而有大毒　近人則吐墨沫自晦　如烏賊魚　墨涴人肌肉則腐爛　土人謂之長鯽

토묵(吐鱋)은 검은색이다. 점어(鮎魚)와 비슷한데 맹독이 있다. 사람이 가까이 가면 먹물을 뿜어 어둡게 하여 자신을 숨기는 것이 오적어(烏賊魚)라는 오징어와 같다. 그 먹물이 사람의 피부나 살에 닿으면 살이 썩어 문드러진다. 이곳 사람들은 토묵을 장적(長鯽)이라고 한다.[45]

38. 銀色鯉魚 은색잉어

銀色鯉魚渾體鱗鰭　皆如鯉魚無別　但色似爛銀　味似鯉魚而少劣　土人謂之鯉魚　然鯉魚黃　且産江水及　菹澤淡水　必是別族

45　이정용은 앞의 책에서 토묵을 살오징어류인 꼴뚜기로 특정했다.

은색잉어(銀色鯉魚)는 온몸이 비늘과 지느러미이다. 거의 모든 것이 잉어와 구별됨이 없다. 다만 색깔이 찬란한 맛은 잉어와 비슷하나 조금 못하다. 이곳 사람들은 은색잉어를 그냥 잉어(鯉魚)라고 한다. 그러나 잉어는 황색이고 강물이나 못의 민물에서 잡히는 것이므로 반드시 다른 어족(魚族)일 것이다.[46]

39. 髥鮭 염고

髥鮭形似鱖魚 口傍有長鬚下垂如羔髥 土人謂之髥高魚 髥高者髥羔也 或曰羊魚

염고는 그 모습이 쏘가리와 비슷하다. 입 양쪽에 긴 수염이 있는데 아래로 늘어져 염소의 수염과 같다. 이곳 사람들은 염고어를 髥高魚(염고어)라고 부른다. 염고(髥高)란 염소의 수염이라는 의미의 염고(髥羔)이다. 그래서 어떤 사람들은 양물고기, 즉 양어(羊魚)라고도 한다.[47]

40. 海陰莖 해음경

海陰莖似馬陰莖 無頭尾 有一口蠢動 附立海底嵌石 剖之皆血 生用 或瀞乾細研 調乳汁塗陰痿 頓起云

해음경(海陰莖)은 말의 음경(陰莖)과 비슷하다. 머리와 꼬리가 따로 없다. 입은 한쪽에만 있고 꿈틀거리며 움직인다. 바다 밑바닥의 구멍이나 돌에 붙어 서 있다. 그 살을 가

---

46 이정용과 김명년은 모두 은색잉어를 은잉어라고 했다.

47 이정용은 앞의 책에서 염고의 형태적 특징을 고려하여 동자개라고 특정했다. 한편 김명년은 그 형태를 보아 날가지숭어라고 했다.

르면 온통 피만 있다. 살았을 때는 그대로 사용하며 혹은 정갈하게 말려 곱게 갈아서 젖에 개어 음경이 저리는 음위(陰痿)병에 바르면 조아렸던 것이 일어난다고 한다.[48]

41. 貝魚 패어

貝魚一名貝秀魚 似鯔魚而鱗色如貝 黑夜璀璨照耀 味似秀魚

패어(貝魚)는 패수어(貝秀魚), 즉 조개 숭어라고 한다. 숭어와 비슷하지만 비늘 빛이 조개와 같다. 캄캄한 밤에도 찬란하게 번뜩이며 빛이 난다. 맛은 숭어와 비슷하다.[49]

42. 黑鮬鮑, 黃鮬鮑 흑호포, 황호포

黑鮬鮑魚頭有鱗鬣 渾體似瓠匏 無鰭骨 土人謂之瓠魚 有毒不可食 有一種色黃 名黃鮬鮑

흑호포어(黑鮬鮑魚)는 머리에 비늘과 지느러미가 있다. 온몸이 표주박과 비슷하다. 그리고 지느러미뼈가 없다. 이곳 사람들은 이 물고기를 호어(瓠魚), 즉 표주박고기라고 부른다. 독이 있어 먹을 수 없다. 비슷한 종류인데 색깔이 황색인 것이 있는데 이름을 황호포(黃鮬鮑)라고 한다.[50]

---

48 이정용은 앞의 책에서 해음경의 海를 개, 불을 陰莖으로 파악하여 개불이라 특정했다.

49 이정용은 앞의 책에서 패어를 숭어라고 했다. 한강 하류 황산도 지역에서 숭어를 '패' 혹은 '패어'라고 부른다고 하며 두 물고기는 동일 어종이라고 특정했다. 김명년은 알숭어, 등줄숭어, 가숭어 중 어느 어종인지 알 수 없다고 했다.

50 이 물고기는 그 종을 알 수 없다.

43. 鮇鰨 매갈

鮇鰨小魚長五六寸 形似石首魚 稍狹色淡黃 味澹甘 最宜爲鮓 土人謂之梅渴 每歲 固城漁村女子 乘小船 載鮇鰨鮓來 賣城市間 余牛山雜曲曰

매갈(鮇鰨), 즉 매가리는 작은 물고기로 길이가 5~6촌 정도이다. 그 모양이 조기와 비슷하나 조금 홀쭉하고 옅은 황색이다. 맛은 담백하면서도 달아서 젓갈을 담는 것이 가장 좋다. 이곳 사람들은 매가리를 매갈(梅渴)이라고 한다. 매년 고성(固城)의 어촌 여자들이 작은 배에 매가리젓갈을 가득 싣고 와서 성내와 시장을 오가며 내다 판다.[51] 나는 〈우산잡곡〉을 지어 말한다.

固城漁婦慣撑船	고성의 어촌 아낙 배젓기에 능숙하여
棙柁開頭燕子翩	키 잡고 뱃머리 돌려 제비처럼 날쌔게 가네
梅渴酸葅三十甀	매가리젓갈 서른 동이나 되니
親當呼價二千錢	못해도 이천 전은 불러야겠지요

44. 阿只鮏鱠 아지 모장

秀魚多族 有名魚鱚 俗謂之秀魚 四寸又有名鮏鱠 皆似秀魚而少異 其最小而色白者 阿只鮏鱠

수어(秀魚), 즉 숭어는 여러 어족이 있다. 그중 어희(魚鱚)라는 물고기가 있는데 세간에는 이것을 숭어라고 한다. 어희의 사촌쯤 되는 물고기가 있는데 그 이름은 모장이다. 모두 숭어와 비슷하지만 조금 차이가 난다. 그중 최고 작으면서 색깔이 흰 물고기가 있는데 이것이 아지모장(阿只鮏鱠)이다.[52]

---

51 매갈은 전갱이의 어린 새끼를 지칭하는 매가리를 표현한 것으로 보인다. 앞의 원앙어 '전갱이' 참조.

45. ⿰魚風魚 범어

⿰魚風魚⿰魚舟魚錦帆魚 魚眼鱉頭 背方而平滿 脅骨微凹凸如瓦屋 色純黃 有紫黑斑點 有肉尾如張僧頭扇 尾端有點如灑金 端兩邊有黏蹏無數如蠶腹 腹大垂下如河豚

범어(⿰魚風魚), 주어(⿰魚風魚), 금범어(錦帆魚)는 물고기 눈에, 자라 머리를 하고 있다. 등은 네모지고 평퍼짐하다. 옆구리 뼈는 약간 요철(凹凸)이 생겨 기와지붕같이 보인다. 전체 몸의 색은 노랑에 가까우나 자줏빛과 검은빛 반점이 있다. 살찐 꼬리가 있는데 마치 승두선(僧頭扇)처럼 둥근 부채를 펼친 듯하다. 꼬리 끝에는 금빛 가루를 뿌린 듯한 점이 있다. 꼬리 끝 양쪽 편에 끈적한 빨판이 무수히 많아 마치 누에의 배처럼 보이다. 배는 크고 아래로 처져 있어 마치 복어와 같다.

此魚遇風立行如張颿故名⿰魚風 ⿰魚風音颿 土人謂之⿰阝此帆 ⿰阝此者方言豚也 漁人言捕此魚 不利行船 故不捕 或入網則放之 味似鼉肉而有毒云 此必水蟲 如蟹之類 非魚族也 有一種名 臥 ⿰魚風魚 色微青 尾端無黏蹏 不能立行 余牛山雜曲曰

이 물고기가 바람을 만나면 일어서서 다니는데 그 모습이 돛을 펼친 것 같아서 이름을 범(⿰魚風), 즉 돛고기라고 했다. 범(⿰魚風)은 음이 범(颿)이다. 이곳 사람들은 그것을 돛 범이라고 하는데 돛은 방언으로 돼지를 말한다. 어부들이 이 물고기를 잡으면 배를 운행하는 데 재수가 없다고 하여 간혹 그물에 잡혀도 놓아준다. 맛은 자라고기와 비슷하나 독이 있다. 이 물고기는 필시 수충(水蟲)으로 게와 같은 종류이며 어족(魚族)은 아닐 것이다. 또 다른 비슷한 한 종류가 있는데 이름을 와범어(臥⿰魚風魚)라고 한다. 색이 엷은 청색이며 꼬리 끝에는 점액질 빨판이 없고 서서 다닐 수 없다.[53] 나는 〈우산잡곡〉을 지어 말한다.

---

52 이정용은 앞의 책에서 아지 모장을 어린 숭어를 지칭하는 아기(어린) 모찌(숭어)라고 했다. 숭어는 앞의 모질 참조.

53 이 물고기는 정확하게 어떤 어종인지 확인되지 않는다. 그러나 물고기의 모양과 발, 지느러미의 형태 등으로 파악할 때 성대의 일종으로 추정할 수 있다.

窸音浦上水瀠洄　실음포 갯가에 물이 휘도는 곳
日落颿魚錦帆開　해 지자 범어가 금빛 돛을 펼치네
何許扁舟如許小　조각배가 작아도 얼마나 작은지
渾然疑是竫人來　한 자도 안 되는 정인(竫人)이 탔으려나

46. 鱅䱬 용서

鱅䱬似鱓 鱓者 俗所謂鱔魚 畿內謂之熊魚 湖西南謂之龞腰魚者是也 鱅䱬能吐霧如蜥蜴 土人謂之龍壻 或謂之海蜥蜴 或謂之海鱔 每日出時 有一條青烟出海中 裊裊直上 是海鱔吐烟 海鱔比鱔魚 微有金色 每漁人發船時 見龍壻烟 以爲吉兆 盖蛟螭之屬也 余牛山雜曲曰

용서(鱅䱬)는 선(鱓)이라 부르는 드렁허리와 비슷하다. 드렁허리(鱓)는 민간에서는 선어(鱔魚)라고 하고 경기지방에서는 웅어(熊魚)라고 한다. 그리고 호남의 서남 해안에서 농요어(龞腰魚), 즉 드렁허리고기라고 하는 것이 이것이다. 드렁허리는 도마뱀과 같이 안개를 뿜어낼 줄 안다. 그래서 이곳 사람들은 용서(龍壻), 즉 '용의 사위'라고도 하고 혹은 해석척(海蜥蜴), 즉 '바다도마뱀'이라고도 하고 혹은 해선(海鱔), 즉 '바다드렁허리'라고도 한다. 매일 해가 뜰 때에 한줄기 파란 안개가 바다에서 생겨나 하늘하늘 위로 곧게 올라가는데 이것은 바다드렁허리가 안개를 뿜어낸 것이다. 바다드렁허리는 드렁허리에 비하면 옅은 금색이 있다. 어부들이 매번 배를 띄울 때 드렁허리의 안개줄기를 보면 길조(吉兆)라 여겼는데 대개 이무기의 종류라고 여기기 때문이다.[54] 나는 〈우산잡곡〉을 지어 말한다.

---

54 이정용은 앞의 책에서 드렁허리의 어원을 지렁이의 고어인 '딜경이'에서 '질다' 즉 '딜다'를 흙으로 봤다. 그리고 딜경이의 딜경과 뱀을 뜻하는 구리의 변형인 허리가 합쳐져 '딜경+허리>디룽허리>드렁허리'로 바뀌었다고 파악했다.

海日曈曨弄彩曦　아침 해 어렷하게 고운 햇살 일렁일 때
紅波萬丈紫琉璃　일만 이랑 붉은 물결 자줏빛 유리 같네
忽見箇中靑一線　홀연 그중에 핀 한 줄기 푸른 안개
遙知龍壻吐烟時　아마도 드렁허리가 안개 뿜었나 보다

47. 矮鯄 왜송

矮鯄色味皆似鯄魚　然形短矮　土人謂之難長　鯄魚　難長者　方言矮也

왜송(矮鯄)은 색깔과 맛이 송어(鯄魚)와 비슷하다. 그러나 그 모양이 짧고 왜소하다. 이곳 사람들은 이러한 이유로 난장송어(難長鯄魚), 즉 난장이 송어라고 한다. 난장이는 방언으로 왜소하다는 말이다.[55]

48. 箭沙鱣魚 전사전어

箭沙鱣魚狀似鱣魚　而滿腹都是沙　近人則吹沙如射工　令人生瘡如沙　往往腐傷致死　土人謂之鱣射工

전사전어(箭沙鱣魚)는 생긴 모양이 전어(鱣魚)와 비슷한데 배에 온통 모래가 가득 들었다. 사람이 가까이 가면 모래를 뿜어 쏘는 것이 사공(射工)과 같다. 이를 맞으면 사람의 몸에 모래알과 같은 종기가 생기게 되는데 더러는 썩고 상하여 죽기도 한다. 이곳 사람들은 이것을 전사공(鱣射工)이라고 한다.[56]

---

55 이정용은 앞의 책에서 왜송, 즉 난장송어를 송어류 중 작은 것으로 파악하고 작은 송어인 곱사송어가 그에 대당되는 물고기라고 봤다. 곱사송어는 변하여 곱사연어로 불린다. 그러나 곱사송어는 큰 종류이므로 불분명하다. 만약에 김려가 아주 작은 송어를 봤다면 어린 송어일 것이다.

49. 鱗笋 인순

鱗笋一名竹笋魚 錦鬣銀鱗 形似葦魚 鱗皮間 隱隱有節如竹笋 味甘微酸 切肉炙食如魴

인순(鱗笋)은 일명 竹笋魚(죽순어)라고도 한다. 비단 같은 지느러미와 은빛 비늘이 아름다운데 그 모양은 위어(葦魚), 즉 웅어와 비슷하다. 껍질의 비늘 사이에 보일 듯 말 듯 마디가 죽순처럼 있다. 맛은 감미롭고 약간 신맛이 난다. 방어처럼 고기를 잘라 구워서 먹는다.

50. 帖錢鰱魚 첩전연어

帖錢鰱魚形似鰱魚而色白 背有大黑點如五銖錢 兩邊各三點 味淡甘 薨鱐甚佳 如不鹽民魚膱

첩전연어(帖錢鰱魚)는 모양이 연어(鰱)魚)와 비슷한데 빛깔이 희다. 등에 커다란 검은 점이 있는데 마치 오수전(五銖錢)같이 생겼다. 양쪽 옆에도 각각 세 개의 점이 있다. 맛은 담백하고 감미롭다. 말려서 포(鮑)를 만들면 그 맛이 매우 좋다. 소금절임을 하지 않은 민어포와 같다.

51. 魟魣, 梨花甘鰌, 丹椒甘鰌 정자

魟魣土人或謂之甘鰌 狀似丁子 丁子俗名凡腸活東子也 色黑無尾 小如茅實

56 이정용은 앞의 책에서 전사전어를 철갑상어 즉, 전어(鱣魚)의 일종이라고 봤다. 그러나 鱣이 드렁허리를 지칭하기도 하므로 장어와 같은 종류일 수도 있음은 배제할 수 없다.

每潮退 村兒於泥沙中稍凹水渟滀處 以畚掬之 貫細竹弗燒食 味似田螺 少有泥臭 余初見甚醜欲嘔 直燒蝙蜜蝍之類耳[57]

정자(魟魣)는 이곳 사람들이 간혹 감추(甘䲒)라고 한다. 그 형상은 정자(丁子)와 비슷하다. 정자(丁子)의 세속적 이름은 범장(凡腸) 혹은 활동자(活東子), 즉 올챙이라고 한다. 색은 검고 꼬리가 없으며 크기는 꼭두서니 열매인 모실(茅實)만큼 작다. 매번 썰물 때면 어촌의 아이들은 모래 갯벌 중간중간에 약간 오목한 물웅덩이에서 삼태기로 그것을 건져 올린다. 가는 대나무 살 꼬챙이에 그것을 꿰어서 불에 구워서 먹는다. 맛은 논고동과 비슷하나 진흙 냄새가 조금 난다. 나는 처음 그것을 보고 매우 징그러워 토하려고 했다. 그러나 단지 박쥐나 벌 애벌레를 구워서 먹는 것과 같은 것이다.

有一種名梨花甘䲒 梨花開時生 淡黑有斑點 又有一種名 丹椒甘䲒 丹椒俗所謂苦椒也 結子時生色微紅 要之非魚類 迺水蟲 皆是嵐瘴所化者 余牛山雜曲曰

또 다른 비슷한 종류가 있는데 이화감추(梨花甘䲒)라고 한다. 배꽃이 필 때 많이 잡힌다. 약간 검은빛으로 반점이 있다. 또 다른 비슷한 종류가 있는데 단초감추(丹椒甘䲒)라고 한다. 단초(丹椒)는 민간에서 고초(苦椒)라고 하는 것이다. 열매를 맺을 때 색깔이 연한 붉은색을 띤다. 요컨대 이들은 물고기 종류가 아니라 수충(水蟲)으로 보인다. 이 모두는 무더운 때 남기(嵐氣)와 장기(瘴氣)가 변하여 생겨난 것들이다.[58] 나는 〈우산잡곡〉을 지어 말한다.

梨花雪落覆汀洲　　배꽃잎 갯가에 눈처럼 날릴 때
滿地蒲芽白正柔　　습지 가득 부들잎 여리게 오르고

---

57 이정용은 앞의 책에서 정자는 돌미꾸라지라고 읽을 수 있는 감추(甘䲒)라고 했으니 미꾸라지의 일종이라고 봤다. 그러나 그 형태가 꼬리가 없고 올챙이처럼 생긴 물고기를 특정하지 못했다.

58 위의 설명으로 보면 정자와 감추는 망둑어의 일종으로 파악되며 특히 그중에서도 미끈망둑으로 추정된다.

日照沙場青烟散　　백사장 햇살에 안개 걷히면

兒童敲火燒甘鰌　　아이들 불 피워 감추(甘鰌) 구워 먹네

52. 魠達魚 도달어

魠達魚亦穌類　比目而背甚黑　味甘美　炙食甚佳　此魚秋後始肥大　大者三四尺　故土人謂之秋魠　或曰霜酥　余牛山雜曲曰

도달어(魠達魚), 즉 도다리 또한 가자미류, 즉 화류(穌類)이다. 눈은 한쪽으로 몰린 비목어(比目魚)인데 등이 매우 검다. 맛은 감미롭고 구워서 먹으면 더욱 맛있다. 이 물고기는 가을이 지나면서 비로소 살지고 커진다. 큰 것은 3, 4척이나 된다. 그래서 이곳 사람들은 도다리를 추조(秋魠), 즉 가을도다리 혹은 서리가자미, 즉 상화(霜酥)라고 한다. 나는 〈우산잡곡〉을 지어 말한다.

楓裍殘紅菊已黃　　단풍잎 붉게 지고 노란 국화 한창이고

獮桃軟熟海柑香　　돌복숭아 잘 익고 귤향기 가득하면

東渡漁子淸晨噪　　동쪽 나루 어부들 첫새벽에 시끌벅적한데

新捉霜魠數尺長　　새로 잡은 도다리가 몇 자나 된다나

53. 白條魚 백조어

白條一名白鯈　似白小而長過七八寸　每甚冬雪後　於近海谿磵釣得　作膾甚佳　土人以爲麵條玉魚至冬則肥長爲此魚云　而余見玉魚背上無斑點　白鯈背上有噀墨細點　必是異族　有一種名金鯈　頭純黃如鶯毛色　余牛山雜曲曰

백조어(白條魚)는 백조(白鯈)라고도 부른다. 백소(白小), 즉 은어와 비슷하지만 크기가

7~8촌에 불과하다. 매번 한겨울 눈이 내린 뒤 바다 근처 시냇물에서 낚시로 잡는다. 회로 먹으면 매우 맛있다. 이곳 사람들은 면조옥어(麵條玉魚), 즉 국수뱅어가 겨울이 되면 살이 찌면서 커져서 백조어가 된다고 생각한다. 그러나 내가 옥어(玉魚)를 보니 등에 반점이 없었고 백조어는 등에 먹을 뿜은 듯 미세한 점이 있었다. 이는 필시 다른 어족일 것이다. 이와 비슷한 한 종이 있으니 금조어(金儵魚)이다. 머리 쪽의 노란색이 마치 꾀꼬리 털색과 같다. 나는 〈우산잡곡〉을 지어 말한다.[59]

萬里蒼茫海色驕　　만 리 아득한 바닷빛 짙푸른데

北風驅雪戰寒潮　　북풍은 눈을 몰고 찬 물결을 뒤집네

烟波釣叟渾癡癖　　낚시에 빠진 노인 거친 물결 일어도

獨破谿氷趁白儵　　홀로 개울 얼음 깨고 백조어 낚시하네

---

59 김명년은 물고기 형태로 보아 백조어를 강준치로 봤다. 그러나 백조어의 크기가 워낙 작은 실치에서 자란 것으로 보기 때문에 이정용은 앞의 책에서 백조어를 피라미 종류인 버들치로 봤다. 그러나 버들치는 담수어이기 때문에 가능성이 거의 없다. 이러한 것을 고려하면 어린 황어인 밀황어로 파악된다. 어린 황어가 바다로 내려갈 때쯤이 가을에서 겨울이고 그 크기가 4~6cm 정도인 것을 고려하면 여러 가지 정황이 맞아 떨어진다.

附 1

1. 蟹, 紫蟹 해, 자해

甲蟲之中 **蟹**爲最大 大者其匡可容數十斛 此蟹不可以釣網可得

게(蟹)는 갑충류(甲蟲類) 중에서 가장 크다. 큰 것은 그 껍질이 수십 곡(斛)을 담을 수 있다. 이러한 게는 낚시나 그물로 잡을 수 없다.

土人言巨蟹千年蛻殼 其匡往往浮出海上 船子得之覆屋云 然余見海上甲蟲之類 皆能一年一次蛻殼 惟蟹亦然 然則千年蛻殼之說 太近神巧 而其匡浮出海上則明矣

이곳 사람들의 말로는 거대한 게는 천 년마다 껍질을 벗는데 그 껍질이 왕왕 바닷가로 떠올 때가 있다. 뱃사람들은 그것을 주우면 지붕에 덮는다고 한다. 그러나 내가 바닷가의 갑각류들을 살펴보니 모두 일 년에 한 차례 껍질을 벗는다. 게도 역시 그러할 것이다. 그러므로 천 년에 한 번 껍질을 벗는다는 말은 신이롭게 꾸며 낸 말일 것이다. 그러나 그 껍질이 바닷가로 떠온다는 것은 분명한 것이다.

至今嶠南海戶 多以海島所拾蟹匡 覆鹽屋田卡及酒店假家 穹窿如瓦屋 下可容五六人 卡者土人以架屋謂之卡 余牛山雜曲曰

지금 영남의 바닷가 집들은 섬에서 주운 게 껍질로 소금밭의 잡(卡)이나 주점의 임시 집을 덮은 곳이 많다. 그 울퉁불퉁한 모습이 마치 기와집과 같다. 그 아래에는 대여섯 명이 들어갈 수 있다. 잡(卡)은 이곳 사람들이 시렁을 걸어서 만든 집을 부르는 이름이다. 나는 〈우산잡곡〉을 지어 말한다.[60]

60 김명년은 자해(紫蟹)를 색깔로만 파악하여 톱장절게라고 특정했다. 그러나 이정용은 앞의 책에서 그 크기와 특성 등으로 파악하여 자해(紫蟹)를 죽해(竹蟹)와 대해(大蟹)와 상관적이라고 보고 이것을 현재의 대게라고 했다.

大海東頭月色賖　넓은 바다 동쪽으로 달빛이 밝아오면
白鷗飛盡瀞晴沙　백구가 날아올라 모래밭은 하얗네
短篔叢葵幽寒處　어린 대 물 억새 가득 핀 굼턱진 곳에
蟹卡遙窺賣酒家　게 껍질 지붕에 올린 주막이 언뜻 보이네

有一種名紫蟹　渾身紫赤色　大如甕　腹中無腸脺　都是魚蝦螺螄及沙石　匡可容七八斟　其股及螯肉肥甘　土人以爲脯　色鮮紅可愛　味甘輭　眞珍品也　土人言一蟹可得脯數十脡云　余牛山雜曲曰

또 다른 한 종류가 있는데 자해(紫蟹)인데 온몸이 붉은 자주색이며 크기는 항아리만 하다. 배 속에 창자는 없고 온통 물고기와 새우, 소라, 다슬기, 모래와 돌뿐이다. 게 껍질은 거의 일고여덟 말을 담을 수 있다. 그 넓적다리와 집게발은 통통하고 살져서 이곳 사람들은 포(脯)라고 여길 정도이다. 색깔도 선홍빛으로 예쁘고 맛은 달고 연하니 참으로 진품이다. 이곳 사람들 말로는 큰 게 한 마리에서 포(脯)를 만들면 수십 쪽 포를 얻는다고 한다. 나는 〈우산잡곡〉을 지어 말한다.

鎭南門外兩丫街　진남문 밖 삼거리 번화가
街口茅簷揷酒牌　그 어귀 초가집에 주점 깃발 달렸네
新髻紅娥纖手白　쪽머리 단장한 어린 처녀 섬섬옥수로
髹盤托出巨螯膎　검은 판에 큰 집게발 담아 나오네

2. 苣藤蟹 거등해

土人以蟹可爲鲊者　名**眞蟹**　眞蟹是東西北南海所通有者　其螯無毛　味尤佳者苣藤蟹

이곳 사람들이 게로 젓을 담는 것을 참게, 즉 진해(眞蟹)라고 한다. 우리나라 동서북남

해에 모두 있는 것이다. 그중 집게발에 털이 없고 맛이 더욱 좋은 것을 거등해(苣藤蟹)라고 한다.[61]

3. 石蟚 석팽

土人以蟹之最小者 謂之**蟚蟹** 蟚音方 此亦在處有之 其色紫者名蟚 味劣 爲鮓不佳

이곳 사람들이 게 중에서 가장 작은 것을 팽해(蟚蟹)라고 한다. 팽(蟚)의 음은 방이다. 즉 방게이다. 이 또한 바닷가 게가 있는 곳이라면 어디든지 있다. 그 빛깔이 자주색인 것을 방게라고 한다. 맛은 게보다 못하는데 젓갈을 담가도 맛이 없다.[62]

4. 馬糞蟹 마분해

馬糞蟹似蟹狹而長 渾身皆毛 腹中有肉如馬糞 味甘微苦 土人皆煮食

마분해(馬糞蟹), 말똥게는 게와 비슷하지만 몸이 좁고 길다. 온몸에 털이 있고 배 속에 말똥과 비슷한 몽글몽글한 살이 있다. 맛은 감미롭지만 좀 쓰다. 그래서 이곳 사람들은 모두 삶아서 먹는다.[63]

---

61 이정용은 앞의 책에서 거등(苣藤)이 참게이고 그리고 거등해를 진해(眞蟹)라고 했으므로 참게라고 봤다. 그러나 털이 없다는 형태적 특징으로 보아 갈게가 아닌가 했다. 그러나 참게도 암컷과 수컷으로 구분하면 둘 중 하나는 집게발에 털이 없다.

62 김명년은 앞의 책에서 석팽을 방게라고 해석했다. 그러나 이정용은 앞의 책에서 이를 돌방게, 혹은 작은 방게(突長跪, 돌장궤)=돌장게라고 했다.

63 이정용은 위의 책에서 언어적으로 馬糞蟹가 말똥게인데 말똥게는 다리에만 털이 있다. 그러나 말똥게에 대한 설명으로 온몸에 털이 나 있다고 한 형태적 특성으로 볼 때 여기서 말하는 말똥게는 털게의 일종인 왕밤송이게가 아닌가 의심했다. 털게는 동해안에만 분포하기 때문이다. 반면 김명년은 이것을 말똥성게라고 했다. 그러나 게와 성게는 구분되므로 이정용의 설에 무게가 실린다.

5. 白蛾 백월

蛾蚶也 蟹之別族 似蟹色渾白 大如眞蟹 味有泥氣 土人謂之白蟹

월(蛾) 즉 달랑게는 감(蚶)이라고도 한다. 게 중에서 다른 종족이다. 게와 비슷한데 온몸이 흰색이다. 크기는 참게와 비슷하고 맛은 약간 뻘 냄새가 난다. 이곳 사람들은 이것을 흰게, 즉 백해(白蟹)라고 한다.[64]

6. 鉅齒蟹 거치해

鉅齒蟹亦蟹之別族 匡淺而赤色體圓 兩頭微銳 匡四邊 有尖牙錯如鉅齒故名 土人以爲佳味

거치해(鉅齒蟹)는 게 중에서 또 다른 별족(別族)이다. 머리 양쪽이 약간 뾰족하다. 등껍질 사방으로 날카로운 어금니 같은 것이 있는데 마치 큰 이빨이 난 것 같으므로 이름을 큰이빨게라고 한 것이다. 이곳 사람들은 매우 맛난 게로 꼽는다.[65]

7. 蝙蚲 변편

蝙蚲全體似蟹 但一邊有足 一邊無足 土人 或謂之邊蟹 有毒不食

64 백월을 김명년은 달랑게과의 엽낭게라고 했다. 이정용은 백월이 白蟹(백해), 즉 흰게라고 한 것에 주목하고 이와 같은 게를 달랑게라고 특정했다. 아마도 달 감(甘)이 사용된 감(蚶)으로 이를 설명하기 때문이다.

65 김명년은 게의 형태와 색으로 파악하여 거치해(鉅齒蟹)를 홍색민꽃게라고 파악했다. 이정용은 사방으로 이빨과 같은 것이 있으므로 꽃게의 일종이라고 봤다. 그리고 현산어보의 살게(矢蟹)=串蟹(곶게)로 보고 곶게가 꽃게로 변형됐다고 봤다.

변편虫邊虫片, 즉 농게는 몸 전체는 게와 같다. 단지 한쪽에는 큰 집게발이 있고 한쪽에는 집게발이 없다. 이곳 사람들은 그래서 변해(邊蟹) 외짝게라고 부른다. 독이 있어서 먹지 못한다.[66]

8. 平床蟹 평상해

平床蟹 匡似蟹 腹甲兩揜 眼在腹 腹四邊皆有足 足凡二十四 能四面行 植立則如平床 有大毒

평상해(平床蟹)는 등껍질이 게와 비슷하지만 배와 등껍질 양쪽이 모두 안쪽을 깊이 감싸고 있다. 눈은 그 감싼 속의 가운데에 깊이 있다. 숨겨진 안쪽 배의 사방이 모두 발이 나와 있다. 발은 모두 24개나 되어 옆으로 뿐만 아니라 사방으로 모두 다닌다. 다리를 세우고 서면 마치 평상과 같은 모양이다. 맹독이 있다.[67]

附 2

1. 蛤, 絲蛤 합, 사합

蛤蛤蚧也 蛤族甚多 曰蜃 曰蚌 曰蟶 曰蜆 及方名 海月 方諸 馬刀 淡菜 全鰒 白蛤 紅蛤 皆蛤也 或有兩邊甲者 或有一邊甲者 東方方言總名之曰雕介 皆在處有之 不可盡記

---

66 김명년은 변편을 농게라고 봤다. 이는 형태적 특성에 우선한 것이다. 이정용 역시 앞의 책에서 이것을 수컷 농게일 것으로 봤지만 언어적으로 볼 때는 정확한 종을 가늠할 수 없다고 했다.

67 이정용과 김명년 모두 평상해의 종류를 알 수 없다고 했다. 그러나 추정하자면 투구게나 갯가재 종류로 추정된다. 발의 숫자와 등껍질의 형태 때문이다.

합(蛤), 즉 대합조개는 합개(蛤蚧)이다. 합(蛤)의 종류는 매우 많은데 신(蜃), 방(蚌), 정(蟶), 현(蜆) 등이 있고 지방 이름으로 해월(海月), 방제(方諸), 마도(馬刀), 담채(淡菜) 전복(全鰒), 백합(白蛤), 홍합(紅蛤) 등이 있는데 모두 합(蛤), 즉 조개이다. 혹은 양쪽에 모두 껍질이 있거나 혹은 한쪽에만 껍질이 있다. 그러나 우리나라의 방언으로는 총칭하여 모두 조개(雕介)라고 한다. 또한 우리나라 삼면의 바다에 모두 다 있으므로 일일이 다 기록할 수는 없다.

經曰雉入大水爲蜃 雀入水爲蛤 然則蛤非卵生 皆飛鳥所化者 其名與形之異 如百鳥之不同焉 其總名曰蛤子 亦如飛者總名曰鳥也

『경서(經書)』(禮記)에 이르기를 "꿩이 바닷속에 들어가면 신(蜃), 즉 큰 조개가 되고 참새가 물 속에 들어가면 작은 조개 합(蛤)이 된다"고 했다. 그러면 조개는 알에서 태어난 것이 아니고 모두 날아다니는 새가 변신한 것이 된다. 또한 그 이름과 모양이 다른 것은 온갖 새들이 서로 다른 것과 같은 것이다. 그래도 조개류 전체를 조개, 즉 합(蛤)이라고 하는 것은 날아다니는 것들을 모두 새, 즉 조(鳥)라고 부르는 것과 같은 것이다.

今見海上所捕蛤蚧 其麗不億 而所謂白蛤者 最多 然其殼色 色色不同 始知鳥之化蛤 非但雉與雀而已 凡羽蟲之類 皆能化蛤 以理推之 則鳥之毛色 變爲蛤之殼色明矣

지금 바닷가에 합개(蛤蚧)를 잡는 종류를 비교할 것이 헤아릴 수 없이 많다. 그러나 백합(白蛤)이 가장 많다. 그러나 그 껍질의 색깔은 색깔마다 다 같지 않다. 이로 인하여 비로소 새가 조개로 변신할 때 단지 꿩과 참새뿐만 아니라 날아다니는 모든 날것들은 조개로 변신할 수 있다는 것을 알게 됐다. 이치를 따지고 보면 새의 깃털 색이 변하여 조개의 껍질 색으로 변화된 것이 분명하다.

有一種名絲蛤 紵與絲其義近之 然紵蛤殼甚小而輕姸可愛 絲蛤比紵蛤甚大 大者如拳

비슷한 한 종류가 있는데 사합(絲蛤)이다. 모시(紵)와 명주(絲)는 그 뜻이 가깝다. 그러나 모시조개(紵蛤)은 껍질이 매우 작고 가벼우면서도 예뻐서 좋아할 만하다. 그러나 명주조개(絲蛤)는 모시조개(紵蛤), 즉 바지락에 비하여 매우 크다. 큰 것은 거의 주먹만 하다.

曾見京師風俗　以端午日　買新紵蛤　滾泡和殼爲湯　名曰瓦殼湯　瓦殼者方言蛤蚧聲瓦殼瓦殼然也　女兒輩以五色錦片黏其殼　貫綵線條　或五枚或三枚　作一行佩之　名曰雕介附鈿　今浦上女子　亦以色錦黏蛤殼佩之　然蛤大而錦麤效顰可噱　余牛山雜曲曰

일찍이 서울의 풍속을 보면 단옷날(端午日)에 새로 모시조개를 사서 껍질째 끓여서 탕을 만들어 와각탕(瓦殼湯)이라고 한다. 와각(瓦殼)이라는 것은 방언에 합개(蛤蚧), 즉 조개를 씻을 때 소리가 와각와각(瓦殼瓦殼) 하는 소리가 나므로 그렇게 이름 붙인 것이다. 여자 아이들이 오색비단조각에 그 껍질을 붙여 채색된 실끈으로 꿰어 매는데 혹은 5개 혹은 3개를 매단다. 그리고 한 줄로 만들어 차고 다니는데 조개부전(雕介附鈿)이라고 한다. 이곳 포구의 여자들도 색색 비단에 조개껍질을 붙여서 차고 다닌다. 그러나 조개의 크기가 너무 크고 비단이 거칠어서 볼품이 없다. 무조건 남을 흉내 내는 효빈(效顰)과 같으니 우스운 일이다. 나는 〈우산잡곡〉을 지어 말한다.

島村閣氏健如男　　섬마을 각시들 남자처럼 건장하여
膀潤腰豊妙理暗　　엉덩이 허리 풍만한데 묘리에는 어둡네
蛤蚧附鈿拳樣大　　주먹만 한 부전조개 노리개를
棉絛綰得染田藍　　쪽물 들인 명주실로 꿰어 찼구나

2. 老姑蛤 노고합[68]

老姑蛤肉似白蛤 而渾體圓滿 色皓白 大如碗 酷似白頭老媼故名

노고합(老姑蛤)은 조갯살이 백합(白蛤)과 비슷하다. 온몸이 둥글어 원만하다. 색은 매우 희며 큰 것은 사발만 하다. 그 모양이 마치 머리가 흰 할미와 같아서 그러한 이름이 붙은 것이다.

3. 長蛤 장합

長蛤形似馬刀而甚長 長至二尺 廣不過三寸 作膾味佳

장합(長蛤), 즉 큰 죽합은 그 생긴 모양이 마도(馬刀) 말섭조개와 비슷하나 매우 길다. 큰 것은 길이가 두 자에 달하지만 너비는 세 치에 불과하다. 회를 쳐서 먹으면 맛있다.[69]

4. 半月蛤 반월합

半月蛤形似白蛤 而一殼短成 開口如螺 眞如半月 泡食甚佳

반월합(半月蛤)은 그 모양이 백합(白蛤)과 비슷하지만 껍질의 한쪽이 짧다. 입을 열면 소라같이 보이는데 참으로 반달처럼 생겼다. 끓여서 먹으면 매우 맛있다.[70]

---

68 이정용은 앞의 책에서 할미조개와 떡조개가 다르지만 할미조개가 둘 다를 지칭할 때도 있다고 했다. 김명년은 떡조개로 특정하고 방언으로 할미조개라고 했다.

69 김명년은 큰 죽합(竹蛤), 즉 말섭조개라고 했다. 이정용은 말섭조개(馬刀)와 다른 키조개일 것으로 파악했다.

70 이정용은 앞의 책에서 반월합이 백합과 비슷하므로 반지락의 일종이라고 했으나 종을 특정하지는 못했다.

附 3

1. 班瓦壟子 반와롱자

鰒亦蛤類 蛤色如貝 故東方人以鰒殼爲假貝 其大小不壹 而鮮曰生包 滊曰全鰒 包者方言鰒也 漢書王莽傳言啖鰒魚 卽此鰒也

복(鰒)은 합(蛤), 즉 조개의 한 종류이다. 껍질의 색깔은 화폐로 쓰던 조개껍질인 패(貝)와 비슷하다. 그러므로 옛날 우리나라 사람들은 전복의 껍질을 가짜 화폐라고 했다. 전복의 크고 작은 것은 일정하지가 않다. 신선하게 산 것을 생포(生包), 즉 생복이라 하고, 말린 것을 전복(全鰒)이라고 한다. 생포(生包)의 포(包)는 방언으로 복(鰒)이다. 『한서(漢書)』「왕망전(王莽傳)」에 "복어(鰒魚)를 먹었다"라고 한 말에서 복어는 복(鰒)을 지칭하는 것이다.

有一種名 瓦鰒 殼圓而大如槃 殼背紫黑色 有溝如瓦屋 殼內渾白 無貝色 肉味似全鰒而尤勝 醫書有瓦壟子 性凉味醎 能療婦人癖積 癥瘕 血塊云 許陽平浚 以爲關北所産江瑤柱殼 瑤柱亦蛤類 而殼色內外皆白有溝 然但微凹而已

비슷한 한 종류가 있는데 와복(瓦鰒), 즉 '기와복'이라고 한다. 껍질이 둥글고 크기가 쟁반만 하다. 껍질의 등쪽은 자줏빛을 띠는 검은 색인데 골이 파져 있어 마치 기와지붕과 같다. 껍질의 안쪽은 온통 흰색이고 조가비의 번들거리는 빛은 없다. 살맛은 전복과 비슷하지만 훨씬 맛있다.[71] 의서(醫書)에 "와롱자(瓦壟子)는 성질이 차갑고 맛이 짠데 능히 부인의 벽적(癖積), 미하(癥瘕), 혈괴(血塊), 즉 배에 응어리 진 덩어리와 피가 덩어리지는 부인병 등을 치료할 수 있다"고 했다. 양평(陽平) 허준(許浚)은 관북(關北) 지방에서 생산되는 강요주(江瑤柱)의 껍질이라고 생각했다. 강요주(江瑤柱)도 또한 합(蛤)의 한 종류인데 껍질의 색깔이 안과 밖이 모두 흰색이고 골이 있다. 그러나 그 파인 골이 매우 미미하여 뚜렷하지 않다.

---

71 이정용은 그 형태와 크기로 보아 말전복이나 왕전복 정도의 크기로 볼 가능성이 있다고 했다.

余曾醋炙如法 用之婦人血病無效 今見此蛤 分明是瓦壟子 聊記之 以待知者 又欲試之治血云 余牛山雜曲曰

내가 일찍이 처방에 따라서 그것을 초에 담그고 구워서 부인의 혈괴병(血塊病)에 사용해 봤으나 효험이 없었다. 지금 이 조개를 살펴보니 분명히 와롱자(瓦壟子)이다. 이에 단지 그것을 기록하여 와롱자에 대하여 잘 아는 사람이 이를 바로잡기를 기다린다. 또한 시험 삼아 혈괴병(血塊病)을 치료해 보기를 기대한다. 나는 〈우산잡곡〉을 지어 말한다.

新秋漁戶另相邀 초가을 어촌에는 이별한 사람들 서로 만나
綵蛤登槃五味調 무늬조개 쟁반에 올리니 온갖 맛 어우러졌네
若使陽平來海嶠 만약 허준을 교남 바다로 보냈더라면
不將瓦壟視江瑤 와롱자(瓦壟子)를 강요주(江瑤柱)라 하지 않았겠지

附 4

1. 螺, 黃螺, 紫螺 라, 황라, 자라

螺蠡也 甲蟲之一族 字書及本草 皆以螺爲蛤屬非是 蛤與螺其類逈別 今不必多辨 而螺之族又甚多 今海上所捕白螺 卽在處所有者 京師人謂之小蠡 蠡者方言螺也

소라(螺)는 고동(蠡)으로 단단한 껍질을 가진 동물의 한 종류이다. 『한자자전(字書)』과 『본초강목(本草)』에는 모두 소라(螺)를 조개(蛤)에 속하는 것이라고 했지만 옳지 않다. 조개(蛤)와 소라(螺)는 그 종류가 전혀 별개인 것이다. 그러나 지금은 반드시 다양한 측면에서 구분할 필요는 없다. 왜냐하면 소라의 종류만 하더라도 매우 다양하기 때문이다. 지금 바닷가에서 잡는 백라(白螺), 흰 소라도 있을 만한 곳에는 다 있는 것으로 서울 사람들이 소라(小蠡)라고 하는 것이다. 려(蠡)는 방언으로 라(螺)이다.

有一種名黃螺 似白螺而甚大 肉胞中有螺糞如拳 色深黃故名 去糞滌洗作軒甚佳 泡喫亦好 微有香臭 土人或謂之馬糞螺 固城人謂之海香

또 다른 한 종류가 있는데 황라(黃螺)이다. 백라(白螺)와 비슷한데 매우 크다. 살 끝에 붙은 태보 안에 주먹덩이 같은 소라똥이 들었는데 그 색깔이 매우 노랗게 보이므로 이름을 붙인 것이다. 똥을 제거하고 깨끗이 씻어 토막으로 먹으면 그 맛이 매우 좋다. 삶아서 먹어도 또한 맛있으며 연하고도 향긋한 향이 난다. 이곳 사람들은 간혹 말똥소라(馬糞螺)라고 한다. 고성 사람들은 해향(海香)이라고 한다.[72]

又有一種名 紫螺 殼色紅潤光滑 肉味亦佳 土人捕螺沈淡水 則螺身出殼 以殼作硯滴甚玅 凡捕螺者 皆於潮退後泥沙中掘取 余牛山雜曲曰

또 다른 한 종류가 있는데 자라(紫螺), 즉 자주소라이다. 껍질의 색깔이 윤기 있는 붉은 색으로 반들거리며 빛이 반사된다. 소라 살 또한 맛있다. 이곳 사람들은 소라를 잡아서 민물에 담그는데 그러면 소라가 몸을 껍질 밖으로 밀어낸다. 소라껍질은 연적(硯滴)을 만들면 아주 기묘하다. 소라를 잡는 사람들은 썰물이 다 빠진 뒤에 진흙과 모개가 섞인 갯벌을 파서 잡는다. 나는 〈우산잡곡〉을 지어 말한다.

南洲潮退水生瀾　　남쪽 바다 썰물 뒤 물웅덩이 생겨
黧沫黔泥印蘇磯　　검은 갯벌 위 검은 거품 이끼 낀 돌에 붙었네
無數浦童成隊去　　무수한 어촌 아이들 떼 지어 달려가
鍬頭掘取紫螺歸　　가래로 갯벌을 파 자주소라 잡아오네

2. 鸚鵡螺 앵무라

鸚鵡螺殼形似鸚鵡 以爲酒盃甚玅 此處往往捕得 然不常有 且不及耽羅所産

72 정확한 종은 특정할 수 없으나 참소라나 뿔소라, 개소라 등에 해당할 것이다.

앵무라(鸚鵡螺), 즉 앵무소라는 껍질이 앵무새의 부리와 흡사하다. 술잔으로 만들어도 아주 절묘하다. 이곳에서도 가끔 잡히기는 하는데 항상 있는 것은 아니다. 또한 제주도, 즉 탐라(耽羅)에서 생산되는 것에 미치지는 못한다.

3. 蟹螺 해라

蟹螺體豶而長 頭圓尾尖 綠色 殼中別有一頭如蟹身 是螺身黑色 土人煮食煮則淡黑

해라(蟹螺), 즉 게소라는 몸체가 새끼를 밴 암퇘지처럼 통통하고 길다. 머리는 둥글고 꼬리 쪽은 뾰족하며 녹색이다. 소라껍질 속에 따로 머리가 하나 있는데 마치 게의 몸체처럼 생겼다. 해라의 살은 검은빛이다. 이곳 사람들은 해라를 삶아서 먹는다. 삶으면 연한 검은색으로 변한다.[73]

4. 蝦兒蠡子 하아라자

蝦兒蠡子似蟹螺 殼中別有一頭如蝦 土人捕二螺沈淡水 取螺身合煮盛器 蟹螺如蟹 蝦螺如蝦形 色玄紅 粲然可愛 余牛山雜曲曰

새우소라(蝦兒蠡子)는 게소라, 즉 해라(蟹螺)와 비슷하다. 소라껍질 안에 따로 머리가 하나 있는데 그 모양이 새우와 같다. 이곳 사람들은 새우소라나 게소라를 잡으면 민물에 담가 둔다. 소라가 몸을 내밀면 그 살을 떼어 내어 함께 그릇 가득히 넣고 삶는다. 그러면 게소라는 게와 같아지고 새우소라는 새우와 같은 모양이 된다. 그 빛깔은 검붉은 색으로 변하는데 맑고 선명한 예쁜 색이 된다.[74] 나는 〈우산잡곡〉을 지어 말한다.

---

73 이정용은 앞의 책에서 집게의 일종으로 봤다.

74 이정용은 앞의 책에서 해라와 같이 집게의 일종이라고 했다.

中秋墟墓饌蔬香	추석이면 허묘(墟墓)에 성묘음식 향긋한데
洪禮房家另樣光	홍 예방집 음식 특히 빛깔 더하네
海錯山珍都不數	산해진미 많아 헤아릴 수 없어도
蝦兒古董最先行	새우고동을 제일 앞줄에 놓았네

5. 鸛鳥螺 관조라

鸛鳥螺似蟹螺而頭稍圓 尾微曲如鸛鳥嘴 土人謂之鸛鳥古董 古董者 方言螺殼也 嶠南人總言螺殼曰某古董某古董云

관조라(鸛鳥螺), 즉 황새소라는 게소라인 해라(蟹螺)와 비슷하다. 머리끝은 둥글고 꼬리는 약간 구부러져 황새의 부리처럼 생겼다. 이곳 사람들은 관조라(鸛鳥螺)를 황새고동이라고 한다. 고동(古董)은 방언으로 소라껍질을 말한다. 영남 사람들은 소라껍질을 총칭하여 무슨 고동, 무슨 고동이라고 말한다.[75]

6. 海蔘古董 해삼고동

海蔘水蟲 牛海酒島 産螺 如白螺而螺肉上體似海蔘稍圓 大者如柹 小者如栗 下體似全鰒陰囊 全鰒陰囊者 生包下有一物如絡蹄頭 膾食甚美 土人謂之全鰒陰囊 今此螺下體 酷肖和上體 膾喫極佳 勝生包及海蔘 眞海味中絶品 故土人謂之海蔘古董 余牛山雜曲曰

해삼(海蔘)은 수충(水蟲)이다. 우해(牛海), 즉 진해(鎭海)의 주도(酒島)에서 나는 소라로 백라(白螺)와 비슷하다.[76] 소라 살의 상체(上體)는 해삼과 닮아 끝이 둥글다. 큰 것은

75 이정용은 앞의 책에서 언어적으로는 황새소라로 읽히지만 그 종을 특정하지는 않았다.

76 주도는 현재 창원시 마산합포구 진동면 요장리 주도마을이다.

감만큼이나 되고 작은 것은 밤만 하다. 소라 살의 하체(下體)는 전복(全鰒)의 음낭(陰囊)과 비슷하게 생겼다. 전복의 음낭은 생복(生鰒)의 살 아래쪽에 낙지머리와 같이 생긴 것이 그것이다. 회로 먹으면 맛이 매우 좋다. 이곳 사람들은 그것을 전복음낭(全鰒陰囊)이라고 한다. 지금 이 해삼고동(海蔘古董)의 하체를 살펴보니 상체와 매우 닮았다. 회로 먹으면 지극히 맛이 있는데 생전복(生全鰒)이나 해삼(海蔘)보다 더 맛있으니 참으로 바다 해산물들의 맛 중에서 절대적으로 일품이다. 그러므로 이곳 사람들은 이것을 해삼고동(海蔘古董)이라고 한 것이다. 나는 〈우산잡곡〉을 지어 말한다.

青松航裏近何如　　청송 염전 안은 근래에 어떤 일 있는지

亇尙估船簇晩波　　마상이와 상선들이 저녁 바다에 몰렸네

半白漁婆肩黶子　　반백의 노파 어깨에 검은 사마귀 내놓고

幷頭澡滯海蔘螺　　머리에는 깨끗이 씻은 해삼고동 이고 가네

牛海異魚譜卷後 우해이어보 후

余於丁巳冬 坐飛語獄 竄慶源未幾 移配于富寧 辛酉 李象謙疏出 逮錦衣 受栲掠幾死 旋配于鎭海 丙寅始解歸 首尾十年 謫居無聊 所著詩文及漫錄甚多 其在富寧者 爲金吾隸所掠去無遺 其在鎭海者 因懶惰不能收拾 豚犬輩皆不慧闖失 過十之八九 近於篋中得此譜 使侄子鶴淵謄寫瀞紙爲一卷

내가 정사년(丁巳年, 1797년) 겨울에 유언비어에 연좌되어 투옥됐다가 경원(慶源)으로 유배 갔었다. 얼마 되지 않아 다시 부령(富寧)으로 이배(移配)됐다. 신유년(辛酉年, 1801년)에 이상겸(李象謙)의 상소로 인하여 형리(刑吏)에게 붙잡혀 고문을 받아 거의 죽을 뻔하다가 다시 진해(鎭海)로 유배됐다. 병인년(丙寅年, 1806년)에 비로소 유배가 풀려 돌아왔으니 유배가 시작된 뒤 끝날 때까지 거의 10년 세월이다. 유배지에 있는 동안 심심하여 지은 시문(詩文)과 만록(漫錄)이 매우 많았다. 부령(富寧)에 있을 때 지은 것은 의금부 금오위(金吾衛)들에게 빼앗겨 남은 것이 없다. 진해(鎭海)에 있을 때 지은 것은 게을러서 다 수습하지 못했고 자식들도 모두 총명하지 않아 거의 잃어버린 것이 십중팔구(十中八九)를 넘는다. 근래에 상자 속에서 이 우해이어보를 찾아내어 조카 학연(鶴淵)에게 시켜 깨끗한 종이에 잘 베껴서 한 권을 만들었다.

藫庭遺藁卷之八

牛海異魚譜

牛海者鎭海之別名也余之竄于鎭巳二週歲矣蔣處島陬門臨大海與艄夫漁漢相爾汝鱗彙介族相友愛僦居主人家有小漁艇童子年纔十一二頗識幾字每朝荷短笭箵持一釣竿令童子奉烟茶爐具掉艇而出常往來於鯨波鰐浪之間近或三五七里遠或數十百里信宿而返四時皆然不以得魚爲念只喜日聞其所不聞日見其所不見夫魚之詭奇靈恠可驚可愕者不可殫數始知海之所包廣於陸之

所包而海蟲之多過於陸蟲也遂於暇日漫筆布寫其形色性味之可記者並加採錄若夫鯪鯉鱨鯊魴鱮鮰鯽人所共知者與海馬海牛海狗猪羊之與魚族不干者及其細瑣鄙猥不可名狀且雖有方名而無意義可辭侏儺難曉者皆闕而不書書凡一卷玆加歎寫名曰牛海異魚譜以爲他日若蒙　恩生還當與農夫樵叟談絶域風物於蘿畦𦤃田之暇聊博晩暮一粲非敢有裨乎博雅之萬一云癸亥季秋小晦寒皐纍子書于僦舍之雨篠軒

文鰩魚

文鰩魚一名睡魰一名海鷂狀似鱖魚而稍小兩腮有肉鬣如犬乳形體表裏通明瀅徹如灰色曼胡吻傍及顴微紅而黃背有黑點如㘿墨而甚細如撒芥在海邊水淺沙肥處夜必成隊纍纍如貫珠然頭向水外身向水內而睡性甚愛睡睡熟則人以手摸之而不知故土人編竹爲大桶桶上尖下濶無盖底中半爲長柄夜深則持松明火尋沙際魚所往來聚會之地以桶揜覆之桶半入水中半出沙上則魚盡在桶內從桶上孔以手探而獲之爨食香軟似鱖魚作膾尤佳土人言多食文鰩則善睡余自遭患以來長

歲無睡遂成燥疾囑僦舍主人日買文鰩或糝食或鱻食頗有效盖此魚性涼能伏心火且能潤肺也余牛山雜曲曰黟泥岸塒海門隈玉夜松明數點開長柄高挑編竹桶村童捕得睡魰回

䱁鯋 土䱁 黏米䱁

䱁鯋似金鯽而小鱗渾白如爛銀眼微紅口極狹小呑餌不能吐出故釣者百無一失鰭鬣勁利如刃釣上時誤以手摘必傷手秋後土人捕䱁鯋刮鱗揃鬣去頭截尾瀉下膓脺滌洗剖兩片凡䱁鯋二百尾炊秔米白鑿一升候冷入盏二勺法麴麥芽細研各一

勺拌均用小缸內先舖飯次舖魚片層層塡滿以竹葉厚蓋堅封放凈處待極熟出食甘美爲魚鹽第一有一種名土鮒稍大而味淡有泥氣又有一種名黏米鮒尤小然味最佳鱠炙幷良余牛山雜曲曰青楓葉赤露華濃高翥巖頭水正春斜日照波魚善食彩竿飛上稧鮒鮅

甫鱺魚

甫鱺魚狀似湖西所產黃石魚而極小色淡紫土人呼以甫鮥或稱亶舉魚然東方方言以淡紫色爲甫羅甫美也甫羅者猶言美錦也然則甫羅之名必昉

於此鎭海㪚人往往網得然不甚多每歲巨濟府人捕甫鱺爲鮓船運數百甕來海口販賣易生麻而去盖巨濟多産此魚而廣梟甚貴也鮓味微醎而甘如米餳登盤粲然色尤絶佳鮮時羹食署有沙臭余牛山雜曲曰月落烏嘶海色昏亥潮初漲打柴門遙知亶舉商船到巨濟沙工水際喧

魟鯆 蕎花魟鯆

魟鯆象鼻魚也土人呼曰昆雉體細而長縹色有嘴上嘴長如鳥喙而勁如鍼淡黃色至尖爲雙刺殷紅如點朱砂下嘴短如虆領頭及眼邊皆淺綠色渾身鱗鬣燦爛如錦自頭至嘴尖五寸則至尾亦五寸自頭下至尾一尺則至嘴尖亦一尺頭居中五分之一大者尺餘小者三四寸此魚喜雨每抄秋雨來輒成羣浮水上上下體蟠屈之玄如鰻鱺嘴向空如急鷺鱠喫甚佳然此魚魚品中最腥有一種名蕎花魟鯆體稍肥嘴尖白如藨粉味勝嘴紅者余牛山雜曲曰樓船津上雨霏霏篠竹蕭槮護石機爭笠釣翁端的好蕎花昆雉荷肩歸

馬魟鯆

形似魟鯆而大曰馬魟鯆土人通名魟鯆然余見此

魚上嘴長下嘴短决非魟鯆今場市間作鱐盛賣者

鯝鯝

鯝鯝形似蚘蟲色白兩端皆行無頭眼如蚯蚓細長島人以爲鮓葅甘美

鼠鯿

鼠鯿鼠魚也渾身似鼠無耳及四足色淡灰皮皆腥涎不可近手大者一尺常伏水中善食釣餌而口小不能吞從傍囓食如鼠此魚極難捕釣者作釣鉤如菉豆大爲七八短尖芒刺如蒺藜以大麥飯一粒裹之不用長竿手持釣絲一二丈絲去鉤寸許繫小鉛

丸一枚據船頭下瞰水色直垂下去若見水色微動急伸手向船尾擲上則魚隨上來少遲則已吐去皮膓頭尾燒食余牛山雜曲曰輕搖舴艋下烟灘紅日初生碧海寒獨坐蓬窓何許子指端撈出鼠魚者

石河魨 鵝鰒鰌 獺河魨 黃河鰒鰌

石河魨名鰒鰌形如河豚而少異土人以爲河豚子然余見鰒鰌頷下有紫色肉疣如赤豆以此知非河豚子然蓋與河豚同祖而異族者此魚性甚悍毒初捕出則怒腹彭張口中閣閣作老蛙吽以腹傅石上𪖐磨之則愈怒張如鵝卵以巨石堅壓齒碎眼破而

張猶不銷方劇張時以石子懸打則殷地作霹靂聲腹坼如刀剖中央脊肉皆糜傷如泥而坼腹兩邊猶張如鼓皮敲之則倥倥然此魚呑釣不死又善斷釣絲土人捕得往往養食然令人腹痛有一種名鵲鰒鰌一名蜻蜓鰌魚甚小背皆白點眼珠突出青綠色如蜻蜓眼常在水邊捎食蝴蝶蠭兒蜘蛛海蠛水馬諸蟲潮至則浮水上歙衆魚惡涎毒尿故尤有大毒誤食殺人又有一種名獺河魨比鰒鰌甚大有大毒聲如鳥鵶渾身黴毀如癩蝦蟆人摩之生疥癬癜疣又有一種名黃沙鰒鰌稍小而無斑點渾身黃色摩之則屑落如泥金細沙染衣作梔子黃色滓之不洗能生瘡疥有大毒余牛山雜曲曰嵐銷雲歛瀞潮暾𤡆步欹危訪海壇驀地沙干流霹靂漁兒擊破石河魨

沈子魚

沈子比目如鰈渾白無鱗其行有聲自呼沈茲沈茲故名沈子子者茲之吪也有大毒

都鱴

都鱴一名都卵戛者方言卵也似鯽而無肉一身都是腹腹中都是卵摘卵石臼淨研和鷄蛋羹食味似

蟹卵

閑鯊魚

閑鯊狀如鮒魚而大且長小者三四尺大者七八尺其廣如長而減十分之一脊及兩邊從頭至尾皆𩑛鬣如劒刃廣三寸大者倍之三鬣植立如川字此魚性急而勇能劃巖石漁子撑船至海中往往遇此魚怒劃船腰多致渰敗見者言此魚平行時只植脊鬣怒則捲起兩邊從船底橫過則船斷令嶠南海邊春夏之間巨鯨腰折或腹破浮至淺浦而死者皆爲閑鯊所傷者也漁子言鯨張口吸海水時閑鯊從口而

入衝突腹中從傍左右出者腰折從下尾際出者腹裂理或似然而未可信要之當如劈船也此魚不可以釣網捕得至八九月胞水暴至則魚族如潮犇山崩驅至淺水而死戢戢如糞壤蟲蛆死者啇不可食此魚亦爲胞水所逐然性慤故能跳擲旱地土人以鐵乂長柄者向鬣間亂刺則死鋸去㮂鬣劃脊肉可燔喫餘肉皆脂膵不可啗堪潞作點燈胞水者土人言秋深則海中忽有紅紫青黑水生漫漫布至海邉魚食此水則死不死者猶圉圉然數日而斃其言胞水者以似婦人分娩時劈開初頭胞中惡露故名土

人呼此魚爲寒沙土人言寒沙多則歲凶乙亥大荒時鎭海漁村日捕寒沙如他魚云余牛山雜曲曰秋來胞水漲雲湄正是寒鯊擲岸時浦漢鋏乂紛似雨三條椽斷血淋漓

䲙鱒 末子魚

䲙鱒色青頭小如關北海上所捉飛衣鯖魚味甘少辣澀口捕出卽灸或作羹可茹稍過數日則肉益辣令人頭癒土人謂之蒸鬱言蒸蒸欝欝然頭痛也土人言此魚乃瘴氣所化此魚感捕則必有瘴癘云土人不甚喫捕徃隣近咸安靈山柒原魚族稀貴地方賣之有一種名末子魚如䲙鱒而甚小與沿海諸處及漢師所賣蔎鮑魚名鱵兒者相似此地亦產鱵兒土人名曰幾幾之言方言鱵也或鮮或鱐如末子大同小異然曾聞關東海人言鱵兒亦瘴嵐所生每熱日霧暗時徃潮水沸處以畚抔之云盖此類也余牛山雜曲曰羊島健娥虎不如頭甃瓦甑感䲙魚綿裙赤脚渾忙了應向瀊城趂晚虛

鰱鮀

鰱鮀一名假魴魚比魴魚口尖色青味稍劣然亦魴之一族性寒多食動風海族之最大者大者可全一

車此魚在海中難捕入牢中然後可捕海上人以海水所匯魚所聚會處曰兀兀者方言條也故謂之魚條如路之有條可蹤而尋也土人就條以巨木長十餘丈者列植條傍如屋柱兩柱之間尋丈柱回復屈曲㾜㾜然條廣則柱可百數隨狹而滅編巨竹爲䟽箔每潮至則乘舟入條以箔障柱間凡箔上頭繫柱牙下頭至水底沙石處以麻絙維巨碇間間鎭之以防魚衝突奔逸柱以內積舖藁柴亂蔌爲魚寢息遊敖之所魚皆隨潮而來入條中潮退時爲箔所攔不得出且水底箔高不能踰越豫布巨網於箔外數百

步網箔之間可通大舟待潮盡退乃慢慢收箔魚無大小悉罣網中土人以桯內爲牢牢者如牢囚魚也或謂之魚箭以水外睇矚桯頭矗密如矢在箙也以柱外網內爲牢庭漁子候潮信息朝暮撑槳往來者視曰視條曰視箔曰視箭隨時而名然其實一也鎭海海邊有牢數十處如碁置牢皆有名字標號若曰南牢曰北牢曰箐牢曰石牢曰都內牢曰銅盆牢唯都內爲官魚條餘不可盡記牢各有主而魚族之豐歉亦隨歲而變云土人呼此魚多曰囊枕囊枕者聲之變也余牛山雜曲曰燕尾亭頭集小艚辰時末站

海潮高敞人布箔潛相語囊枕今年注石牢

鰟魠 混沌幞頭

鰟魠一名烏老人一名幞頭魚一名烏賊奴一名僧魚尾以上似小鱸魚有肉尾長尺餘捲則如猪毛帚子張則如團扇常時捲行水中見烏則張尾倒起裹其身一頭圓滿如僧頭一頭半開凹如牢子幞頭浮水上出沒水鳥鵜鶿淘河鶚鳧之屬從凹處窺見魚頭以喙啄之魚輒牢合凹處牽而入水須臾鳥死此魚體肉不佳尾肉色淡黃熟則爛紅作羹味似鮏魚然不辣甚佳尾尖有贅肉如鳥殿有毒須抉去有一種名混沌幞頭天生張裹不能捲東食之令人拘攣云謚烏賊之類也余牛山雜曲曰耳鳴酒媪紫筐籃烏賊奴魚滿一擔笑向爐前添炭子銅鍋烹得色紅酣

鱸奴魚

鱸奴魚一名鱸甥甥者男也男與奴其義近之狀似鱸魚而小長不過六七寸亘口紅眼鱗細如雙文交織綃紋鰓顴及吻際微有黃色尾根兩鬣闇紅此魚善跳嗜稻每秋稻熟則隨潮入近海通谿澗處跳入稻田食稻隨汐水下去日以爲常土人謂之鏖魚其

曰鏖魚者以善跳也東方方言鏖呼盧奴盧者神犬名鱸奴之義似亦取此歟味似鱸魚余牛山雜曲曰漁村搖落近谿瀧茆屋蕭然亂午烟忽聽泥頭聲撥剌鱸男跳出碧秔田

石首查頓

石首查頓似石首而小尾尖色微紅煮食如石首澈則味辣口方言婦之父婿之父相查頓

鯀鰾 白鰾魚

鯀鰾長鰾魚也一名綠鰾形似鯊魚稍廣味酸皮涉柔輭不勁腹中有長鰾淺綠色味甘作膠如靑玻瓈

堅黏勝鯛魚鰾鯛魚俗言民魚鰾黃色南北通用者土人或捕綠膘漧其膘潛賣東萊倭市否則爲食京師商賈聞之則牢諱不言恐其有官歛也此魚以初夏梅雨時乘潮上來他時不來故土人家家另具一小舟待立夏後時雨新晴往捕之有一種名白鰾魚鰾色皓白如雪品勝綠鰾云余牛山雜曲曰黃梅雨霽麥齊腰馬莧初芽野雉嬌舴艋沙堤飛到泊一時鋪曬綠長鰾

豹魚

豹魚鱓鯱也一名文彪魚形與鮎魚酷肖大者丈餘

渾身白點如三錢錦豹子皮皮厚而堅臍下一寸許有芒如鯊魚沙此魚性猛而慾食魚魚皆畏之土人以繩貫諸雜魚鰓子列掛船邊使魚頭沉水至海中立定豹魚必來銜魚頭迺徐徐迴船至淺水立定頭向海中尾向淺水從頭持小銅鉦急打一下魚輒驚跳出淺水外以竹柄銕鎗刺而獲之此魚極難得肉亦不好喫然倭商每求其皮故漁人往往捕之觧皮瀞漧潛賣萊人云然亦不知其所用也余牛山雜曲曰麻皮魚貫匝船頭催渡南瀧立淺流苦竹鋼鎗光似雪一聲亮處刺文鯱

鰺鮺

鰺鮺音參差亦魴類色微青口小味似魴魚而尤醦土人以酸爲醦故土人呼以醦魚土人以爲珍味然聞海估言春夏之交此魚多至水邊與蛇蟒相風至秋生卵和包吐出蘸之淺水肥沙至明春化生云然則性與鱺魚相類必有毒土人以其卵爲龍卵每霜後土人男女以銕鍪頭掘沙得之爲鮓甚美漧喫亦佳有一種名鰺鮺四寸狀似鰺鮺然甚小味劣土人亦不嗜啗余牛山雜曲曰花㨾浦娃玉㨾眸紫紬三尺好纏頭爲尋龍卵摸沙穴誤捉彭蜞笑不休

鴛鴦

鴛鴦一名鴛鴦魚一名海鴛鴦狀似鱖魚口小錦鱗紅頰尾長而中短如鷰子此魚雌雄必相隨雄行則雌銜雄尾至死不落故釣者必得雙土人言得此魚拭眼瀞漧男佩雌眼女佩雄眼能令夫婦相愛此魚不常有余僦舍有隣居李生嘗往釣巨濟洋曲中得之而歸示余魚已半漧而猶銜尾不落余牛山雜曲曰浦家少婦淡紅粧白苧單衫縹苧裳客地携釵漁艇去先頭擲賣海鴛鴦

魣鱝

鮬鱝似秀魚一身觜鬣皆利如子戟人誤觸則傷土人言鮬魚入鯨腹蹂躪必死云

青家鵁鯉

青家鵁鯉鮩之最大者長一尺半廣二丈可馱一馬背深青色味極佳家鵁鯉者方言鮩魚也

兕鮩

兕鮩一名假鮩酷似鮩魚色黃大者可全車然有腥臭且有毒不可食

鮈鰐 紅都鰐 白都鰐

鮈鰐骨魚形似鰫魚而小不過五六寸渾身皆骨無

一點肉鱗皮紫黑如塲市所賣石肝陶甁但腹中有腸腸中有血如馬蝗蜞故名鮈鰐鮈者陶也土人謂之都骨亦通康熙間一漁父捉石首往海曲不得石首只得都骨數百枚棄之而歸秋又捉夻魚往海曲又不得夻魚只得都骨如前將棄之有一行脚僧見之以百錢買之去皮腸只以骨負去漁父怪而問之僧言醋淬燒灰存性糝小兒牙疳神效且療人牙齒宣蛀百病云是後漁父捕夻魚時往往得之如法治疳甚妙云余以意推之是骨能療牙病則其腸血和人乳調盞少許滴人眼病似有效而未得試之爾有

一種名紅都骨又有一種名白都骨以其骨色有青白紅三者故名余牛山雜曲曰杉船移繫樠籬南瞻聽巴陵賈客談都骨今秋都不得醫生無計療牙疳

閶良魚

閶良魚盲魚也狀似銀魚而無目有大毒食之令人燥渴發狂銀魚木魚也土人謂之尹娘魚言古有尹娘者夫死守節父母欲奪其志娘燒水銀熏眼兩目皆盲父母愈欲嫁之娘不勝悲痛赴海死之化而爲魚云語甚荒誕余見其魚驟看無目細察則鼻梁兩傍通小竅有物如雀糞下體細黑上頭圓白數數

跳動是必體魚而眼蟹者且漁子言此魚有閶月之歲甚肥大云然則其名閶良無疑言得閶月而良也余牛山雜曲曰桃花浄盡楝花初海賈裝船發夏漁稱女牟衣勤囑付今行莫打尹娘魚

鰝鱆 草鰝鱆 鮀高蹄 雙頭絡蹄 六脚文魚

鰝鱆二十四梢魚也形半折似大小八梢魚大八梢者俗名文魚小八稍者俗名絡蹄是也此魚凡二十四脚左右各十有二枚脚各有黏蹄二寸四點點前後皆內向頭在中央眼在頭中央兩邊行則如八梢魚坐則如巨蟹立而舉頭則如白衲老僧低頭則如

田家打稻高足平床土人謂之高蹄或曰高足魚味似文魚漁子言此魚月明時必出水遊行褱回沙際石田箕林蓼叢宛然是衲子貌㨾見人則驚走其行雪遝以杖拚之不仆以絆牛索掃地橫擊索摑脚下際不能立定踣地其聲如崩屋云土人捕八梢魚者夜深持松明火遵海隩至水淺石多處照之則魚皆坐水底石上而眠土人言鰝鯱似佛文魚似僧絡蹄似闍梨語極好笑以鐵乂刺而獲之故捕八梢魚者有時而得鮮食或胞或腇皆佳云有一種名鼡鰝鯱左右皆八足合十六梢又有一種名雙頭絡蹄左右

皆四脚而頭居中小如絡蹄又有一種名六脚文魚似文魚而六梢又有一種名胞高蹄頭似鰝鯱而脚短一寸皆藏頭皮底其行如覆椀蠕動云皆八梢魚之類而要之并是水虫與魚族自別余牛山雜曲曰夜靜谿沉月色微鰝蹄弄影鬧苔磯村丫錯認情僧到忙下空床䅺竹扉

安鱉魚

安鱉小魚長寸許在浦澳泥沙中土人謂之安鱉言安水瀊洄處也或謂之鴈飯每秋後水鳥鳧鷖鴈鶩鷗鷺之屬來萃浦澨拾食故名鴈飯此魚腹中多沙不堪喫余牛山雜曲曰芙蓉鎖落早霜催鴈帝秋廵海國廻鶴子鳧奴頭陣罷飯魚齊奉進供來

可達鱓鮍

可達鱓鮍亘口細鱗似鱸魚而極小土人以爲鱸魚子然眼微突味有泥氣知非鱸魚子

鱬鯘 山林鱬鯘

鱬鯘酷似鯔魚但鯔魚色微黑鱬鯘色微黃鯔魚善躍鱬鯘不能善躍味似鯔魚東人以鯔魚爲秀魚鱬鯘之名其以是歟有一種名山林鱬鯘或曰山林領袖領袖聲之變也然山林之義未知何謂曾見寧城

江水亦有此魚謂之林鱬鯘此魚在近海谿磵雖生海中然性喜淡水以此謂之山林歟味絕佳與湖西永春丹陽江水所産錦鱗魚相似爲海味中第一品余牛山雜曲曰日暖風輕浪似羅山林領袖正婆娑他時莫向南濱運咫尺要津總險波

眞鯖

眞鯖鯖魚也長一尺五寸味甘輭炙食絕佳眞珍品也東人以海州鯖魚爲第一漢時五侯甚豪貴醢鯖魚後人以物之貴者爲五侯鯖先儒釋鯖魚爲炙魚續本草魚部有鯖魚即魚名東醫許浚著醫鑑載之

註言與我國鯖魚異余常疑之今見漁人所捕眞鯖眞鯖魚而海州所產迺鯖魚之類而非鯖魚如關東北兩湖所捕飛衣鯖魚尤是假鯖魚漁人恐有官免諱之且此魚捕否魚時徃徃得之非常有者然則五侯所鰿者迺此魚也歟非歟余牛山雜曲曰黃骨漤前一扁舟眞鯖尺半上寒鉤漁郞莫怕津頭賣豪貴今無漢五侯

飛玉 麪條玉魚

飛玉玉魚也土人謂之霏烏霏烏者方言雨來也此魚隨潮而上則雨來必驗每此魚乘潮潮頭褰然鮮

白海邊人望而知之以此占雨侯魚似白小而稍大無鱗蘸鷄鴨卵油煎極佳此魚小而輕佻從牢箔網隙逸去難捕土人以甕紉或葛布細繩或麤麻絲織布經緯之間可掺米粒以竹片爲圈以布羃之爲柄如編竹桶名曰拚袋或以兩長竹羃之如農家舁土具名曰輿拚袋或以竹爲高圈如畚名曰小高拚袋海上方言以畚爲小高言頭低而尾高也皆用之淺水或爲綆縪如轆轤名曰轆轤拚袋或以竹爲平圈繫長竿如黏蜻蜓竿名曰長竿拚袋皆用之深水以掬細魚然此魚在潮頭湍急處故非練習水性者難掬云有一種名麪條玉魚似玉魚而細長如麪條味尤佳余牛山雜曲曰漁村處女束纖腰端坐明窓剌線鑄催喚阿嫂收曬紵篠籬新打玉魚潮

鰄魛魚

鰄魛刀魚也狀似鰢鰺青色頷下兩鬣如兇刀在近海谿間此魚喜入稻田張鬣而過則稻皆傷損故田家雨來谿漲則築木石防田間水道以斷其出入味酸有泥臭氣不堪喫土人言蛔心胃痛燒食有效云余牛山雜曲曰菁花已落土薑䔒近海平田雉子飛楗石農家防水閘前溪夜雨鰄魛肥

鰇鰑 土鰇鰑

鰇鰑牙魚也或曰兼鮬似鯽而色黑腹大如囊腹中都是腸巨口有兩牙尖利出口外能揹撇魚蝦而啗之土人謂之兼䲈兼如兼山之兼言腸多也燒食甚好土人言多食兼䲈則能令人腸大云有一種名曰土鰇鰑有班點滿腹皆泥沙不可食余牛山雜曲曰野婆栲栳兩頭丫撥着葑灰買大家莣歲充䲈全淡計誰教阿囝燒鰇牙

魭鯹

魭鯹鱣魚之別族鱣魚色青魭魚色黃魭魚者魭鯹

也以口邊有細刺如貓芒故土人謂之鮍魚味勝鱧魚土人捕鮍鯉於海滙可設牢處不用長柱及竹箔多沉薪蒭茭藁之屬如房屋名曰桶箔立細竹之間間作標以待潮至魚隨潮入滙匿桶箔中潮退不去迺於箔外布網乘船入桶箔內隨波往來以木椎敲艙版或五六人或七八人齊聲敲之聲如亂砧魚皆驚散跳出箔外罣網余牛山雜曲曰栗頰微紅橘觳黃鯉魚初上蔣家瀼長年艄手牢中去亂棒齊敲版底忙

鱝穌 青穌 斑穌 木綿穌

鱝穌似穌魚而深黃色稍大穌魚鰈魚比目魚也土人謂之穌魚味淡膾炙俱佳有一種名青穌似鱝穌而微青味劣又有一種名班穌渾身黃色而背上有横紋圓滿端正如畫乾卦有毒又有一種名木棉穌一名石鱗穌甚長或三四尺皮甲璀璨如灑西路海邊所產細石鱗此魚木綿結子時感來故名味尤甘美爲諸穌中第一周書言東海致比目之魚其名鰜鰜先儒以鰜爲鰈今見其族類甚多蓋比目之魚是東海所產非但鰈魚爲然然其理未可推知也余牛山雜曲曰木棉花發木棉湖秋色蕭森鳫背孤白髮漁翁眞絕趣潮頭夜獵石鱗穌

石鯿子

鯿似魴而縮項石鯿鯿頭有石如石首魚味似古刀魚而不醶膾炙并佳土人謂之石魴

吐鱸

吐鱸墨色似鮎而有大毒近人則吐墨沫自晦如烏賊魚墨涴人肌肉則腐爛土人謂之長鰂

銀色鯉魚

銀色鯉魚渾體鱗鰭皆如鯉魚無別但色似爛銀味似鯉魚而少劣土人謂之鯉魚然鯉魚色黃且產江

水及菹澤淡水必是別族

髯鮮

髯鮮形似鰍魚口傍有長鬣下垂如羔髯土人謂之髯高魚髯高者髯羔也或曰羊魚

海陰莖

海陰莖形似馬陰莖無頭尾有一口蠢動附立海底嵌石剖之皆血生用或滌乾細研調乳汁塗陰痿頓起云

貝魚

貝魚一名貝秀魚似鯔魚而鱗色如貝黑夜璀璨照

耀味似秀魚

黑鰤鮑 黄鰤鮑

黑鰤鮑魚頭有鱗鬣渾體似魟鮀無鰭骨土人謂之魟魚有毒不可食有一種色黃名黃魟鮀

魼鯣

魼鯣小魚長五六寸形似石首魚稍狹色淡黃味澹甘最宜爲鮓土人謂之梅渴每歲固城漁村女子乘小艇載魼鯣鮓來賣城市間余牛山雜曲曰固城漁婦慣撑舡族枕開頭燕子翩梅渴酸菹三十瓻親當呼價二千錢

阿只鮬鰽

秀魚多族有名魚鱸俗謂之秀魚四寸又有名鮬鰽皆似秀魚而少異其最小而色白者名阿只鮬鰽

颿魚 队颿魚

颿魚鰤魚錦帆魚魚眼鱉頭背方而平滿脊骨微凹凸如瓦屋色純黃有紫黑斑點有肉尾如張僧頭扇尾端有點如灑金端兩邊有黏蹠無數如鼊腹腹大垂下如河豚此魚遇風立行如張颿故名颿颿音颿土人謂之颽帆颽者方言豚也漁人言捕此魚不利行船故不捕或入網則放之味似鼈肉而有毒云此必水蟲如鼊之類非魚族也有一種名卧颿魚色微青尾端無黏蹠不能立行余牛山雜曲曰懸音浦上水濚洄日落颿魚錦帆開何許扁舟如許小渾然疑是竫人來

䲕鱕

䲕鱕似鱓鱓者俗所謂鱔魚叢內謂之熊魚湖西南謂之䲕腰魚者是也䲕鱕能吐霧如蜥蜴土人謂之龍壻或謂之海蜥蜴或謂之海鱔每日出時有一條青烟出海中裊裊直上是海鱔吐烟海鱔比鱔魚微有金色每漁人發船時見龍壻烟以爲吉兆盖蛟螭

之屬也余牛山雜曲曰海日曈曨弄彩曦紅波萬丈紫琉璃忽見箇中青一線遥知龍壻吐烟時

矮䱜

矮䱜色味皆似䱜魚然形短矮土人謂之難長䱜魚難長者方言矮也

箭沙鱸魚

箭沙鱸魚狀似鱸魚而滿腹都是沙近人則吹沙如射工令人生瘡如沙往往腐傷致死土人謂之鱸射工

鱗箏

鱗笋一名竹笋魚錦鬣銀鱗形似葦魚鱗皮間隱隱有節如竹笋味甘微酸切肉灸食如魴

帖錢鰱魚

帖錢鰱魚形似鰱魚而色白背有大黑點如五銖錢兩邊各三點味淡甘蘂鱅甚佳如不葢民魚鱐

魟魣 梨花甘鱠 丹椒甘鱠

魟魣土人或謂之甘鱠狀似丁子丁子俗名兀腸活東子也色黑無尾小如芽實每潮退村兒於泥沙中稍凹水渟滀處以畚掬之貫細竹串燒食味似田螺少有泥臭余初見甚醜欲嘔真燒蝙蜜唧之類耳有

一種名梨花甘鱠梨花開時生淡黑有班點又有一種名丹椒甘鱠丹椒俗所謂苦椒也結子時生色微紅要之非魚類迺水蟲皆是嵐瘴所化者余牛山雜曲曰梨花雪落覆汀洲滿地蒲芽白正柔日照沙塲青烟散兒童敲火燒甘鱠

鮡達魚

鮡達魚亦鯀類比目而背深黑味甘美炙食甚佳此魚秋後始肥大大者三四尺故土人謂之秋鮡或曰霜酥余牛山雜曲曰楓樬殘紅菊巳黃獼桃軟熟海柑香東瀼漁子清晨槳新捉霜鮡數尺長

白條魚

白條一名白鯈似白小而長過七八寸每深冬雪後於近海谿磵釣得作膾甚佳土人以爲麪條玉魚至冬則肥長爲此魚云而余見玉魚背上無班點白鯈背上有㬥墨細點必是異族有一種名金鯈頭純黃如鶯毛色余牛山雜曲曰萬里蒼茫海色驕北風驅雪戰寒潮烟波釣叟渾癡癖獨破谿冰趂白鯈

附蟹 紫蟹

甲蟲之中蟹爲最大大者其匡可容數十斛此蟹不可以釣網可得土人言巨蟹千年蛻殼其匡往

往浮出海上船子得之覆屋云然余見海上甲蟲之類皆能一年一次蛻殼惟蟹亦然然則千年蛻殼之說太近神巧而其匡浮出海上則明矣至今嶠南海戶多以海島所拾蟹匡覆葢屋田卡及酒店假家穹窿如瓦屋下可容五六人卡者土人以架屋謂之卡余牛山雜曲曰太海東頭月色賒白鷗飛盡瀞睛沙短簑叢篠幽寒處蟹卡遙窺賣酒家有一種名紫蟹渾身紫赤色大如甕腹中無膓脾都是魚蝦螺螄及沙石匡可容七八斗其股叉鰲肉肥甘土人以爲膞色鮮紅可愛味甘輭真珍

品也土人言一蟹可得脯數十脡云余牛山雜曲曰鎭南門外兩丫街街口 茅簷挿酒牌新髻紅娥纖手白鬆盤托出巨螯膎

萱藤蟹

土人以蟹可爲鮓者名眞蟹眞蟹是東西北南海所通有者其螯無毛味尤佳者萱藤蟹

石蟛

土人以蟹之最小者謂之蟛蟹蟛音方此亦在處有之其色紫者名蟛味劣爲鮓不佳

馬糞蟹

馬糞蟹似蟹狹而長渾身皆毛腹中有肉如馬糞味甘微苦土人皆煮食

白蠘

蠘蚶也蟹之別族似蟹色渾白大如眞蟹味有泥氣土人謂之白蟹

鉅齒蟹

鉅齒蟹亦蟹之別族匡淺而赤色體圓兩頭微鋭匡四邊有尖牙錯如鉅齒故名土人以爲佳味

蠛蚝

蠛蚝全體似蟹但一邊有足一邊無足土人或謂之邊蟹有毒不食

平床蟹

平床蟹匡似蟹腹甲兩拚眼在腹腹四邊皆有足足凡二十四能四面行植立則如平床有大毒

附 蛤 綵蛤

蛤蛤蚧也蛤族甚多曰蜃曰蚌曰蟶曰蜆及方名海月方諸馬刀淡菜全鰒白蛤紅蛤皆蛤也或有兩邊甲者或有一邊甲者東方方言總名之曰雕介皆在處有之不可盡記經曰雉入大水爲蜃雀

入水爲蛤然則蛤非卵生皆飛鳥所化者其名與形之異如百鳥之不同焉其總名曰蛤者亦如飛者總名曰鳥也今見海上所捕蛤蚧其麗不億而所謂白蛤者最多然其殼色色不同始知鳥之化蛤非但雉與雀而已凡羽蟲之類皆能化蛤以理推之則鳥之毛色變爲蛤之殼色明矣有一種名綵蛤似西海所産紵蛤紵與綵其義近之然紵蛤殼甚小而輕姸可愛綵蛤比紵蛤甚大大者如拳曾見京師風俗以端午日買新紵蛤滾沲和殼爲湯名曰瓦殼湯瓦殼者方言蛤蚧聲瓦殼瓦殼然也女兒輩以五色錦片黏其殼貫綵線綵或五

枚或三枚作一行佩之名曰雕介附鈿今浦上女子亦以色錦黏蛤殼佩之然蛤大而錦麤效顰可噱余牛山雜曲曰島村閣氏健如男膀潤腰豐竝理暗蛤蚧附鈿拳㨾大棉條綰得染田藍

老姑蛤

老姑蛤肉似白蛤而渾體圓滿色皓白大如碗酷似白頭老媪故名

長蛤

長蛤形似馬刀而甚長長至二尺廣不過三寸作膾味佳

半月蛤

半月蛤形似白蛤而一殼短成開口如螺眞如半月泡食甚佳

附 辨瓦壟子

鰒亦蛤類蛤色如貝故東方人以鰒殼爲假貝其大小不壹而鮮曰生包漧曰全鰒包者方言鰒也漢書王莽傳言啖鰒魚卽此鰒也有一種名瓦鰒殼圓而大如槃殼背紫黑色有瀵如瓦屋殼內渾白無貝色肉味似全鰒而尤勝醫書有瓦壟子性凉味醎能療婦人癖積癥瘕血塊云許陽平浚以爲關北所產江瑤柱殺江瑤柱亦蛤類而殼色內外皆白有瀵然但微凹而已余曾醋灸如法用之婦人血病無效今見此蛤分明是瓦壟子聊記之以待知者又欲試之治血云余牛山雜曲曰新秋漁戶另相邀綵蛤登槃五味調若使陽平來海嶠不將瓦壟視江瑤

附 螺 黃螺 紫螺

螺蠃也甲蟲之一族字書及本草皆以螺爲蛤屬非是蛤與螺其類逈別今不必多辨而螺之族又甚多今海上所捕白螺卽在處所有者京師人謂

之小蠃小蠃者方言螺也有一種名黃螺似白螺而甚大肉胞中有螺糞如拳色深黃故名去糞瀞洗作軒甚佳泡奧亦好微有香臭土人或謂之馬糞螺固城人謂之海香又有一種名紫螺殼色紅潤光滑肉味亦佳土人捕螺沉淡水則螺身出殼外以殼作硯滴甚效凡捕螺者皆於潮退後泥沙中掘取余牛山雜曲曰南洲潮退水生澑蟹沫黜泥印蘚磯無數浦童成隊去鏊頭掘取紫螺歸

鸚鵡螺

鸚鵡螺殼形似鸚鵡以爲酒盃甚妙此處往往捕

得然不常有且不及眈羅所產

蟹螺

蟹螺體橢而長頭圓尾尖綠色殼中別有一頭如蟹身是螺身黑色土人羹食煮則淡黑

蝦兒蠡子

蝦兒蠡子似蟹螺殼中別有一頭如蝦土人捕二螺沉淡水取螺身合羹醎器蟹螺如蟹蝦螺如蝦形色玄紅粲然可愛余牛山雜曲曰中秋墟墓饌蔬香洪禮房家另撲光海錯山珍都不數蝦兒古董最先行

鸛鳥螺

鸛鳥螺似蟹螺而頭稍圓尾微曲如鸛鳥嘴土人謂之鸛鳥古董古董者方言螺殼也嶠南人總言螺殼曰某古董某古董云

海蕿古董

海蕿水蟲牛海酒島產螺如白螺而螺肉上體似海蕿稍圓大者如柿小者如栗下體似全鰒陰囊全鰒陰囊者生包下有一物如絡蹄頭膾食甚美土人謂之全鰒陰囊今此螺下體酷肖和上體膾喫極佳勝生包及海蕿真海味中絕品故土人謂之海蕿古董余牛山雜曲曰青松毓裏近如何乍尚佔船簇晩波半白漁婆肩靨子弁頭澡滯海蕿螺

題牛海異魚譜卷後

余於丁巳冬坐飛語獄竄慶源未幾移配于富寧辛酉李象謙疏出逮錦衣受栲掠幾死旋配于鎭海丙寅始解歸首尾十年謫居無聊所著詩文及漫錄甚多其在富寧者爲金吾隷所掠去無遺其在鎭海者因懶惰不能收拾豚犬輩皆不慧闒失過十之八九今近於篋中得此譜使侄子鶴淵謄寫瀞紙爲一卷

牛海異魚譜

우해이어보 원문

牛海異魚譜

우해이어보 원문

 이 책은 대구출판산업지원센터 2017년 지역 우수출판콘텐츠 제작 지원 사업 선정작입니다.

사진에 도움 주신 분들

•국립수산과학원 박정호 연구사 감성돔·볼락50쪽, 쥐치51쪽, 복어·정어리83쪽, 부시리84쪽, 조기·민어112쪽, 삼치·전갱이113쪽, 홍어136쪽, 청어163쪽, 망상어164쪽, 숭어188쪽, 대게211쪽, 꽃게212쪽 **•국립수산물품질관리원** 가오리·베도라치136쪽, 노랑가자미155쪽, 가자미·병어164쪽, 백합213쪽, 명주조개·할미조개·키조개227쪽, 꼬막228쪽 **•김진구, 유정화, 『우리바다 우리물고기』, 메이플디자인, 부산. 2017.** 꼼치·물메기112쪽 **• 국립생물자원관 김병직 환경연구관** 가숭어163쪽 **•거제인터넷방송 이상두 기자** 왕밤송이게212쪽 **•진동면사무소** 미더덕190쪽 **•미더덕영어조합법인** 미더덕194쪽 **•박태성** 학꽁치51쪽 **•최헌섭** 율티리 안밤치17쪽, 양섬 전경185쪽 **•블로그** '찹쌀강아지' 쑤기미113쪽, '옴백코리안푸드플러스' 참소라235쪽, '딸기맘양갱이' 전복228쪽 **•위키피디아** Bill Stagnaro 문절망둑50쪽, SEFSC Pascagoula Laboratory; Collection of Brandi Noble, NOAA/NMFS/SEFSC 줄꽁치51쪽, Maggie Hammond가래상어83쪽, Peter van der Sluijs 갑오징어84쪽, Ryan Bodenstein 개불188쪽, Hans Hillewaert 도다리189쪽, Christian Fischer 참게211쪽, Hans Hillewaert 돌방게211쪽, National Institute of Korean Language 모시조개227쪽, Didier Descouens 피뿔고둥235쪽, Manuae 앵무조개235쪽

최초의 물고기 이야기 신우해이어보

초판 1쇄 발행•2017년 12월 5일

지은이•최헌섭, 박태성
펴낸이•이상경
부 장•박현곤
편집장•김종길
편 집•김종길, 이수현
디자인•김성은 | 자료•이가람

펴낸곳•경상대학교출판부
주소•경남 진주시 진주대로 501
전화•055) 772-0801(편집), 0802(디자인), 0803(도서 주문)
팩스•055) 772-0809
전자우편•gspress@gnu.ac.kr
홈페이지•http://gspress.gnu.ac.kr
페이스북•https://www.facebook.com/gnupub
블 로 그 •https://gnubooks.tistory.com
등록•1989년 1월 7일 제16호

知&you 지앤유 는 국립 경상대학교출판부의 교양도서 브랜드입니다.

•책값은 뒤표지에 있습니다.

이 도서의 국립중앙도서관 출판시도서목록(CIP)은 서지정보유통지원시스템 홈페이지(http://seoji.nl.go.kr)와 국가자료공동목록시스템(http://www.nl.go.kr/kolisnet)에서 이용하실 수 있습니다.
(CIP제어번호: CIP2017031333)

牛海異魚譜